유가철학 속의 자연

"이 저서는 2012년도 전북대학교 저술장려 연구비지원에 의하여 연구되었음"을 밝힌다. 서거석 총장님께 감사를 드린다. 어려운 상황 속에서 졸고를 출간해 주신 한정희 사장님과 편집부 여러분들께도 감사드린다. 이 책이 나오기까지 옆에서 도움을 준 김범수 박사에게는 뜨거운 정을 느낀다.

유가철학 속의 자연

최영찬 지음

景仁文化社

봄 동산 꽃바람을 타고 울려 퍼진 풍악소리, 여름 날 아카시아 그늘에서 청아하게 들려오는 피리소리, 깊어가는 가을 여리디 여린 생명을 흔들어대는 대금소리, 눈 쌓인 겨울밤 여인의 한을 잣아내는 가야금 소리, 밝은 달빛 아래서 정감을 감아내고 풀어내는 강강수월래는 사람이 지어낸 소리가 아니라 사람에게서 터져 나온 자연의 소리이다. 마치 응어리진 한이 체념으로 녹아내리며 엷은 한숨소리와 섞여 나오는 할머니의 남도창 한 대목 같은 자연의 소리이다. 우리의 소리는 서양의 음악과는 다르다. 우리를 평화롭고 여유 있게 어떤 섭리의 경지로 승화시키는 자연의 가락이기 때문이다. 이러한 우리의 음악은 방안에 갇혀있기를 거부하며 자연의 풍경과 섭리에 어울리고 젖어있는 우리 고유의 정신문화에서 일구어진 것이다.

우리의 문화는 자연과 어울리는 문화이다. 죽림칠현의 한 사람인 유령劉伶은 벌거벗은 알몸으로 사는 버릇 때문에 주변 사람들의 빈축을 샀다. 이에 대하여 그가 응수하기를 "나는 천지를 집으로 알고, 방을 잠방이로 알며 사는데 그대들은 왜 내 잠방이 속에 들어와 왈가왈부 하는가?"라고 했다. 풍자적인 이야기이다. 이 이야기는 자연과 어울려 사는 우리 동양인의 정신을 강렬하게 표현해주고 있는 좋은 이

야기의 하나이다.

자연과 어울려 일구어진 우리의 문화는 감각적 본능의 문화도 아니고 이성적 논리의 문화도 아닌, 자연의 순연한 정서가 가득 담긴 마음의 문화를 낳았다. 우리의 미술품은 자연에 젖어있는 마음을 그려내고 있다. 동양화의 대부분은 산수, 동물, 목죽木竹, 화훼를 소재로 한 그림이다. 육안肉眼으로 보여진 그대로의 밝고, 어둡고, 멀고, 가까움을 그려낸 것이 아니라, 이미 자연에 젖어있는 마음의 눈(心眼)으로 그 속에서 살고 있는 실제 생활 그대로의 모습을 그려낸 것이다. 일상의 평범한 생활 속에서도 그냥 평범한 것이 아니라 고양高揚된 정신으로 사는 삶을 그려낸 것이다. 그러므로 동양의 산수화에서는 산중턱이나 시냇가에 앉아서 자연의 아름다움을 감상하며, 끝내는 자연과 인간마저 다 잊어버린 채 도道를 관조하는 사람을 그리고 있다.

춤도 마찬가지이다. 우리의 춤은 밖에서부터 움직여 들어간 흥분이 아니라 이미 마음에서부터 꿈틀거려 몸을 휘감아 발끝과 손끝으로 펼쳐 나오는 율동이다. 이것은 곧 마음 깊은 곳에서 자연을 품어내는 율동인 것이다. 동양에서 제일 아름다운 선은 S곡선이다. S곡선은 태극太極 곡선이고, 태극 곡선은 우주생명의 조화법칙을 생동감 있게 상징한 것이다. 우리의 춤은 마음에서 흥이 나와 손과 손, 손과 발, 상체와 하체 모두 태극 곡선을 그리며 춤을 춘다. 그러므로 우리의 춤은 마음에서 우주자연의 섭리를 품어내는 율동이라고 할 수 있다. 이토록 우리 문화의 또 다른 특징 중 하나가 마음의 문화라고 할 수 있다.

자연과 어울려 마음으로 일구어진 문화는 결코 개인적인 이기심을 조장하는 문화를 낳지 않는다. 이러한 문화는 사람과 사람끼리 서로 어울려 사는 모둠살이의 문화를 낳았다. 사람 인人자가 둘이 어울려 도덕의 최상개념인 어질 인仁자가 형성되듯이 우리의 문화는 포근한 인정의 만남을 통한 이상적인 대동大同사회를 추구해 왔다. 즉, 우리가 추구하는 이상사회는 개인의 생명과 욕망만을 충족시키려는 것이 아니라 전 인류와 함께 모든 가치들을 넓게 교류하는 모둠살이 속에서 실현되어질 수 있다고 믿었다.

이러한 우리 문화의 형성에는 그것이 기초하고 있는 기본 정신이 있다. 그 중요한 몇 가지를 정리해 보자. 첫째, 일찍이 온화한 기후 속에서 농경생활을 해온 동양인들에게는 자연을 생명의 근원, 생활의 궁극적인 터전, 마침내는 우리가 돌아가야 할 최후의 귀착지로 여기는 인간과 융화적인 자연관이 형성되었다. 그러므로 동양인들에게는 자연에 대한 공포도 없을 뿐만 아니라 어떤 초월적인 절대자에 의지하여 구원을 빌어야 할 일도 없었다. 동양인들은 일찍부터 세계를 지상과 천국이라는 두 개의 세계로 상정한 것이 아니라 하나의 세계로 간주하고 모든 사고를 진행시켰다. 동양에는 그렇다 할 창조신화가 보이지 않는다. 다만 유기체적인 과정의 우주발생론, 즉 우주의 모든 부분들이 하나의 유기체에 속하며, 그 부분들은 모두가 스스로 자기를 생성하는 생명과정의 요소로서 상호작용한다는 자연관을 가졌을 따름이다. 이러한 자연관을 추상화하여 원리로 설명한 것이 바로 태극의 원리인 것이다. 태극은 하나의 단일 세계를 상징하는 원으로 표시된다. 그러므로 세계 속의 모든 존재들은 이러한 태극의 범위를 벗어날 수 없다. 태극의 원리에서 보면, 이 우주에는 부당하게 존재하는 부분이 있을 수 없다. 다만 일시적인 불균형이나 부조화만 있을 따름이다. 따라서 유기체적인 상호관계로 이루어진 이 세계는 아름다움의 극치요 모든 선善의 근거가 된다. 세계의 일부분인 인간도 결코 원죄자가 아니다. 진·선·미 모두를 갖추고 있는 자가 성인이라면 성인은 바로 자연과 일치되는 삶을 살아가는 자이다. 이것을 동양문화에서는 천인합일天人合一의 정신이라고 한다.

둘째, 동양인들은 식물적인 표상에서 우주와 인생의 의미를 찾았다. 씨앗이 저절로 그 내부에서 싹이 터서 스스로 성장하고 열매를 맺듯이 모든 생명들은 그 자체 내에 존재의 원인을 가지며 그 원인들의 총체가 천리天理로 통하게 된다. 이러한 사고에 의하여 동양에서는 신법神法이 도덕법의 원천이 아니라 자연법이 도덕법의 원천이 된다. 그러므로 인간의 도덕행위와 법칙도 인간 자체 내의 본성에 근원을 두고 있다. 이러한 측면에서 볼 때, 동양문화의 근본정신에는 인간을 신뢰하는 인본주의적인 요소가 이미 밑바탕에 깔려 있다고 볼 수 있다.

셋째, 동양민족은 농업생활을 하면서 문화를 형성해 왔다. 상업민족처럼 이동생활이 아니라 일정한 농토를 중심으로 하여 부부·부자·형제가 하나의 집단을 이루어 한 곳에 정착하면서 도덕문화를 형성하였다. 그러므로 가정은 국가사회의 기본 단위이며 가족도덕은 국가사회도덕의 기초가 되었다. 따라서 동양윤리와 정치사회의 궁극목표는 모든 사회 구성원들이 가족처럼 하나가 되는 대동大同, 즉 도덕적으로 한 덩어리가 되는 모둠살이의 문화 성취에 있었던 것이다.

마지막으로 동양문화는 지혜를 숭상하고 실천해온 문화였다. 우리에게는 두 가지의 의식세계가 있다. 감각이 변형되어 주의·기억·판별·비교·판단·상상, 또는 추상을 이루어 드디어는 일반적인 진리의 의식에 도달되는 지적인 세계가 하나이고, 감정이 변하여 욕망·애증·공포·선악 등을 이루어 마침내는 도덕가치의 의지를 갖게 되는 정적인 세계가 다른 하나이다. 이것은 곧 객관세계에 대한 인간의 인식과 감정의 일어남이다.

우리는 의식생활 속에서 많은 혼동을 일으키며 살고 있다. 한 송이의 꽃을 꽃으로 인식하는 것과 꽃의 아름다움을 느끼는 것은 다른 세계이다. 꽃을 꽃으로 인식하는 것은 객관적이어서 인식의 결과가 옳거나 그르거나 반드시 두 가지 중의 하나이다. 꽃의 아름다움을 느끼는 것은 주관적이어서 느끼는 개인의 주관에서만 확실성이 보장된다. 그러나 일상의 삶 속에서는 반드시 이 두 측면의 구분이 분명하게 이루어지는 것은 아니다. 어떤 경우에는 이 두 가지의 세계가 동시에 복합적으로 이루어져 삶을 꾸려가는 경우도 얼마든지 있다. 이러한 경우에서 일컬어지고 있는 것이 지혜智慧의 경지이다. 즉 사실의 세계에 대한 지식의 경지와 정서의 세계에 대한 감정의 경지가 종합되어 이루어진 최선의 경지가 지혜인 것이다. 특히 동양문화에서는 실증적 지식을 증가시키는 학문과 정신적인 고양을 추구하는 도道의 실천을 구분하고 삶의 궁극 목표를 후자에다 두고 있다.

이상과 같은 기본정신을 바탕으로 한 동양인들은 인생의 가치와 도덕성을 인간의 마음속에 선천적으로 내재해 있는 자연성이 발아된 것으로 보고, 인간의 존엄성도 가정적인 사랑을 기초로 하는 사회적 질서를 확립시키는 데 있다고 믿었다. 이러한 사고방식은 분명히 분석적이고, 선택적이고, 명증적이고, 도전적인 사고를 바탕으로 하는 문화와는 다르다. 우리의 갖가지 사고방식들은 결국 하나의 세계인 대우주의 범주를 벗어나지 못하고 우주법칙의 지배를 필연적으로 받을 수밖에 없다는 확신을 갖게 된 것이다. 그러므로 『주역周易』에서 "하늘의 도를 이어받아 실천하는 것이 선善이고, 도를 이어받아 이루어진 것이 본성이다.(一陰一陽之謂道 繼之者善也 成之者性也)"라고 하였던 것이다.

이 책에서는 그동안 써왔던 원고 중에서 유학의 자연관에 관한 것을 주로 선별하여 묶었다. 지면의 제한 때문에 중국과 한국을 대표할 만한 몇몇 유가철학자의 자연관을 소개하는 것으로 한정하였다. 여러 가지로 부족하지만 관심 있는 분들에게 다소라도 도움이 되었으면 한다. 많은 질정을 바란다.

2012년 화산서헌華山書軒에서

인계仁溪 최영찬崔英攢

차 례

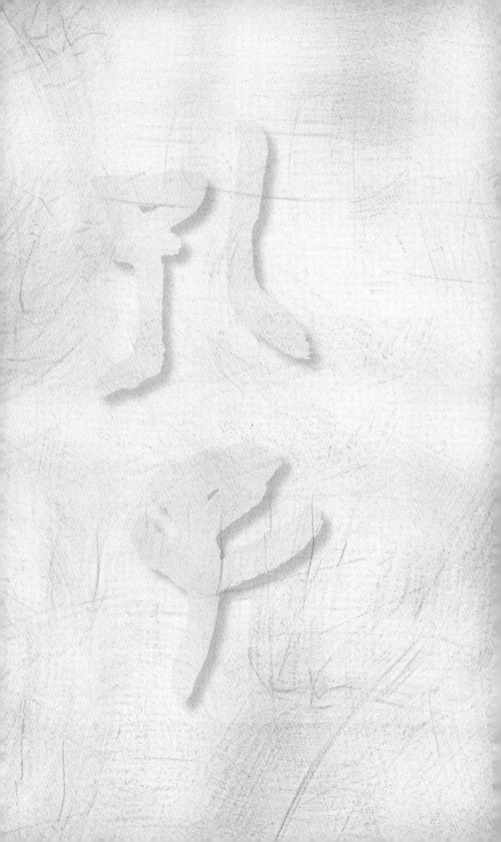

제1장 공자孔子의 자연관

1. '저절로 그러함'이 자연이다.

『주역』「계사전」에 "천하가 무엇을 생각하고 무엇을 걱정하랴? 천하가 다 같이 한 곳으로 돌아가지만 서로 길이 다를 수 있고, 일치하지만 여러 가지로 생각할 수 있으니 무엇을 생각하고 무엇을 걱정하랴? 해가 가면 달이 오고 달이 가면 해가 온다."[1]라는 말이 있다. 천하는 하나이고 사람은 여럿이다. 천하는 한가지이지만 사람들의 생각은 각각이다. 하나인 천하를 가지고 사람마다 가지각색으로 바라보고 생각하고 있으니 인간세상은 번다하지 않을 수 없다. 그러나 천하는 하나의 수레이고 사람들은 만물과 더불어 그 수레에 실려 있는 자연의 귀속물이다. 제 아무리 저 나름대로 생각한들 어떻게 세상 밖을 벗어날 수 있을 것인가? 자연과 인간의 관계를 포괄적으로 시사하고 있는 말이라 하겠다. 당대唐代의 소동파도 하나의 산이지만 "이쪽에서 보면 준령이고 저쪽에서 보면 봉우리이다.(橫看爲嶺側看峯)"라고 노래한 바 있다. 인간의 안목 또한 유한하여 저대로의 소견이 가지각색임을 낭만적으로 표현하고 있는 시구詩句이다.

---

1) 『周易』「繫辭傳下」, "天下何思何慮 天下同歸而殊途 一致而百慮 天下何思何慮 日往則月來 月往則日來."

일찍이 동양철학자들은 우주자연을 하나의 세계로 파악하고 자연을 지배하고 있는 원리들을 인간생활에 그대로 적용시킬 수 있다고 생각하였다. 동양철학자들은 대부분 자연과 인간에 공통의 원리들이 관철되어 있다고 가정하고 자연을 탐구하면서 인간을 이해하려 하였다. 그래서 일찍부터 종교신학보다는 자연세계로부터 가장 오래된 동양철학의 개념들을 형성하기 위한 뿌리 은유들을 제공받았다.[2]

공자는 노자와 같이 주周나라 왕실이 붕괴되고 가족 간의 상하와 사회적인 도덕질서가 혼란한 시대에 살았던 철학자이었다. 이와 같은 인간 사회적인 당면의 문제 앞에서 공자와 노자는 모두가 인간사회를 격정하고 질서를 정비하려는 사명의식을 품게 되었다. 그러나 그 해결책을 위하여 진단하고 처방하는 방법에 있어서는 각각 횡橫·측側의 관점을 달리하면서 문제해결의 길을 모색했던 것이다.

공자는 개인적이고 이기적인 목적 때문에 자연적인 도덕본성에 기초하여 형성되어진 전통문화의 퇴락이 난세의 원인이라 진단하고, 인간에게 덕德과 예禮의 본질을 가르쳐 그 실천을 통해 사회질서의 생명력을 소생시키려 하였다. 이와는 입장을 달리하고 있는 노자는 인간의 본질적인 편견과 욕망, 그리고 집착으로 형성된 전통문화의 허구성과 위선을 난세의 원인이라 진단하고 인간을 무위자연無爲自然에 복귀시킴으로써 인위人爲의 가식으로 점철된 인간사회의 모든 부패상을 치료하려고 하였다. 다시 말하면, 공자는 하·은·주의 전통 속에서 확인된 인간의 자연적인 도덕주체성 상실을 문제점으로 인식하고 인간 고유의 본질성

---

2) 사라 알란 지음, 오만종 옮김, 『공자와 노자, 그들은 물에서 무엇을 보았는가?』(예문서원, 1999), 25쪽.

을 회복시킴으로써 사회의 도덕질서 확립을 구상하였고, 노자는 전통문화 속에서 상제신앙上帝信仰의 폐단과 통치자들의 자기합리화, 즉 인위적으로 조작된 당시의 도덕사상을 지양 극복하고 세속을 초월한 자연의 경지 속에서 진정한 도덕(초월도덕)의 체증體證과 실현으로 이룩되는 이상세계를 구상하였다. 공자는 인간을 긍정하는 입장에서 인간본질의 밝은 측면에 초점을 맞추어 사색한 철학자라면, 노자는 인간을 부정하는 입장에서 인간의 어두운 측면에 초점을 맞추어 사색한 철학자라 할 수 있다. 그러므로 공자는 극기복례克己復禮를 주장했고, 노자는 무위자연無爲自然을 강조하였다. 그러나 공자의 극기복례 사상에서도 개인적인 욕망과 사적인 목적을 위한 허위와 가식이 극복의 대상이고 보면 노자가 교시한 무위자연 사상과 정면으로 대치된 사상이라고 보기에는 어려움이 있다. 공자는 인간에 내재된 도덕적 본질을 자연성으로 파악하고, 그것이 현실 속에서 드러난 인간과 사회의 가치를 긍정함으로써 실제적이고 적극적인 인의도덕사상仁義道德思想을 표출시켰고, 노자는 모든 인간의 본질을 초월적인 자연의 본질인 도道에로 귀속시켜버리고 현실생활 속의 인간적인 모든 것은 부정의 대상, 더 나아가 악과 혼란의 주범으로 간주하고 인간과 사회를 초월하는 이상주의 철학을 드러냈던 것이다. 이와 같이 공자와 노자는 가는 길을 달리하고 있지만, 결국 도달하려고 하는 궁극 목적지는 일치하고 있다. 그 궁극목적지가 자연과 인간이 통일·조화된 천인합일天人合一의 경지인 것이다.

천인합일의 이상은 그 문제의 발상이 하늘에 있는 것이 아니라 인간에 있음은 당연하다. 명교를 강조한 공자는 말할 것도 없지만 명교를 부정한 노자도 실제로 현실 속에서 변질된 명교를 부정한 것이지 참다운 명교를 부정한 것은 아니다. 노자가 긍정하고 있는 참다운 명교는 일종의 합리적인 사회질서로서, 공자의 그것과 같은 것이다.[3] 공자가 인간의 도덕적 당위를 강조하지만 결국은 천도天道와 합일을 지향하는 것처럼 노자도 인간의 의지를 무시하고 자연적인 도道만을 주장한 것 같지만 근원적인 도는 이미 인간까지를 포함하고 있는 것이므로 결국은 인간의 인간다운 삶의 길을 찾으려는 데 그 목적이 있는 것이다.[4]

자연은 근원으로 미루어 보면 무위無爲와 연결된 것이 당연하다. 공자도 『논어』에서 "오직 하늘만이 크다고 하는데 요堯임금만이 그것을 본받고 따랐다."[5]라고 한 것처럼 측천사상則天思想과 무위자연無爲自然 사상 사이에는 근사한 일면이 없지 않다. 공자의 하늘은 자연의 별명이기 때문이다. 그러나 공자는 하늘(自然)을 본받고 따르는 측천則天에 있어 본받고 따라야 하는 인간의 노력을 중시한 점에서 노자의 무위자연과 다르다고 하겠다. 그러면서도 측천, 즉 천인합일을 위한 노력을 강조하지만 그 노력이 하늘을 어기고 자연을 어기는 반자연의 인위人爲가 아님은 말할 것도 없다.[6] 노자도 무위자연사상을 표방하고 있지만 그가 진정으로 관심을 가진 것은 사람이지 자연계가 아니다. 단지 사람의 문제에 대한 해결방법이 공자와 다르다는 것뿐이다. 따라서 인간이 대자연의 법도에 따라야 한다는 순자연順自然에 대한 인간의 노력에 있어서는 노자가 인위라고 비판하고 있는 공자의 측천과 입장을 같이하고 있

---

3) 이재권, 「유학과 도학의 경계」, 『東洋哲學과 現代社會』(충남대학교유학연구소, 이화, 2003), 119쪽.

4) 蒙培元 著, 李尚善 譯, 『中國의 心性論』(法人文化社, 1996) 21쪽.

5) 『論語』, 「泰伯」, "唯天爲大 唯堯則之."

6) 安炳周, 「유교의 自然觀과 人間觀」, 『東洋哲學의 自然과 人間』(아세아문화사, 1998), 6쪽.

다고 보여진다. 노자가 말하는 유有와 무無는 모순개념으로서 서로를 배척하고 있는 관계가 아니라 그 안에서 서로 모순되는 듯이 보이는 것까지를 함축하고 있는 포괄적인 의미의 유이며 무이기 때문이다.[7]

공자의 사상과 노자의 사상은 상극적인 대립의 관계가 아니다. 다만 관점과 방법을 달리한 자기 특장적인 양립의 관계일 뿐이다. 공자사상은 세간적世間的인 도덕사상이며 인간을 중심으로 하는 인간중심 사상이라고 한다면, 노자사상은 초세간적超世間的인 도덕사상이며 이상적인 자연을 중심으로 하는 자연중심 사상이라고 할 수 있다. 그러므로 동양철학의 전체적인 측면에서 본다면, 공자철학과 노자철학은 서로 상보적이며 화해적인 관계라 할 수 있다.

이 장은 공자사상이 인본주의라고 하여 노자의 자연주의 철학과 정면으로 대립된 사상이라는 오해에서 빚어진 잘못된 이해를 해소시키기 위하여 공자철학의 자연관을 밝혀보려는 데 목적이 있다. '자연'이라는 말의 사전적 의미는 사람의 힘을 더하지 않는, 우주만물의 저절로 된 존재나 상태, 사람의 힘을 받지 않고 저절로 일어나거나 이루어진 상황 등을 뜻한다. 그러나 동양철학의 전통에서는 자연을 천지만물의 끊임없는 생성변화 상태나 원리에 대한 설명으로서 "스스로 그러함", "저절로 그러함"이라는 의미로 사용되었으며, 이 밖에도 천지만물과 인간의 도덕적 지향점을 포함하는 총괄적인 개념 등으로 사용되었다.[8] 이 장에서 논급되는 '자연'의 의미는 이와 같은 동양철학의 전통에서 사용되는 자연의 의미에 준하고자 한다.

---

7) 金恒培, 『老子哲學의 硏究』(思社硏, 1985), 30쪽 참조.
8) 송영배 외 지음, 『인간과 자연』(철학과현실사, 1998), 66쪽.

2. 공자철학은 인간학이다.

인간을 만물의 영장으로 여겨왔던 전통은 공자 이전에 이미 세워졌다. 이와 같은 전통적인 인간관을 이어받은 공자는 인간과 사회에 특히 관심을 집중하여 사색했던 철학자이다. 당시의 무질서한 사회를 바로 잡으려고 주유천하周遊天下하면서 고군분투했던 공자에게 무모한 일이라고 비난했던 은자隱者들에 대하여 공자는 다음과 같이 말하였다. "나는 그대들과 같이 둔세遁世하여 산림山林에 묻혀 조수鳥獸들과 함께 떼지어 살 수 없을 것이니, 이 세상 사람들을 버리고 누구와 함께 살겠느냐? 만약 천하에 현군이 있어 다스려진다면 나는 세상을 바로 잡으려고 애쓰지 않을 것이다."9) 공자는 모든 사물에 대한 각 부류部類마다의 존재특성을 자연적인 것으로 인정하고 특히 인간의 존재와 사명을 밝혀내려고 사색하였다. 이러한 사색은 마침내 공자사상에서 중요한 정명론正名論의 발단적 계기가 되었다고 할 수 있다. 공자는 인간의 존재특성 중에서 특히 도덕적인 주체성을 강조하면서 인간의 가능성을 긍정하고 인간을 존중하는 인간중심, 즉 인본주의 철학을 드러냈다. 어느 날 밖에서 돌아온 공자가 불탄 마구간을 바라보고 사람에 대한 안부만을 물었다는10) 일화 속에서도 그가 얼마나 인간을 소중히 여기고 있는지를 짐작할 수 있다.

공자철학의 주 대상은 <사람>이었고 <사람 속>이었다. 초자연적인 것보다 자연적인 것을, 천상의 빛보다 지상의 빛을, 귀신보다 인간

---

9) 『論語』「微子」, "夫子撫然曰 鳥獸不與同群 吾非斯人之徒而誰與 天下有道 丘不與易也."

10) 『論語』「鄕黨」, "廐焚 子退朝曰 傷人乎 不問馬."

을, 죽음보다 삶을 대상으로 하는 사인지학斯人之學·사인학事人學이며 지생학知生學이었으므로 철두철미 인간중심학 또는 인간본위주의라고 할 수 있다. 공자는 인간 속에서 자연적인 실체를 구하려 하였고 도덕 주체성의 근거를 찾아 밝히려고 하였다. 그러므로 공자의 철학에는 현 세지향성이 강하다. 이러한 점에서 공자철학을 현現실학實學이며 사事실 학實學으로서의 인간학이라고 할 수 있다. 그렇기 때문에 공자는 인간 따위는 내버려 두면 된다는 은자들에게 끝내 그럴 수가 없노라고 하면 서 길을 잃고 헤매는 인간을 바로 잡으려고 했던 것이다.11)

인간에게는 두 가지 측면이 있다. 하나는 동물적인 측면이고, 또 하 나는 인간적 측면이다. 욕구로 말하면 전자는 본능적 욕구이고 감각적 욕구이며, 후자는 도덕적 욕구이고 양심적 욕구이다. 공자철학에서 인 仁이야말로 인간이 동물과 구별되는 종차種差가 되는 것이며, 인간으로 서 인간다움을 이룰 수 있는 근거가 된다.12) 공자는 인간의 본능적 욕 구를 완전히 배제하지는 않는다. 결코 금욕주의가 아니다. 인간의 생리 적 측면을 그대로 인정하면서 도덕적 가치의 세계를 일깨워가고 있는 사상이다. 공자도 술을 마실 때 주량을 제한하지는 않았으나 취해서 난 잡하게 되는 일은 없었다는13) 기록이 보인다. 그리고 공자는 말하기를 "나는 덕을 좋아하기를 색을 좋아하듯 하는 사람을 아직 보지 못하였 다."14)라고 하였다. 음주나 호색好色보다 호덕好德의 자연적인 도덕가치

---

11) 鄭瑽, 「孔子學에서의 새로운 接近方法」, 『東西思想의 만남』(형설출판사, 1982), 419쪽 참조.

12) 李南永, 「儒敎的 人間觀과 現代」, 『東西思想의 만남』(형설출판사, 1982), 306쪽 참조.

13) 『論語』 「鄕黨」, "唯酒無量 不及亂."

14) 『論語』 「子罕」, "子曰 吾未見好德如好色者也."

를 지향하는 사상이다. 꾸며대는 말이나 얼굴색보다 어짊(仁)을 좋아하
였다. 공자는 말하고 있다. "근자에 효孝를 능양能養이라 하지만 개나
말 같은 동물에게도 능양함이 있다. 공경하는 마음이 없으면 무엇이 동
물과 다르겠는가?"15) 효도라는 것은 동물에게서처럼 사육되는 것이 아
니다. 사람은 동물과 같이 식색食色의 본능적인 존재만은 아니기 때문
이다.

　인간은 도덕적 존재이다. 호덕好德의 존재이고 능경能敬의 존재이다.
공자는 마침내 "자기를 누르고 예로 돌아가는 것이 어짊이다."16)라고
말하였다. 인간에게는 억제해야 할 자기가 있고 회복해야 할 자기가 있
다. 과다한 식색에 대한 욕구는 억제해야 하고, 호덕과 능경의 도덕적
욕구는 회복시켜야 하는 존재이다. 극기克己는 동물적 욕구와 도덕적
욕구 사이의 갈등을 극복한다는 의미만이 아니다. 극기란 오히려 어짊
을 핵심으로 하는 마음에서 솟구치는 도덕적 욕구를 점차로 심화해가
는 이른바 '수신修身'의 포괄적 개념이다.

　예禮는 어짊(仁)에 근거하여 몸소 실천되어지는 것으로서 어짊과 표
리表裏의 관계에 있다. 마치 "그림을 그릴 때 먼저 흰 바탕이 마련된 후
에 그리는 것(繪事後素)"과 같다.17) 예의 본질과 표현형식은 불가분의 선
후관계임을 말하고 있는 것이다. 공자는 본질과 형식의 잘 어울림(文質
彬彬)18)을 말하였지만 형식보다 본질을 더 중요시하였다. 그렇기 때문
에 "예는 사치하느니 보다 검박해야 한다. 상례는 이것저것 갖추기 보

---

15) 『論語』「爲政」, "子曰 今之孝者 是謂能養 至於犬馬 皆能有養 不敬何以別."
16) 『論語』「顔淵」, "子曰 克己復禮爲仁."
17) 『論語』「八佾」, "子曰 繪事後素."
18) 『論語』「雍也」, "質勝文則野 文勝質則史 文質彬彬然後君子."

다는 진심으로 애통해야 한다."[19]라고 한 것이다. 공자철학의 일차적인 목적은 인간사회의 질서를 위한 도덕적 정진과 자아실현에 있다.

3. 공자철학은 자연과 인간의 합일(天人合一)이다.

공자철학은 정치·사회·문화·윤리적인 문제 해결을 위한 방안으로 나타난 것으로서, 학문을 위한 지식이기 이전에 실제에 필요한 실천적인 학문이었다. 그러나 그것이 단순한 실천 강령으로 그쳐 버린다면 공자철학은 생명력이 없을 것이다. 공자철학에서의 실천은 단순한 실천이 아니며, 아무런 근거도 없는 전통의 답습만도 아니다. 공자가 내세운 윤리도덕의 이론근거는 자연법칙과 자연의 질서를 본받는 데 있다. 자연 질서를 인간의 질서로 바꾸어 놓은 것이 공자의 철학이라고 할 수 있다. 요컨대, 주격적主格的인 자연과 피술적被述的인 인간이라는 주종관계에서 이론이 형성된 것이다. 공자철학의 도덕적이고 논리적인 이론과 실제는 모두가 자연계의 법칙·질서·공능에서 터득된 것으로 결코 순수 사유만을 통해서 이루어진 것이 아니다. 그러므로 공자철학에서는 자연이 유일한 터전이자 가장 위대한 스승이다. 자연을 주격적인 것이자 모든 것의 근원으로 보고 그것을 완만구족完滿具足한(至眞·至善·至美) 가치의 총부總府로 삼는 것은 공자철학에서 만이 아니라 동양철학의 일반적인 특징이다. 그러나 인간이 자연으로 돌아가 자연대로 살아갈 것인가? 아니면 자연법칙을 인간에게로 끌어들여 인간 나름의 세간世間을 만들

---

19) 『論語』「八佾」, "禮 與其奢也 寧儉 喪 與其易也 寧戚."

어갈 것인가? 라는 삶의 방법이나 사유의 방식은 크게 다르다.[20] 공자
철학에서 우주와 인생을 일관된 총체로 형성하려는 것은 노자철학에
있어서도 역시 마찬가지이다. 그러나 공자는 우주와 인생으로부터 위로
발전시켜 이상을 파악했고 그것을 다시 현실생명 속에서 완성시키려
했던 것이 특징이다.[21]

공자는 일평생 도道를 갈구하며 살았다. "진정한 도만 깨달아 안다면
죽어도 좋다."[22]고 공언하며 살았기 때문이다. 공자가 평생 자신의 사
업이나 사명으로 삼았던 것은 지도志道·문도問道·전도傳道에 있었다. 공
자가 "도에 뜻을 두었다.(志於道)",[23] "도가 있는 사람에게 나아가 바로
잡았다.(就有道而正焉)"[24]라고 말한 도道를 주희朱熹는 "도라 함은 인륜일
상人倫日常 중에서 마땅히 행할 바의 것"[25]이며, "대체 도라는 것은 모
두 사물의 당연한 이치를 이름이요, 사람들이 공동으로 말미암아야 할
것이다."[26]라고 풀이하였다. 여기에서 보면, 도는 사물의 이치임과 동
시에 도덕의 이치이다. 그러므로 도는 천도와 인도를 포함하는 복합적
인 의미를 갖게 된다. 따라서 도는 어떤 타자에 의하여 개변改變될 수
있는 것이 아니며 그 누구의 개입도 허용될 수 없는 절대법칙으로서,
고정불변의 절대성을 갖는다. 오직 '자연' 속에서만 존재하는 필연적인
법칙이다. 따라서 인간이 따라야만 하는 법칙인 것이다. 이러한 의미에

---

20) 金忠烈, 『中國哲學散稿』1(온누리, 1988), 75쪽 참조.
21) 方東美 著, 남상호 옮김, 『원시 유가 도가 철학』(서광사, 1999), 61쪽 참조.
22) 『論語』「里仁」, "子曰 朝聞道 夕死可矣."
23) 『論語』「述而」, "志於道."
24) 『論語集註』「學而」, "就有道而正焉."
25) 『論語集註』「學而」, "道則人倫日用之間 所當行者 是也."
26) 『論語集註』「述而」, "凡言道者 皆謂事物當然之理 人之所共由者也."

서 공자는 "사람이 도를 넓히는 것이요 도가 사람을 넓히는 것이 아니다."[27]라고 하였다. 공자가 뜻한 바의 도는 이미 상제上帝의 명령이 아니고 인간의 도도 아니다. 천인합일의 도인 것이다. 공자가 이미 자연계의 생명의의生命意義와 인간과의 관계를 탐구하고 말한 것이다. "도에 뜻을 두고 덕을 지키고 어짊을 의지하고 육예六藝를 체득하라."[28]라고 말한 것도 바로 천도와 인도의 관계를 ? 조한 것이다. 여기에서 말하고 있는 도는 결코 인도가 아니다. 이미 하늘(자연)이 공자에게 낳은 덕은 곧 그가 뜻한 바의 도이고, 그것이 바로 천도인 것은 의심할 바가 없다.[29]

4. 자연의 도는 인간계에서 실현된다.

공자철학에서 자연관을 파악할 수 있는 것은 하늘(天) 개념에 있다 할 것이다. 공자가 제시하고 있는 '하늘'에는 종교적인 관념이 아직 남아있지만, 자연계를 가리키는 자연의 하늘, 개변改變시킬 수 없는 운명의 하늘, 그리고 가치상에서 말한 의리義理의 하늘 개념이 사상의 핵심을 이루고 있다고 할 수 있다.

주대周代에 이르러 하늘 신(天神)에 대한 회의사상이 보편적으로 일어나기 시작하여 춘추시기春秋時期에는 자연적인 하늘이나 자연의 도에 대한 사상이 출현하였다. 자산子産의 "하늘의 도는 멀다.(天道遠)", 백양

---

27) 『論語』「衛靈公」, "子曰 人能弘道 非道弘人."
28) 『論語』「述而」, "子曰 志於道 據於德 依於仁 游於藝."
29) 蒙培元, 『蒙培元講孔子』(北京大學出版社, 2005), 37쪽.

부(伯陽父)의 "천지의 기(天地之氣)" 등은 하늘 관념에 대한 하나의 커다란 변혁으로 고대의 일차적인 종교혁명이라고 할 수 있다. 공자도 이러한 혁명에 참여한 사람 중의 하나이다. "하늘만이 그토록 클 수 있으니 오직 요堯만이 하늘을 따라 본받았다."[30]라고 한 공자의 말이나, "우리 선생님(공자)은 절대로 우리가 따를 수 없는 분으로 마치 하늘에 사다리를 놓고 올라갈 수 없는 것과 같다."[31]라고 한 자공子貢의 말에서 보면, 크고 높은 하늘은 일차적으로 자연의 하늘을 의미하고 있다. 그러나 그 '큼'과 '높음'의 개념 속에는 요와 공자의 인격적인 숭고함이 상징적으로 젖어 있다고 볼 수 있기 때문에 절대의 법칙이나 궁극적인 원리의 의미를 갖는 하늘이라고도 볼 수 있다. 한편 "살고 죽는 것은 운명에 매어있고 부귀는 하늘에 달려 있다."[32]라는 말 속에서는 불가개변적不可改變的인 운명의 하늘을 의미하고 있다고 볼 수 있다. 그러나 불가개변의 의미 또한 절대성·자연성 등의 의미가 함축되어 있다고 볼 수 있으니 결국 공자의 사상과 전혀 다른 의미의 하늘 개념으로 볼 수는 없다. 공자의 하늘 개념에서 가장 중요한 것은 가치상에서 말한 의리義理의 하늘이다. 어떻게 보면 앞에서 살펴 본 자연의 하늘이나 불가개변적인 운명의 하늘은 의리의 하늘과 연결되어 가치상 의리의 하늘에 대한 불가개변적인 절대성의 의미와 자연성의 의미를 부여하고 있다고도 이해된다.

공자철학에서 하늘(天)은 원리 중의 원리이다. 모든 생명의 원천으로 극존무대極尊無對한 존재이며 만물을 명령한 자리요, 여하한 사물에도

---

30) 『論語』「泰伯」, "唯天爲大 唯堯則之."
31) 『論語』「子張」, "子貢曰 夫子之不可及也 猶天之不可階而升也."
32) 『論語』「顔淵」, "死生有命 富貴在天."

명령받지 않는 절대적인 존재이다. 공자는 도를 재래의 종교적이고 규제적인 것에서 원리적인 의미로 발전시킨 것과 같이, 하늘의 개념도 재래의 하늘의 의미를 이어받으면서도 인간을 발견하고 자아를 의식하여 인간의 본성 속에 내재한 도덕률을 통하여 나의 속에서 느껴지고 이해되고 자각된 하늘의 의미로 발전시켰다.[33] 공자는 평소에 하늘이나 천명天命, 본성이나 천도天道와 같은 형이상학적인 문제는 별로 말하지 않았으나 궁극적인 신념의 근거는 하늘이나 천명에 두고 있다. "하늘이 나에게 덕을 낳아 주었다.(天生德於予)"라고 한 말이나 "나이 오십에 천명을 알았다.(五十而知天命)"라고 한 언설을 보면 공자의 인생관이나 가치관에 있어서 최상의 가치는 하늘이나 천명에 따르는 것이다. 도는 다름 아닌 천도요 천도를 따르는 것이 인도이다. 공자 70세에 마음먹은 대로 실천해도 법도에서 벗어나지 않는 경지는 천도에 따라 합일된 경지라고 할 수 있다.[34] 도道로부터 덕德으로, 덕德으로부터 인仁으로 사유되는 것은 노자의 사유방식일 뿐 아니라 공자의 사유방식이다. 도는 덕과 비교하면 덕의 근본성을 의미한 것이고 덕은 도의 내재성內在性의 의미를 갖는다.[35] 그러므로 인간에 내재된 덕성을 충분히 발휘하는 것이 다름 아닌 천도의 실현이다. 논어에 나온 천天·도道·성性·명命 등의 개념들을 검토해 보면 공자의 자연관과 인간관의 특징이 보다 더 분명해지리라고 본다.

---

33) 柳承國, 『東洋哲學硏究』(東方學術硏究院, 1983), 106쪽.
34) 沈佑燮, 「仁思想의 再照明」, 『孔子思想과 現代』(韓國孔子學會, 思社硏, 1990), 113쪽.
35) 蒙培元, 『蒙培元講孔子』(北京大學出版社, 2005), 37쪽.

5. '문장文章' 속에서 '성性과 천도天道'를 체득한다.

"子貢曰 夫子之文章 可得而聞也 夫子之言性與天道 不可得而聞也."[36]
이 언설은 공자의 제자 자공이 한 말로 "선생께서 하신 문장文章에 관한 말씀은 얻어 들을 수 있으나 성리性理와 천도天道에 관한 말씀은 얻어 들을 수가 없다."라고 일반적으로 번역된다. 여기에서 심각하게 문제된 것은 문장과 성리·천도가 무엇인가 하는 문제와 "들을 수 있는 것(可得聞)과 들을 수 없는 것(不可得聞)"의 문제이다. 개념상으로 보면 문장은 글이나 예악禮樂 등 넓은 의미로서 빛나는 문물文物을 뜻한다. 주희는 "문장은 덕이 밖으로 나타나는 것이니 위의威儀와 문사文辭가 모두 이것이다."라고 설명하였다. 성性은 인간의 천성이나 성리性理로서, 주희는 "사람이 부여받은 천리"라고 해석하였고, 천도는 하늘의 도리나 이치로서 주희는 "천리자연天理自然의 본체本體이나 그 실상은 하나의 이치이다."라고 설명하였다.[37] 문장은 형이하학적인 것이고 성과 천도는 형이상학적인 것이다. 공자철학에서 말하면 하학下學과 상달上達의 대상에 해당된다고 할 수 있다.

'얻어 들을 수 있다', '없다'에 관한 견해는 다양하다. 대표적인 몇 가지를 보면 다음과 같다. 첫째, 공자의 나이 50을 기준으로 하여 사상을 전·후기로 나누어 볼 때, 전기는 고래古來의 전통문화를 이어받은 신분으로 시詩·서書를 가려 뽑아 편찬(删)하고 예禮·악樂을 바로잡던(訂) 시기이며, 그의 정치사상과 포부를 펴려고 열국을 주유했던 시기였다.

---

36) 『論語』「公冶長」.
37) 『論語集註』, "文章德之見乎外者 威儀文辭皆是也 性者 人所受之天理 天道者 天理自然之本體 其實一理也."

그러므로 이 시기는 성명학性命學에 대한 깊은 사색에 몰두하지 못했던 시기이다. 후기는 주역周易연구에 몰두했던 시기로, 이때부터 진정한 사상가이자 철학자의 신분으로 성명학의 근원을 열었던 것이다. 그러므로 조년早年 제자인 자공은 "시·서경을 엮고 예·악경을 바로 잡는(刪詩書訂禮樂)" 단계만 이해했지 공자의 구세치인救世治人의 흉회胸懷나 철학자로서의 '천도성명天道性命'에 관한 사상은 깊이 깨닫지 못해서 성이나 천도에 관한 말을 들어보지 못했다고 한 것이라는 설이다.[38] 둘째, 성과 천도에 관한 사상은 심오한 철학으로 공자가 그것을 교수할 때 사람을 가려서 언급했던 것인 바, 자공은 그것을 이미 들은 후에 찬탄하여 "들어보지 못했다.(不可得而聞也)"라고 했다는 설이다. 그러므로 그것은 곧 보통사람은 "가히 얻어듣지 못했다."는 의미라는 것이다.[39] 정자程子도 "이는 자공이 스승의 지극하신 말씀을 듣고 탄미한 말이다."[40]라고 하였다.

이상의 두 가지 견해는 서로가 다르다. 그러나 공자가 하늘이나 본성의 형이상학적인 문제에 관해서 사색하고 논구했다는 사실을 인정하고 있다는 내용은 같다. 그리고 성과 천도에 대한 사상을 공자의 심원한 철학사상으로 긍정하고 있는 점에 있어서도 입장을 같이하고 있다. 이 문제에 대하여 특히 주목해 볼 만한 주장이 있다. 몽배원蒙培元의 학설이다.

이 주장에서 보면, 몽배원은 공자가 직접 형이상학적인 문제를 담론한 것은 지극히 적지만 하지 않은 것은 아니라고 전제하면서, 특히 담

---

38) 金忠烈, 『中國哲學散稿』1(온누리, 1988), 81쪽.
39) 楮柏思, 『中國哲學新義』(黎明文化事業公司, 1978), 25쪽.
40) 『論語集註』, "此子貢聞夫子之至論而歎美之言也."

론의 방식에 초점을 맞추어 이해하고 있다. 즉, 공자의 담화는 "문장"으로 시작하는 방식이라는 것이다. 문장은 문식文飾·화문花紋으로 인간의 생활, 그 중에서도 예악문화禮樂文化로 표현된 것, 즉 인류문화의 창조를 체현한 것으로 인문人文이다. 이러한 문장 가운데 매우 중요하고 심오한 형이상학적인 문제가 암암리에 함축되어 있는데, 이것이 바로 본성과 천도의 사상이라는 것이다. 본성과 천도는 직접 언설할 수 없는 것으로 "묵이식지默而識之"·"하학상달下學上達", 즉 직각체험의 경지이며, 어떤 내부적인 기억이 아니고 일종의 "심통묵식心通默識"의 직각체험으로 도달할 수 있는 형이상학적인 철학의 상위단계이다. 그러므로 공자가 말한 "하학상달"은 다른 것이 아니라 바로 "문장"을 통하여 "성과 천도"에 이르는, 즉 위로 성과 천도에 통달한다는 뜻이라는 것이다. 그리고 공자가 말한 "나의 도는 하나로 꿰뚫고 있다.(吾道一以貫之)"라고 한 말도 충서忠恕로 타인과 나를 관통한다는 의미가 아니고 하늘과 사람을 관통한다는 의미라는 것이다.

박학다식은 문장의 일로 당연히 중요한 일이다. 그러나 반드시 일관一貫, 즉 천도와 성명에 상달上達해야 한다. 상위의 성명이나 천도의 형이상학적인 철학의 경지에 도달하는 것, 이것이 바로 궁극목적이다. 이것은 또 학學과 사思와도 관계된 문제이다. 상달이나 일관의 문제는 사색이 필요하다. 문장을 거쳐 본성과 천도에 도달하는 것, 이것이 바로 공자의 학문하는 과정이다. 이때 필요한 사는 형식에 치우친 논리적 사유가 아니고 우주·인생에 관한 체증적인 사색을 말한 것이다. 문장과 천도는 전혀 다른 두 세계가 아니다. 그러나 문장 가운데 천도가 있지만 천도는 문장 그 자체인 것은 아니다. 천도는 문장 중에 있으면서 문장을 초월해 있으며, 하학 중에 있으면서 하학을 초월해 있는 것이다. 그러므로 "언설言說"이 언설에 이를 수 있을 때 곧 사색에 의하여 영오領悟·체회體會하여 마침내 상달을 실현할 수 있다. 이것이 바로 "일이관지", 즉 하늘과 인간을 관통한 것이다. 그러니까 공자의 문장 중에서 사색을 통하여 본성과 천도의 도리를 체회한다는 것, 이것이 바로 자공이 한 발언의 참 뜻이라는 것이다.[41)]

몽배원도 이해의 방식은 다르지만 천도의 보편성을 긍정하고 천도에 입각한 자연과 인간의 상통합일相通合一을 주장하고 있는 내용면에서는 다를 바가 없다. 하학의 인문人文은 천도와 독립된 것이 아니고 천도와 일관된 인도에 대한 현상이고 보면, 몽배원도 역시 인간에 대한 이해를 천도, 즉 자연의 이치와 통일시키고 있다. 그러므로 진정한 인문세계는 자연의 범주를 벗어나지 않을 뿐만 아니라 자연과 일치되어 드러난 자연적인 현상일 뿐인 것이다. 다만 문장 중에서 천도와 성명을 체회한 것처럼 인간 속에서 천도를 자각하는 점, 그리고 그와 같은 형이상학적인 문제는 묵식默識의 직각체험으로 가능하다고 이해한 점에서는 공자 철학에 대한 새로운 이해이며 탁견이라고 평가할 수 있다.

6. "운행行과 생장(生)"은 자연의 언설이다.

"子曰 天何言哉 四時行焉 百物生焉 天何言哉."[42)] 공자가 한 이 언

---

41) 蒙培元, 『蒙培元講孔子』(北京大學出版社, 2005), 38∼39쪽 참조.
42) 『論語』「陽貨」.

설은 "하늘이 무슨 말을 하는가? 사시가 운행되고 온갖 만물들이 생장하는데 하늘이 무슨 말을 하는가?"라고 번역된다. 여기에서 문제된 것은 "사시행四時行"과 "백물생百物生", 그리고 "하언재何言哉"이다. 주희는 다음과 같이 설명하고 있다. "사시가 운행되고 온갖 만물들이 생장하는 것은 천리가 발현하여 유행流行하는 실체가 아님이 없는데, 이것은 말을 기다리지 않고도 볼 수 있는 것이다. 성인의 일동일정은 오묘한 도와 정밀한 의리義理의 발현 아님이 없으니 이 또한 하늘일 뿐이다."[43] 사시의 운행과 만물의 생장은 천리유행의 실체이기 때문에 굳이 말을 통해서만 알 수 있는 것이 아니고 성인의 일동일정은 체득된 천리의 발현이니 역시 하늘과 같은 것이다. 하늘과 성인의 합일된 경지를 밝히면서 천리는 "운행"과 "생장"으로 표현된 것일 뿐 굳이 말이 필요 없다는 의미이다. 자연의 이치는 자연현상으로 나타나고 자연의 이치를 체득하여 실천한 성인은 자연과 합일을 이룬다. 성인의 경지에서는 자연과 인간이 분리될 수 없다. 인간 속의 자연과 인간으로부터 자연의 이치를 체득하고 실천해야 한다는 사상을 공자는 이 말 속에서 가르치고 있다고 이해된다.

공자가 말하고 있는 '자연'은 말할 수 있으나 말하지 않는(能言而不言) 의지의 하늘도 아니고 전혀 말할 수 없는(不能言) 자연의 하늘도 아닌 "운행"과 "생장"으로 언표하는 의리의 하늘이다. 자연에 대한 또 하나의 창의적인 견해이다. 하늘은 자연계이다. 그리고 천도는 생명과 생명 창생의 공능이다. 공자가 말한 하늘, 즉 자연은 생명적인 것이고 부단히

---

43) 『論語集註』, "四時行百物生, 莫非天理發見流行之實 不待言而可見 聖人一動一靜 莫非妙道精義之發 亦天而已."

생명을 창생하는 자연으로 인간과 대립적인 자연이 아니다. 자연계가
그 자신이 부단히 운행하는 가운데 생명을 창생하는 것, 이것이 곧 천
도인 것이다. 여기에서 말하여진 생장은 인간의 형체 생명을 낳는 것만
을 가리킨 것이 아니라 인간의 도덕을 낳는 것도 가리키고 있다. 하늘
혹은 천도의 실체성은 공능과 과정으로 설명된다. 이것이 바로 자연계
의 "언설"이다. 그러므로 운행과 생장은 자연의 언설이다. 자연계에는
결코 사사로운 생명 창생이 있을 수 없다. 그러므로 인간은 이러한 자
연계의 언설을 당연히 경청하고 실천해야 한다. 이것이 바로 공자의 천
인합일의 철학이다.44)

공자는 자연과 인간의 본질적인 관계를 "천생덕어여天生德於予"라고
말하였다. 즉, 하늘이 인간에게 선천적으로 덕을 부여해 주었다는 것이
다.45) 이 말은 특수 명제가 아니고 보편 명제이다. 사람들 모두가 천부
적으로 덕을 갖고 태어났다는 의미이다. 생명 모두에게는 목적성이 있
다. 그것은 초자연적인 목적이 아니며 인간적인 목적도 아니다. 이 목적
은 인간을 지향한 것이다. 이것이 바로 종교적인 내용을 흡수하여 드러
낸 생명의의生命意義의 하늘인 것으로, 공자의 의지천에 대한 근본적인
개조이다. 이른바 하늘의 도덕의의道德意義는 이러한 기초 위에서 세워
진 것이니 생성의 목적이라고 할 수 있다. 그러므로 자연계의 생명창생
은 선의 방향으로 진행되며, 거기에서 태어난 인간은 곧 그 목적의 실
현이라고 이해할 수 있다. 이것이 바로 인간의 덕성이다. 따라서 하늘은
생장을 덕으로 삼는다는 의미가 함축되어 있다고 볼 수 있다.46) 지금까

---

44) 蒙培元, 『蒙培元講孔子』(北京大學出版社, 2005), 40~42쪽 참조.

45) 『論語』「述而」.

46) 蒙培元, 『蒙培元講孔子』(北京大學出版社, 2005), 33쪽 참조.

지의 설명을 종합해 본다면, 하늘은 자연계를 말한 것이고, 천도는 생명 창생의 자연 과정을, 천덕天德은 생명창생의 가치 의미를, 천명은 인간의 목적성을 부여한 것으로 이해될 수 있는 것이다.

천도·천명은 인간을 지향하고 인간은 덕성으로 실현한다. 그러나 어떻게 덕성을 완성시킬 수 있는가 하는 문제는 인간 자신의 일이다. 하늘은 사람 사람마다 모두 도덕군자가 된다는 것을 보장할 수가 없다. 공자는 인간이 타고난 덕성을 모두 다 실현할 수 없기 때문에 "싹은 나왔으나 꽃을 피우지 못한 것도 있을 것이며, 꽃은 피었으나 열매를 맺지 못한 것도 있을 것이다."[47]라고 비유적으로 말하고 있다. 본성과 천도설로 천인합일의 기본 모식을 세우고, 인간과 자연의 가치 관계를 확립시키고는 있으나 인생에서 그것을 실현하는 것은 전적으로 개인의 인성수양에 있다는 것을 잘 말해주고 있다.[48]

"성상근습상원性相近也習相遠也".[49] 이 말은 "사람의 천성은 서로 비슷하지만 습성으로 서로 멀어지게 된다."라고 번역된다. 공자가 『논어』에서 본성에 대하여 직접 언급한 말로는 오직 이 한마디일 뿐이다. 그러나 이에 대한 관심과 견해는 많고도 다양하다. 주희는 다음과 같이 해석하였다. "여기에서 말한 본성은 기질氣質을 겸한 본성으로 말한 것이다. 기질지성氣質之性은 선악의 차이가 있다. 그러나 그 처음을 말한다면 그렇게 서로 멀지 않은 것이다. …… 정자程子는 말하기를 이것은 기질지성을 말한 것이다. 본성의 근본(本然之性)을 말한 것이 아니다. 만약 그 근본을 말한 것이라면 곧 본성은 리理이다. 리는 선하지 않음이

---

47) 『論語』「子罕」, "苗而不秀者 有矣夫 秀而不實者 有矣夫."
48) 蒙培元, 『蒙培元講孔子』(北京大學出版社, 2005), 43쪽 참조.
49) 『論語』「陽貨」.

없으니 맹자의 성선이 이것이다. 그런데 어찌 서로 가깝다고 할 수 있 겠는가?"50) 주희의 해석을 보면 "성상근"의 성을 기질지성으로 시간 상 그 처음이나 그 후의 의미를 갖고 "성상근"을 해석한 것이 된다. 정자 의 이해는 '가깝다'는 의미의 '근近'자에 예리한 관심을 기울이고 자기 학설의 기준에 맞추었기 때문에 본연지성이라고 하지 않고 기질지성이 라고 해석하였다. 본연지성이라고 해석되려면 "성상근"의 '근'자 대신 에 '동同'자가 들어가기 때문이다. 이러한 해석들은 문자와 문맥에 해석 을 맞추고 또 자기 철학의 관점에 따라 파악된 해석들이다.

　몽배원은 이러한 공자의 언설에 대해서도 철학적인 입장에서 심도 있게 분석하여 설명하고 있다. 즉, 본성은 선천적으로 갖추게 된, 태어 난 그대로의 본성으로 천도에서 래원한 것이다. 그런데 "상근"이라고 한 것은 매 개인의 본성에는 모두 저마다의 개체적인 차이성이 있다는 것을 설명하려는 것이라는 견해이다. 그런데 개체의 차이성 가운데 또 공통의 본성이 있다는 것을 배제하지 않는다면 "상근"이라고 말하지 않을 수 없다. 인성은 물성과 다르다. 이것이 인간으로서 인간일 수 있 는 소이로서의 공성共性이다. 그리고 또 이것은 "성여천도性與天道"의 설에 근거해 본다면 마땅히 천도로부터 나온 "생장"의 덕성이며, 인성 仁性인 것이다. 그러나 이것이 개체존재 가운데서는 "질박質朴"의 잠재 능력이기는 하지만 인간본성의 전부는 아니다. 그렇기 때문에 "성상근 性相近"을 말한 것이고, "성상동性相同"을 말하지 않았다는 것이다.

　"습상원習相遠"은 바로 후천 학습과 환경의 영향이 중요하다는 것을

---

50) 『論語集註』, "此所謂性 兼氣質而言者也 氣質之性 固有美惡之不同矣 然以 其初而言 則皆不甚相遠也 …… 程子曰 此言氣質之性 非言性之本也 若言其 本 則性卽是理 理無不善 孟子之言性善 是也 何相近之有哉."

말한 것이다. 그러므로 공자는 "택선이종擇善而從", "이인위미里仁爲美", "비례물시非禮勿視" 등을 말하여 "습習"의 중요성을 강조한 것이다.[51] 인간이 타고난 본성을 따라 사는 것은 바로 천도를 실천하는 것이니, 인간에 있어 덕성의 실천 그 자체가 바로 인간의 자연성을 표출하는 자연의 언설이 되는 것이다.

7. 자연의 언설은 자각으로부터 실천된다.

사적인 목적으로 지모를 부리는 것(自私用知)은 인위에서 나온 것이고 사물의 법칙에 순응하는 것(物來順應)은 자연에 따르는 것이다. 유가 철학에서 자연은 "본래의 자연"인 본연의 본성이다. 그것은 만물과 더불어 일체인 본성이요 나 혼자 만의 본성이 아니다. 그러므로 그것을 천지의 본성이라고 한다. 공자철학에서의 인간의 본성은 천지, 즉 자연의 본성과 통한다. 그것을 자각하여 실천한 사람을 군자 혹은 성인이라고 칭한다. 공자는 어짊(仁)의 실천을 자기 자신에게 견주어서(能近取譬) 하라고 가르친다.[52] 나 자신은 이미 천도가 자리하고 있는 곳이고 어짊(仁)이 살고 있는 집이기 때문이다. 그러므로 공자는 "어짊을 실천하는 것은 자기 자신으로부터 비롯하는 것이지 남에게 의존하는 것이 아니다."[53]라고 하였고, "어짊은 멀리 있는 것이 아니라 내가 어짊을 실천

---

51) 蒙培元, 『蒙培元講孔子』(北京大學出版社, 2005), 44쪽 참조.
52) 李相殷, 「東洋的 人性과 倫理」, 『孔子思想과 現代』(韓國孔子學會, 思社研, 1990), 27쪽.
53) 『論語』「顔淵」, "爲仁由己 而由人乎哉."

하려고 한다면 바로 어짊에 이를 수 있다."[54]고 하였다. 공자는 마침내 "어짊을 행함에 능력이 부족한 사람은 보지 못했다."[55]라고 단언하였던 것이다. 공자가 어짊을 사람의 내재적인 도덕본성으로 생각한 것은 지극히 당연하다 할 것이다. 그러므로 어짊은 다른 것이 아니라 인간의 내심에서 발아된 자연정감自然情感에 의해서 형성된 자각적인 도덕의식이라고 할 수 있다. 어떤 외재적인 신앙이나 권력의 강요 또는 맹목적인 답습에 의해서 형성되거나 실천되어진 것이 아니고 완전 자기 원인적인 도덕주체성이다.

공자철학의 공헌은 종교신학을 인간학으로 바꾸고 외재적인 신앙을 내재적인 자연성으로 바꿔 놓은데 있다. 주체적인 인격수양의 입장에서 하늘을 말할 때, 천명은 자연계의 객관적인 필연성으로 변하고 동시에 내면적인 어떤 목적성을 갖게 된다. 자연계의 필연성은 비록 객관적인 외재성을 갖고 있지만 자각된 후에는 인간의 내면적인 의지의 자유와 통일된다. 공자는 50세에 자각적인 "지천명知天命"의 단계를 기점으로 하여 60세에 회통의 경지인 "이순耳順"을 지나 70세에 비로소 마음이 하고 싶은 데로 해도 법도에서 벗어남이 없는 경지[56]에 이르렀는데, 이 것이 바로 의지의 자유를 갖는 경지라고 할 수 있다.[57]

공자의 도덕적 천명사상은 하늘이 인간에게 생명만이 아니라 성명性命, 즉 도덕적 덕성을 함께 내려주었다는 사고이다. 이러한 도덕적 천명사상은 시詩·서書경 속에서도 이미 보인다. "거룩하신 상제께서 아래

---

54) 『論語』「述而」, "仁遠乎哉 我欲仁 斯仁至矣."
55) 『論語』「述而」, "未見力不足者."
56) 『論語』「爲政」, "五十而知天命 六十而耳順 七十而從心所欲不踰矩."
57) 柳承國, 『東洋哲學研究』(東方學述研究院, 1983), 56쪽 참조.

백성들에게 충衷을 내려 주셨다."[58] "하늘이 뭇 백성들을 낳으심에 사
물이 있으면 사물의 법칙이 있게 하였다. 백성들은 떳떳함을 지녀 아름
다운 덕을 좋아한다."[59] 백성들에게 내려진 충은 중정지도中正之道, 즉
도덕성으로 이해되며, 그리고 하늘이 사물에 있게 한 물칙物則은 인간
에게 있어서는 도덕법칙이 된다. 즉, 천도는 인간의 본성으로 자리하여
인간의 도덕원리가 되는 것이다. 이러한 하늘을 도덕적 근거로 이해하
는 도덕적 천명사상은 공자에 이르러 더욱 심화된다. 공자는 "하늘이
나에게 덕을 내려 주었다."라고 하여 천도의 내재화를 확실하게 밝히고
있기 때문이다. 공자는 덕의 소재가 바로 천명의 소재임을 분명하게 자
각하는데 이른 것이다. 이것은 공자로 하여금 인간의 자아가 의식되고
인격적 본질이 자각되었다는 것을 보여주고 있는 것이라 하겠다. 그러
므로 공자철학에서 인격의 본질에 대한 자각은 천명에 대한 자각이 된
다(知天命).[60]

　　공자철학에서 "지천명知天命"과 "외천명畏天命"의 명제는 중요한 의
미를 갖는다. 공자가 일생의 수양과정을 강술할 때, "쉰 살에 천명을 알
고, 예순에 들은 대로 이치를 알고, 일흔 살에 하고 싶은 대로 해도 법
도에서 벗어나지 않았다."라고 한 말 중에서 특히 "지천명"의 단계를
주목해 볼 필요가 있다. 이 지천명의 단계가 바로 천명에 대한 자각의
단계이고 하학下學에서 상달上達의 경지에 이르는 과도기적인 단계이기
때문이다. 그리고 지천명의 경지가 천도, 즉 자연의 이치에 소통되는 이

58) 『書經』 「湯誥」, "惟皇上帝 降衷于下民."
59) 『書經』 「大雅」.
60) 최정묵, 「인간 본성에 대한 선진유학적 논의」, 『東洋哲學과 現代社會』(충남대학
　　교유학연구소, 이화, 2008), 59쪽 참조.

순의 경지와 마음이 하고 싶은 데로 해도 법도에서 벗어남이 없는 절대 자유의 경지에 진입하는 관문이기 때문이다.

공자의 이 명제 속에는 인仁자가 없다. 그러나 그 가운데 어짊의 내용이 포함되어 있다. 전 40년이 학습과 문장의 실천 단계라면 50년의 지천명 단계는 형이상학적인 사색과 천도에 대한 깨달음의 단계, 곧 상달의 시작단계인 것이다. 하늘이 인간에게 부명賦命한 것(生)이 천명(德)이니, 천명을 자각한 50세의 단계는 진정한 어짊의 자각을 실현한 것이라고 할 수 있다.[61] 지천명에 대하여 주희는 설명하기를 "천명은 천도가 유행하여 사물에 부여한 것이니, 바로 사물에 있어서 당연한 도리의 소이연所以然이다. 이것을 알면 아는 것이 지극히 정밀하게 된 것이니, 의혹되지 않는 것은 굳이 말할 필요가 없는 것이다."[62] 외천명畏天命에 대하여도 주희는 "외畏란 엄하게 여기고 두려워 한다는 뜻이다. 천명은 하늘이 부여해 준 바의 정리正理이다. 이것이 두려워할 만한 것임을 알면 곧 삼가며 두려워하는 것을 스스로 그만둘 수 없어서 부여받은 소중한 것을 잃지 않을 것이다."[63]라고 하였다.

주희는 천명을 "천도가 유행하여 사물에 부여한 것", "하늘이 부여해 준 바의 정리"라고 해석했고, 지知는 "사물에 대한 당연한 도리의 소이연을 아는 것"이라고 설명하고 있다. 주희에 있어서도 역시 지천명은 사물에 부여한 천도와 정리를 아는 것이라 하였으니, 인간에 있어서는

61) 蒙培元, 『蒙培元講孔子』(北京大學出版社, 2005), 47쪽 참조.
62) 『論語集註』, "天命卽天道之流行 而賦於物者 乃事物所以當然之故也 知此則 知極其精而不惑 又不足言矣."
63) 『論語集註』, "畏者嚴憚之意也 天命者 天所賦之正理也 知其可畏 則其戒謹 恐懼 自有不能已者."

자기에게 선천적으로 부여된 도덕적 본성, 즉 어짊을 깨닫는 자각의 경지로 이해된 것이라 할 수 있다. 그리고 "이순"과 "종심소욕불유구(從心所欲不踰矩)"에 대한 주희의 해석을 보면, 지천명의 단계를 더욱 확실하게 이해할 수 있다. "소리가 들려오면 마음에 깨달아져서 어긋나거나 걸림이 없는 것이니, 앎이 지극하여 생각하지 않아도 깨달아지는 것이다."[64]라고 이순의 의미를 설명하고 있다. 그리고 "종심소욕불유구"에 대해서는 "종從은 따르는 것이다. 구矩는 법도의 기구이니 모난 것을 만드는 것이다. 그 마음에 하고자 하는 바를 좇아도 저절로 법도에 넘지 않는 것은 편안히 행하여 힘쓰지 않아도 저절로 도에 맞는 것"[65]이라고 설명하고 있다. 지천명의 자각단계를 거쳐서 도달하게 되는 "생각하지 않아도 깨달아지고" "힘쓰지 않아도 저절로 도에 들어맞는" 절대적인 자유의 경지를 설명한 것이라 할 수 있다. 그러므로 공자는 천명이 군자의 필수요건임을 밝히기 위하여 『논어』 마지막에서 결론적으로 "천명을 알지 못하면 군자가 될 수 없다."[66]라고 하였던 것이다. 이 말에 대해서 정자가 설명하기를 "명을 안다는 것은 명이 있음을 알고서 믿는 것이다. 명을 알지 못하면 해를 보면 반드시 피하고 이익을 보면 반드시 따를 것이니 어떻게 군자라 하겠는가?"[67]라고 하였다. 여기에서 두 가지의 인간형을 볼 수 있다. 무조건 해를 보면 피하고 이로움을 보면 따르는 인간형과 해를 보거나 이로움을 보아도 천명에 따르는 인간

---

64) 『論語集註』, "聲入心通 無所違逆 知之之至 不思而得也."

65) 『論語集註』, "從隨也矩法度之器 所以爲方者也 隨其心之所欲而不過於法度 安而行之 不勉而中也."

66) 『論語』「堯曰」, "子曰 不知命 無以君子也."

67) 『論語集註』, "程子曰 知命者 知有命而信之也 人不知命 則見害必避 見利必趨 何以爲君子."

형이 그것이다. 전자는 천명을 알지 못하고 저 스스로가 이해의 판단을 하며 살아가는 소인이요, 후자는 천명을 깨달아 천명에 따라 당장의 이해에 얽매이지 않고 살아가는 군자이다. 그러므로 소인은 자기 개인만을 위하여 사는 것이니 인위적으로 사는 사람이고 군자는 천명에 따라 사는 것이니 자연적으로 사는 사람이라고 할 수 있다.

군자는 완전한 선의 인격자로서 반드시 인덕仁德을 갖추고 있다. 따라서 어짊의 덕을 실현하는 것은 천도를 실현하는 것이므로 자연적인 본성에 따라 자연으로 사는 것이 된다. 덕은 천도이면서 천명인 것이니 지천명은 지극히 인간적으로 살아가는 인간이 되기 위한 인간 본질에 대한 자각이다. 이러한 인간의 본질을 자각하여 순수하고 소박하게 살아가는 것이 다름 아닌 자연을 사는 것이 된다. 자연적인 삶이야말로 진정한 자아초월로서 천도와의 합일을 실현하는 인생 최고의 경지이다. 이러한 삶의 경지에 이르러서야 비로소 진정한 자유를 얻을 수 있어 고민하지도 않고 힘쓰지도 않는 인생의 낙원을 구가할 수 있을 것이다. 이러한 경지야 말로 진정한 "무위無爲"의 경지라고 할 수 있다. 공자는 그가 꿈꾸었던 무위의 삶을 살았던 대표적인 인물을 요임금과 순임금이라고 하면서 다음과 같이 그 인물됨을 설명하고 있다. "오직 하늘만이 위대하니 요임금은 그 큰 하늘을 본받아 따랐다."[68] "애쓰지 않고도 (無爲) 잘 다스린 분은 순임금이었다. 몸가짐을 공손히 바르게 하고 남면南面하여 왕위에 계셨을 뿐이다."[69]

---

68) 『論語』「泰伯」, "唯天爲大 唯堯則之."
69) 『論語』「衛靈公」, "無爲而治者 其舜也與 …… 恭己正南面而已矣."

8. 어짊(仁)은 자연정감自然情感이다.

인간은 천명인 덕성을 갖추고 있다. 그러므로 덕을 실천하는 것은 천
도를 실현하는 것이 되며, 선천적으로 타고난 본성을 따라 사는 것이
된다. 공자철학에서 본성의 실제 내용은 어짊(仁)이다. 그리고 어짊(仁)
의 실천은 효로부터 출발된다고 본다. 정자는 본성과 어짊, 그리고 효와
의 관계를 다음과 같이 설명하고 있다. "어짊을 행하는 것은 효제孝弟로
부터 시작된다. 효제는 어짊의 일로서 어짊을 행하는 근본이라고 할 수
있다. …… 어짊은 본성이고, 효제는 작용이다."70) 효를 어짊의 작용이
라고 한다면 어짊은 효의 본체이다. 그리고 어짊을 본체, 즉 효의 본원
적인 근거가 된다는 의미에서 본성이라고 한 것이다.

공자는 어짊을 "애인愛人", 즉 사람을 사랑하는 것이라고도 말하였
다.71) 주희는 이에 대하여 "사람을 사랑하는 것은 어짊의 베풂이다."72)
라고 설명한다. 어짊에 대한 이와 같은 설명도 엄밀하게 말하면 "행인
行仁", 즉 어짊의 실천에 관한 설명이다. 형이상학적인 본성으로서의 어
짊을 설명한 것이 아니고 어짊의 실제적인 행위를 설명하고 있기 때문
이다. "사람을 사랑하는 것"은 "사람다움", 즉 위인지도爲人之道의 기본
이 된다. 인간이 모든 덕을 실천하는 데 있어서 근본적으로 사랑의 마
음이 없으면 덕 그 자체는 무의미한 것이며, 그것은 결국 부덕不德이 되
어버릴 것이다. 그 실질이 없는 형식으로만 시행되는 것이 되기 때문이

---

70) 『二程遺書』 권18, "行仁自孝弟始 孝弟是仁之一事 謂之行仁之本則可 ……
   蓋仁是性也 孝弟是用也."
71) 『論語』 「顏淵」, "樊遲問仁 子曰愛人."
72) 『論語集註』 「顏淵」, "愛人 仁之施也."

다. 이러한 생각으로 공자는 "꾸며서 좋은 말을 하거나 보기만 좋은 낯빛을 하는 사람 중에는 어진 사람인 경우가 흔치 않다."[73]라고 하였으며, 또 "간교한 말은 덕을 어지럽힌다."[74]라고 말했던 것이다. 그러므로 어짊, 즉 사람과 사람 사이를 훈훈하게 연결시키는 '사랑의 마음'은 모든 도덕행위의 근본바탕이 된다. 공자는 도덕의 발생이 오직 현실 속에서 너와 내가 함께 이롭자는 단순한 공리적인 목적에서 기인된 것이 아니고, 인간이 생래적으로 갖추고 있는 덕성, 즉 어짊의 실현으로부터 비롯한 것이라고 생각하였다. 이러한 공자의 정신을 이은 맹자는 어짊을 '측은지정惻隱之情'으로 드러나는 본성이라고 했던 것이다.[75]

공자는 어짊의 일반적인 실천을 '사람사랑(愛人)'이라고 하였다. 그러나 어짊의 본질적이고 구체적인 실천으로는 '효'를 들어 말하고 있다. 즉, "효는 어짊을 실천하는 근본이다."[76]라고 하여 효가 가장 원초적인 자연정감에서 실현된 덕이라고 보았기 때문이다. 공자는 효제孝弟야말로 부자·형제 간의 육친애肉親愛로서 원초적인 '자연정감'이며, 사람사랑(愛人)의 기본적인 단초라고 생각하였다. 공자의 제자인 유자有子는 효가 모든 덕의 출발점이라는 것을 구체적으로 설명하고 있다. "효성스럽고 우애로운(孝弟) 사람 중에 웃어른들에게 거스린 행동을 하는 자가 드물며, 웃어른들에게 거스린 행동을 하지 않는 자 중에 난동을 일으키는 자가 있은 적이 없다."[77] 효제는 인간의 자연적인 도덕정감道德情感이

---

73) 『論語』「學而」, "巧言令色 鮮矣仁."

74) 『論語』「衛靈公」, "巧言亂德."

75) 『孟子』「梁惠王上」, "惻隱之心 仁之端也."

76) 『論語』「學而」, "孝弟也者 其爲仁之本與."

77) 『論語』「學而」, "有子曰 其爲人也 孝弟而好犯上者 鮮矣 不好犯上 而好作亂者 未之有也."

고, '웃어른'을 섬기는 것은 도덕적인 대인관계의 사회적 실현이다. 그
리고 난동은 정치적인 부덕의 행위이다. 유자가 했던 이 말은 효제야말
로 도덕적인 자연정감을 충분히 발휘하는 것이 되기 때문에, 효제가 정
치·사회적인 도덕을 실천할 수 있는 단초이며 근본이라고 주장한 스승
공자의 생각을 충분히 이해하고 언급한 말이라고 할 수 있다. 이에 대
에 주희는 "부모를 섬기는 것을 효라 하고, 형과 어른을 섬기는 것을
제라고 한다. 범상犯上은 윗자리에 있는 사람을 범함이다. 작난作亂이란
패역悖逆하고 다투고 싸우는 일을 하는 것이다."78)라고 하였다. 사람이
부모에게 효도하고 윗사람을 범하지 않으면 반드시 난을 일으키기를
좋아하지 않는다는 말이다. 효제의 사랑, 즉 육친애의 자연정감이 바탕
이 되고, 그것을 기점으로 하여 더욱 넓게 확충할 때 이웃사랑(隣人愛)이
가능하게 되는 것이라고 생각했기 때문에 공자는 효를 '어짊 실천(爲
仁)'의 근본이라고 했던 것으로 이해된다. 공자의 제자인 자하子夏가
"세계(四海內)의 모든 사람이 형제이다."79)라고 말한 것도 곧 공자의 뜻
을 헤아려 한 말인 것이다.

　　공자의 효는 육친애를 기본으로 하는 자연적인 도덕정감이다. 공자
가 다음과 같이 말하고 있는 것을 보면 더욱 분명해진다. "오늘날의 효
는 물질적으로 잘 봉양하는 것이라고 할 수 있다. 그러나 개나 말에게
도 모두 그러한 물질적인 길러줌이 있으니 공경함이 없으면 무엇으로
구별하겠는가?"80) 생물학적 본능과 도덕적 본능의 문제이다. 생물학적

---

78) 『論語集註』 「學而」, "善事父母爲孝 善事兄長爲弟 犯上謂干犯在上之人 作
　　亂則悖逆爭鬪之事 此言人能孝弟 則其心和順 少好犯上 必不好作亂."
79) 『論語』 「顏淵」, "四海之內 皆兄弟也."
80) 『論語』 「爲政」, "今之孝者 是謂能養 至於犬馬 皆能養 不敬何以別乎."

본능은 사람이나 동물에게 공통이지만 도덕적인 본능은 오직 인간에게만 해당된다. 곧 육친 간의 도덕적인 정감인 공경(敬)의 마음이 바로 효의 핵심이라는 것을 말한 것이다. 보양(養)은 음식으로 공양한 것이고 공경은 도덕적으로 공양한 것이니 효의 덕행에 특히 공경을 강조하고 있는 것은 바로 그 까닭이기 때문이다. 어짊은 먼저 가정으로부터 시작된다. 부모 자녀간의 사랑은 진정실감眞情實感, 즉 진실한 정감에서 나온다. 그러므로 부모를 공경하고 사랑하는 것이 바로 효의 실질實質인 것이다.

어짊 행위의 단초인 효가 인간의 자연적인 도덕정감이라는 생각은 공자가 중요시하고 있는 '곧음(直)' 사상과도 통하고 있다. 도덕률의 성립은 인간본성에 기초하고 있다고 할 때, 그 인성의 직접적인 양태는 무엇이라고 할 수 있을까? 그것은 곧은 마음(直心)에서 나온 어짊인 것이다. 어짊은 곧은 마음에서 나온 촉발觸發의 상태라고 할 수 있다. 어짊이 상관관계가 아니고서는 그 관념의 발생을 생각할 수 없기 때문이다. 공자는 "사람이 살아갈 수 있는 이치는 정직正直이니 정직하지 않으면서 생존하는 것은 죽음을 요행히 벗어난 것이다."[81]라고 하였다. 곧음은 정직이다. 정자나 주희는 "사람이 사는 이치가 본래 정직이다."[82]라고 풀이하고 있으니, 정직은 '생리生理', 즉 사람이 살아가는 이치인 것이다. 어짊과 연결해서 보면, 어짊은 곧음에서 나왔다고 할 수 있다. 그리고 이 곧은 마음은 경험 이전, 즉 선천적인 것을 의미하는 것일 수 있으니 아직 발동하지 않은(未發) 중中, 곧 본성이라고 할 수도 있다.[83]

---

81) 『論語』「雍也」, "子曰 人之生也直 罔之生也 幸而免."

82) 『論語集註』「雍也」, "生理本直."

83) 宋恒龍, 『東洋哲學의 問題들』(여강출판사, 1987), 37쪽 참조.

그러나 공자가 곧음이라는 개념을 사용하고 있는 실례를 보면, 실천적인 의미가 더 뚜렷하게 부각된다. 그러니까 원리적인 측면에서 보면 곧음은 곧은 이치(直理)요 어짊이며 본성과 일치되지만, 실천적인 측면에서 보면 이치에 순응함(順理), 즉 이치에 따라 행동한다는 의미에 더 무게가 실려 있다고 할 것이다.

"섭공이 공자에게 말하였다. '우리 마을에 정직하게 행동하는 사람이 있는데, 그의 아버지가 양을 훔치자 아들이 그것을 증언하였소.' 이 말을 듣고 공자가 말하기를 '우리 마을의 정직한 사람은 이와는 다르다. 아버지가 자식을 위하여 숨겨주고 자식이 아버지를 위하여 숨겨주니, 정직함이 그 가운데 있는 것이다."[84] 섭공이 말한 정직은 사실을 근거로 하면서 부자간의 정은 고려하지 않는 것이고, 공자가 말한 정직은 부자간의 정을 근거로 하면서 사실을 고려하지 않은 것이다. 공자의 관점으로는 만약 어떤 행위가 진정실감眞情實感, 즉 진실한 자연정감에서 나온 것이라면 비록 사실적인 참(眞)이 아니더라도 그것은 가치적인, 즉 도덕적인 참이라는 것이다. 도덕적인 정감을 사실적인 판단보다 더 소중하게 여기고 높게 평가한 것이다.[85] 그러니까 공자철학에서는 정감적인 정직이 사실적인 정직을 압도하고 있다. 이러한 곧음은 원리적인 의미보다 행위적인 의미, 즉 '올바른 정감행위情感行爲'를 의미한다고 볼 수 있다. 그러므로 효는 아들이 아버지에게 행한 올바른 정감 행위를 뜻한 것이라고 할 수 있다.

주희도 부자상은父子相隱을 천리인정天理人情의 지극히 당연한 것[86]

---

84) 『論語』「子路」, "葉公語孔子曰 吾黨有直躬者 其父攘羊 而子證之 孔子曰 吾黨之直者 異於是 父爲子隱 子爲父隱 直在其中矣."
85) 蒙培元, 『蒙培元講孔子』(北京大學出版社, 2005), 68쪽 참조.

이라고 풀이하였고, 사씨謝氏도 "이치를 따르는 것이 정직함이니 아버지가 자식을 위하여 숨겨주지 않으며, 자식이 아버지를 위하여 숨겨주지 않는다면 이치에 따르는 것이 되겠는가?"[87]라고 설명하고 있다. 주희는 곧음을 천리인정의 지극히 당연한 행위라고 하였고, 사씨는 이치에 따르는 행위라고 하였으니, 곧음의 의미는 자연의 정감에서 나온 지극히 당연한 도덕적 행위라고 할 수 있다.

공자가 어짊이 밖으로 드러나는 예에 대하여 설명할 때도 자연정감에 근거하고 있다. "재아가 말하였다. '삼년상三年喪은 기년期年만 하더라도 너무 오래다고 할 수 있습니다.'라고 하니 …… 공자가 말하기를, 네가 마음이 편하다면 그렇게 하라. 군자가 거상居喪할 때는 맛있는 음식을 먹어도 맛을 알지 못하고, 음악을 들어도 즐겁지 않으며, 편안한 곳에 거처하여도 편안하지 않기 때문에 하지 않는 것이다. 네 마음이 편안하다면 그렇게 하라."[88] 여기에서 공자가 하고자 하는 말은 부모에 대한 정감과 그 정감에 따른 상례의 의미인 것이다. 예는 다른 것이 아니라 자연정감으로 이루어진 외부적인 형식 혹은 형태이다. 부모의 상을 당한 자식의 마음이 편하지 않고 슬픈 마음으로 가득 차 있는 것이 자연정감이라면 그 자연정감이 외부로 드러난 형식이나 형태가 바로 상례인 것이다. 공자는 더 구체적으로 말하고 있다. "예는 사치하기 보다는 차라리 검소해야 하고, 상례는 형식적으로 잘 치르기 보다는 차라리 슬퍼해야 한다." 예는 형식보다는 본질이 앞서고 중요하다는 것을

---

86) 『論語集註』「子路」, "父子相隱 天理人情之至也."

87) 『論語集註』「子路」, "謝氏曰 順理爲直 父不爲子隱 子不爲父隱 於理順耶."

88) 『論語』「陽貨」, "宰我問三年之喪 期已久矣 …… 子曰 女安則爲之 夫君子之 居喪 食旨不甘 聞樂不樂 居處不安 故不爲也 今女安則爲之."

단적으로 말하고 있다. 본질은 다름 아닌 도덕적인 자연정감이다.

이상을 종합해 보면, 예는 정감에 기초한 것이고 곧음은 이치에 따른 진정실감眞情實感, 즉 진실한 정감이다. 이 정감의 일반적인 행위가 '애인(愛人)', 즉 사람 사랑이고, 구체적인 행위가 효이다. 그리고 사람 사랑과 효는 결국 천명의 덕 혹은 인간본성의 내용인 어짊의 실천이고 보면 어짊의 실제적인 현상은 정감이라고 할 수 있다. 그렇기 때문에 경우에 따라서 공자철학을 도덕정감철학道德情感哲學이라고 한 까닭이 여기에 있는 것이다.

9. 공자도 '인위人爲'를 부정한다.

공자철학에서 '인위人爲'는 개인적인 욕망을 위한 꾸밈과 거짓이라고 할 수 있다. 즉, 도덕적인 자연정감에 따르는 행위는 '자연'이고 꾸밈과 거짓의 행위는 '인위'이다. 그리고 공적인 행위는 자연이고 사적인 행위는 인위이며, 의義로운 행위는 자연이고 이利로운 행위는 인위인 것이다. 왜냐하면 타고난 자연본성을 따라 천명의 어진 덕을 실천하는 것은 자연을 따라 사는 것이 되고, 타고난 자연본성을 어기고 어진 덕을 해치는 행위는 자신 만의 이익을 위하여 꾸밈과 거짓으로 사는 것이 되기 때문이다. 이러한 시각으로 『논어』를 읽어보면 공자가 한 말의 대부분이 천도와 패도, 인仁과 불인不仁, 순리와 역리, 참과 거짓, 순수와 꾸밈 등으로 그 내용을 분류하여 이해되어 진다. 이러한 분류를 종합적으로 말한다면 자연과 인위라고 할 수 있다.

이러한 관점에서 본다면 공자철학은 철저하게 자연을 긍정하고 인위를 부정하는 철학이다. 순수한 도덕정감은 천리자연과 일치된 지극히 자연스러운 것이고, 순수한 도덕정감을 위장하고 자기 자신의 이로움만을 추구하는 것은 천리자연과 상반된 지극히 이기적인 인위가 되기 때문이다.

"꾸며서 좋은 말을 하거나 보기만 좋은 낯빛을 하는 사람 중에 어진 사람은 드물다.", "간교한 말은 덕을 해친다."라고 말한 공자는 어짊과 덕의 자연성을 강조하면서 거짓말과 꾸민 표정, 그리고 간교한 행위의 인위성을 철저히 부정하고 있다. "사람이 어질지 못하면 예는 무엇에 쓸 것이며 음악은 무엇에 쓸 것인가?"[89] "예는 사치하기 보다는 차라리 검소해야 하고 상례는 형식적으로 잘 치르기 보다는 차라리 슬퍼해야 한다."라는 발언 속에서도 보면 어짊과 어질지 못함, 검소와 사치 중에서 어짊과 검소는 자연정감에 따르는 것으로 긍정하면서 어질지 못함과 사치는 철저하게 부정하고 있다. 『논어』에 있는 대부분의 내용 중에서 몇 가지를 들어 본 것이다. 공자의 발언들 중에서 대표적인 것 한 가지만 더 들어 보고자 한다. "자공이 물었다. '마을 사람들이 모두 좋아하면 어떻습니까?' 공자께서 '그것만으로는 좋지 못하다.'고 하자 다시 묻기를 '마을 사람들이 모두 미워한다면 어떻습니까?'하고 물었다. 이에 공자께서 말씀하셨다. '그래도 좋지 못하다. 마을 사람들 중 착한 사람들이 좋아하고 착하지 못한 사람들이 미워하는 사람만 못하다.'"[90] 대중들의 판단이나 감정은 흔히 치우칠 수도 있고 구차하게 영합할 수

---

89) 『論語』「八佾」, "子曰 人而不仁如禮何 人而不仁如樂何."
90) 『論語』「子路」, "子貢問曰 鄕人皆好之何如 子曰 未可也 鄕人皆惡之何如 子
   曰 未可也 不如鄕人之善者好之 其不善者惡之."

도 있다. 이것은 자연정감을 충분히 발휘하면서 사는 것이 아니다. 그러므로 공자는 자연정감의 순수함과 선에 기초하여 '인위'와 '자연' 가치를 판단하면서 철저하게 '자연'을 좋아하고 '인위'를 싫어했던 것이다. 이 어진 본성의 자연적이고 자발적인 선 지향적 목적성은 본질정감으로 타자와 교감했을 때 실현될 수 있기 때문에 가족 관계에서의 효제와 사회적 관계에서의 충서忠恕를 통해 인간은 가치를 실현하고 자아를 완성하게 된다.[91]

결론적으로 공자철학은 인간학이다. 그러나 단순한 인간학이 아니라 자연에 근거하고 자연과 하나되며 자연으로 사는 순수한 자연인을 대상으로 하는 인간학이다. 공자철학의 일차적인 목적은 인간사회의 질서를 위한 도덕실천과 자아실현에 있다. 그러나 공자는 인간 속에서 자연적인 실체를 구하려 하였고 도덕 주체성의 근거를 찾아 밝히려고 하였다. 이러한 의미에서 공자철학은 인간중심 철학이다.

공자철학의 기본 입장은 자연질서를 인간질서로 바꿔 놓은데 있었다. 인간의 본질을 자연과 일치시키고 도덕적 이론 근거를 자연계의 법칙·질서·공능에서 터득하였다. 이것이 바로 도덕적 천명사상이고 천인합일의 철학이다. 인간에서의 자연은 인간의 본성이다. 이러한 본성은 천도가 인간에 내재된 것으로 자연의 본질과 합일된 것이며 도덕적 본성을 그 특성으로 하고 있다. 공자철학에서 덕이 자리한 곳은 곧 천명이 자리하고 있는 곳이 된다. 이러한 의미에서 공자철학은 도덕적 자연철학이다.

공자철학에서 인간의 구체적인 본질은 어짊이다. 천도가 인간에게

---

91) 김범수, 『朱熹의 情感哲學』(박사학위논문, 2009년), 24쪽 참조.

내재된 덕이 다름 아닌 어짊이기 때문이다. 공자는 이러한 어짊의 실천을 사람사랑(愛人)과 효라고 하면서, 특히 효를 어짊의 실천에 있어 가장 근본이 되는 것으로 강조하고 있다. 효는 다름 아닌 육친애로서 원초적이고 본질적인 자연정감에서 실현된 덕이기 때문이다. 사람사랑과 효가 천명의 덕 혹은 인간본성의 내용인 어짊의 실천이고 보면 어짊의 실제적인 현상은 자연정감이라고 할 수 있다. 이러한 의미에서 공자철학은 자연정감의 도덕철학이라고 할 수 있는 것이다.

참고문헌

1. 四書三經
2. 『二程遺書』
3. 成百曉 譯註,『論語集註』, 傳統文化研究會, 1990.
4. 蒙培元,『蒙培元講孔子』, 北京大學出版社, 2005.
5. 蒙培元,『中國心性論』, 法人文化社, 1996.
6. 楮柏思著,『中國哲學新義』, 黎明文化事業公司, 1978.
7. 柳承國,『東洋哲學研究』, 東方學術研究院, 1983.
8. 金忠烈,『中國哲學散稿』, 온누리, 1988.
9. 金恒培,『老子哲學研究』, 思社研, 1986.
10. 송영배 외음,『자연과 인간』, 철학과현실사, 1998.
11. 宋恒龍,『東洋哲學의 問題들』, 여강출판사, 1987.
12. 宋恒龍,『東洋人의 哲學的 思考와 삶의 세계』, 明文堂, 1993.
13. 鄭瑢博士정년기념논문집,『東西思想의 만남』, 형설출판사, 1982.
14. 韓國孔子學會,『孔子思想과 現代』, 思社研, 1990.
15. 安炳周教授停年紀念論文集,『東洋哲學의 자연과 인간』, 1998.
16. 충남대학교유학연구소,『東洋哲學과 現代社會』, 2008.
17. 사라 알란 지음, 오만종 옮김,『공자와 노자 그들은 물에서 무엇을 보았는가』, 예문서원, 1999.
18. 풍우란 지음, 박성규 옮김,『중국철학사』, 까치, 1999.
19. 노사광 지음, 정인재 옮김,『중국철학사』, 탐구당, 1986.
20. 蔡仁厚 지음, 천병돈 옮김,『공자의 철학』, 예문서원, 2000.
21. 방동미 지음, 남상호 옮김,『원시 유가 도가 철학』, 서광사, 1999.
22. 김범수,「朱熹의 情感哲學」, 박사학위논문, 2009.

제2장 맹자孟子의 자연관

1. 인간을 알기 위해서 자연을 알아야 한다.

맹자는 동양철학계의 큰 인물이다. 평생 공자의 계승자임을 자임하면서 공자철학을 공부하는데 심혈을 기울인 결과 아성亞聖의 경지에까지 오르게 되었기 때문이다.[1] 그러나 맹자철학은 결코 공자철학의 답습만은 아니다. 공자의 학문정신을 이어받아 이론적으로 심화시키고 확장시켰다는 것이 맹자철학에 대한 일반적인 평가이다. 공자철학은 자연을 인문화하는 동시에 인간 자신도 자연화 되어야 하며, 문명사회의 원칙이 자연과 단절되어서는 안 된다는 것을 기본정신으로 하고 있다. 맹자는 공자의 학문정신을 이어받아 자연과 인간을 더욱 철저하게 연구하였고, 특히 인간과 금수의 구별을 중요한 위치로 끌어 올려 인간의 자연 본성이 선하다는 점을 논증하는 성선설을 수립하였다.

현재까지 맹자철학의 연구는 활발하게 이루어져 왔다. 여러 분야에서 다양한 관점의 연구 성과는 부지기수라 할 만큼 풍성하다. 그러나 완성의 경지에 도달했다고 평가하기에는 망설여질 수밖에 없다. 아직도 많은 관점들이 준비되어 있고 또 기다리고 있을 것이기 때문이다.

이 장에서는 맹자의 자연관을 집중적으로 조명하고 있다. 맹자철학

---

1) 『孟子』「公孫丑上」, "乃所願 則學孔子也."

을 체계적으로 이해하기 위해서는 무엇보다도 맹자의 자연관의 이해가 선행되어야 하기 때문이다. 동양철학의 뿌리는 곧 자연관에 내려져 있다. 그러므로 인간을 이해하기 위해서는 먼저 자연을 이해해야 한다는 것이야말로 동양철학의 기본 공식이다. 맹자의 자연관의 내용과 특성이 밝혀짐으로써 나머지 다른 분야의 문제도 쉽게 풀어지리라고 기대해 본다.

2. 자연은 태어난 그대로이다.

세계는 저절로 이루어진 세계가 있고 또 마땅히 이루어야 할 세계가 있다. 그것을 자연自然의 세계와 응연應然의 세계라고 한다. 자연의 세계는 태어나 있는 그대로인 사실의 세계라면 응연의 세계는 마땅히 해야 할 당위의 세계이다. 사실의 세계에는 사물들 그 자체의 본질과 구조, 근원과 과정, 원인과 현상 등 그 자체의 존재 특성을 갖는다. 당위의 세계는 독립된 개체들의 존재특성이 아니라 사실의 자연세계와 인간의 관계 속에서 발생되는 개체와 개체, 인간과 인간, 사물과 인간이 서로 비교되거나 선택되어 이루어진 선악·호오 등의 가치세계라고 할 수 있다. 동양철학에서는 일찍부터 이에 상응되는 관념을 하늘과 인간, 즉 자연과 인간으로 상정하고 그 관계 속에서 사유하였다. 이때의 인간은 마땅히 해야 할 응연의 주체이다.

자연의 개념이 적용되는 세계는 사실의 세계에 한정되어 있다. 자연의 세계는 그 자체 이외에 그 어떤 외재적인 것이 더해지지 않는, 있는 그대로의 세계이다. 즉, 존재의 존재성을 결정하는데 어떠한 간섭이나 힘의 개입이 허용될 수 없는 세계이다. 스스로 그러함(自然)의 세계이다. 자연의 세계에는 물·불·흙·공기 등과 같은 무생물이 있고, 풀이나 나무 등 식물이 있고, 곤충이나 금수·인간 등의 동물이 있다. 이러한 사물들은 태어나면서 타고난 그 자체의 존재성이 규정되고 결정된다. 따라서 그 류類에 따라 본질동일성이 보장되는 ' 련성과 자기독립성(특수성)이 보장되는 절대성을 갖는다. 그리고 인간과의 관계 속에서 비교되거나 평가되어 이루어진 가치세계와 무관하기 때문에 초월성을 갖는다고 할 수 있다. 그러나 동양에서는 응연의 세계를 자연의 세계와 완전히 독립시켜 사유하지 않는다. 응연은 타고난 그대로의 자연을 좇아 실현해 가는 것으로 생각하기 때문이다. 맹자가 "자기 몸을 성실하게 하는 데에는 방법이 있는데, 선을 모두 밝히지 못하면 자신의 마음을 성실하게 할 수 없다. 그러므로 성실함은 우주의 자연법칙이며, 힘써 노력하여 성실에 도달하는 것은 사람이 마땅히 지켜야 할 길이다."[2]라고 한 말이 그 좋은 실례라 할 것이다. 동양철학에서 중점이 되는 문제는 이 응연의 세계에 있다.

동양철학에서 기본 사유형식의 하나인 천인天人관계, 즉 자연과 인간의 관계에 대한 사유는 종교신학적인 성격에서 벗어나면서 <자연과 인간>의 관계와 의미로 고착되었다. 동양철학에서 천인관계론은 천인합일天人合一을 의미하며, 천인합일은 두 가지의 사유전통을 형성하였다. 하나는 하늘과 사람이 서로 통한다는 것(天人相通)이고, 다른 하나는 하

---

2) 『孟子』「離婁上」, "誠身有道 不明乎善 不誠其身矣 是故誠者天之道也 思誠者 人之道也."

늘과 사람이 서로 유사하다는 것(天人相類)이다. 천인상통의 관념은 맹자에서 발단하여 송대宋代의 도학道學에서 크게 성취되었다. 천인상류의 관념은 한대漢代 동중서董仲舒의 사상이다. 하늘과 사람이 서로 통한다는 학설에서는 하늘의 근본 덕성이 사람의 심성 속에 포함되어 있다는 주장으로 천도와 인도가 실제 하나로 관통된다는 관점이다. 이러한 관점에서 보면, 우주의 본체는 인륜도덕의 근원이며, 인륜도덕은 우주본체의 유행이자 발현이다. 따라서 본체에는 도덕 의미가 있고 도덕에도 역시 우주의 의미가 있는 것이다.[3]

맹자는 공자사상을 계승 발전시킨 동양의 큰 학자들 중의 한 사람이다. 공자가 무너져가는 인문정신과 사회질서를 직시하고 인간의 자연정감을 바탕으로 하여 어짊(仁)의 깨달음과 실천을 역설하였다면, 맹자는 왜 우리 인간이 어짊을 실천하지 않으면 안 되는가 하는 것을 이론(性善說)적으로 논증하였다. 이와 같은 공자나 맹자의 사상은 하늘사상에 바탕을 두고 있다는 것이 공통점이다. 그러나 공자가 말한 하늘은 아직 종교철학적인 성격에서 완전히 벗어나지 못한 특징을 띠고 있다고 한다면, 맹자가 말한 하늘은 진정한 의미의 자연계이자 도덕 속성을 지니고 있는 인간화된 자연계인 것이다.[4]

맹자를 전후로 하여 언급되고 있는 하늘 관념은 인간과의 상관관계 속에서 비교적 합리적인 내용으로 전개되고 있다. 『중용中庸』에서는 "하늘이 명령한 것을 일러 본성이라 하고, 이 본성에 따르는 것을 일러 도라고 하며, 이 도를 닦는 것을 일러 가르침이라고 한다."[5]라고 하였

3) 張岱年 著, 김백희 옮김, 『中國哲學大綱』上(까치, 1998), 370쪽.
4) 蒙培元 著, 李尙鮮 譯, 『中國心性論』(법인문화사, 1996), 86쪽.
5) 『中庸』, "天命之謂性 率性之謂道 修道之謂敎."

다. 『여씨춘추呂氏春秋』에서는 "처음으로 낳는 것(生)은 하늘이고, 그것을 양육하여 완성하는 것은 인간이다."6) 『장자莊子』에서는 "소와 말이 네 다리를 가진 것을 일러 하늘이라 하고 말머리에 고삐를 잡아매고 소의 코를 뚫는 것을 일러 인간이라 한다."7)라고 하였다. 이러한 하늘 관념들은 각자 자기의 철학적 관점에 따라 서로 간의 의미를 달리하고 있지만 이미 종교신학적인 사유에서 벗어난 합리적인 범주 내에서 언급되고 있는 하늘 관념이라는 점에서는 일치한다고 할 수 있다. 맹자도 이와 같은 합리적인 하늘 관념을 은유적으로 밝히고 있다. "만장이 물었다. '요임금이 천하를 순임금에게 주었다는데 사실입니까?' 맹자가 대답했다. '아니다. 천자는 천하를 남에게 줄 수 없다.' '그렇다면 순임금이 천하를 소유한 것은 누가 주었기 때문입니까?' '하늘이 주었다.' '하늘이 주었다는 것은 상세하게 말하면서 명령하는 것입니까?' '아니다. 하늘은 말을 하지 않는다. 실천과 일로써 보여줄 뿐이다.'"8) 말로 명령하는 하늘은 종교적인 하늘이다. 그리고 말하지 않고 실천과 일로써 보여주는 하늘은 자연이다. 저절로 이루어지고 스스로 실천하는 하늘, 이것은 바로 자연을 의미한 것이기 때문이다.

맹자가 말하고 있는 하늘은 일차적으로 자연현상의 의미를 갖는다. 맹자는 "하라고 시키지 않았는데도 스스로 하는 것은 하늘이며 오라고 부르지 않았는데도 저절로 이르는 것은 명命이다."9)라고 하였다. 이 말

---

6) 『呂氏春秋』「本生」, "始生之者 天也 養成之者 人也."

7) 『莊子』「秋水」, "何謂天 何謂人 北海若曰 牛馬四足 是謂天 落馬首 穿牛鼻 是謂人."

8) 『孟子』「萬章上」, "萬章曰 堯以天下與舜 有諸 孟子曰否 天子不能以天下與 人 然則舜有天下也 孰與之 曰天與之 天與之者 諄諄然命之乎 曰否 天不言 以行與事示之而已矣."

은 곧 어떤 외재적인 힘으로 하지 않고 저절로 되는 것이 하늘(自然)이고, 인간의 힘으로 얻으려 하지 않아도 자연적으로 도래하는 것이 운명이라는 의미이다. 사계절은 시키지 않아도 스스로 순환되고 생사는 부르지 않아도 저절로 이르게 되는 것과 같다. 자연의 입장에서는 하늘이고 인간의 입장에서는 명이라 할 수 있다. 맹자는 또 말하기를 "하늘을 따르는 자는 존存하고 하늘을 거역한 자는 망亡한다."10)라고 하였다. 이에 대하여 주희는 "하늘은 리理와 형세의 당연함이다."11)라고 설명하였다. 여기에서 맹자가 말하고 있는 하늘은 자연계의 자존적이고 자발적이면서 절대적인 자연법칙이며, 모든 사물이나 사람이 따라 실천해야 하는 도덕법칙의 의미를 갖는다. 맹자는 이와 같은 하늘 관념을 공자의 전통과 일치시키려고 한다. 맹자는 말하고 있다. "시詩에 '하늘이 온 백성을 낳았으니 사물이 있으면 법칙이 있다. 백성들은 본래의 마음을 가져 이 아름다운 덕을 좋아하네!'라고 하였고, 공자는 '이 시를 지은이는 도道를 아는 사람이로구나!'라고 하였으니 진실로 사물이 있으면 반드시 법칙이 있는 것이니 백성들은 본래의 마음을 가졌기 때문에 아름다운 덕을 좋아한다."12)라고 하였다. 맹자는 공자의 사상에 따라 하늘을 모든 사물의 근원이면서 사물들의 존재법칙이라는 의미로 받아들여 자기의 하늘 관념이 전통에 근거하고 있다는 것을 암암리에 드러내고 있다. 맹자는 사물이 있으면 반드시 그에 상응되는 존재법칙이 있음을 확

---

9) 『孟子』「萬章上」, "莫之爲而爲者 天也 莫之致而至者 命也."

10) 『孟子』「離婁上」, "順天者存 逆天者亡."

11) 『孟子集註』, "天者 理勢之當然也."

12) 『孟子』「告子上」, "詩曰 天生蒸民 有物有則 民之秉彛 好是懿德 孔子曰 爲此詩者 其知道乎 故有物必有則 民之秉彛也 故好是懿德."

신하고 있다. 맹자학에서 인간의 존재법칙은 인간의 본성에서 찾아지며, 인간의 본성은 도덕법칙으로 규정된다. 사물이나 인간의 존재법칙은 자연세계에 속한다. 사물이나 인간의 존재법칙은 그 자체가 자존적이고 자족적이기 때문이다. 즉, 어느 누구든 혹 어떤 외부적인 것이 명령하지도 않고 요청하지도 않지만 스스로 되고 저절로 이르는 자연의 속성을 충분히 갖추고 있기 때문이다.

맹자는 인간의 양지良知와 양능良能을 설명하면서 "인간이 배우지 않고도 능히 할 수 있는 능력이 양능이고, 생각하지 않고도 능히 알 수 있는 선천적인 예지가 양지이다."[13]라고 하였다. 여기에서 자연의 의미에 해당되는 것은 배우지 않고 깊이 고려하지 않아도 저절로 할 수 있고 알 수 있는 능력이나 예지라 할 수 있다. 배우거나 깊이 사려해서 도달된 결과는 의타적이거나 인위적인 요소가 있어 자연의 의미와 거리가 있기 때문이다. 이에 대하여 주희는 다음과 같이 설명하고 있다. "양지양능은 모두 말미암은 바가 없는 것이니, 이는 바로 하늘에서 온 것이요 사람의 일에 해당된 것이 아니다."[14] <말미암는 바가 없다>는 말은 외재적이거나 타의적인 요소가 전혀 없는 자존적이고 자족적인 특성을 의미한 것이고, <하늘에서 온 것이지 사람의 일에 해당된 것이 아니다>라는 말은 인위적인 것이 아니라 자연적인 것이라는 특성을 의미한 것이다. 그러므로 여기에서도 하늘이 뜻하는 의미는 자연과 상통하고 있다 할 것이다.

맹자는 종종 사물들의 특성이나 상태를 들어 자연의 의미를 은유하

---

13) 『孟子』「盡心上」, "人之所不學而能者 其良能也 所不慮而知者 其良知也."
14) 『孟子集註』, "良知良能 皆無所由 乃出於天 不繫於人."

고 있다. 예를 들면 '물의 아래로 흐르는 성질',[15] '불의 연소나 샘물의 흐름',[16] '버드나무의 성질',[17] '풀과 나무들의 성장',[18] '곡식의 자람'[19] 등이다. 맹자는 사물들에 인위적인 힘이나 작용이 가해지지 않았을 때 자연스럽게 일어나는 현상들을 자연의 본성에 따르는 것으로 보았다. 물이 아래로 흐르는 자연적인 성향으로 인간의 선천적인 본성의 선함을 비유한 것이나 버드나무의 본래적인 성질로 인간의 선천적인 본래성을 증명하고 있는 것 등이 바로 그것이다. 그리고 맹자는 우산牛山의 풀과 나무들의 아름다움을 들어 인간의 양심을 비유하고 그 자연성을 논증하였으며, 비가 내려 벼의 싹이 자라는 현상을 목민자의 인정仁政에 비유하고 있다. 맹자는 특히 물이나 불, 풀이나 나무 등이 동물이나 인간에 비하여 더욱 풍부한 자연성의 특성에 가깝다는 이미지를 느끼게 하고 있다. 물, 불이나 풀, 나무 등이 선하다거나 아름답다는 것을 직접 언급하려는 것은 아니지만, 인간 본성의 선함이나 이상적인 도덕정치를 언급할 때 습관적으로 동물이나 인간에 비하여 무생물이나 식물을 비유의 대상으로 선택하고 있기 때문이다. 억지나 꾸밈의 요소가 되는 의식이나 본능을 갖고 있지 않다는 것이 그 이유가 아닐까?

맹자철학에서 자연의 의미를 한층 명확하게 드러내고 있는 말은 고자告子와의 대화에서 언급되고 있는 <생지위성生之謂性>이다. <생지

---

15) 『孟子』「告子上」, "人性之性 猶水之就下."
16) 『孟子』「公孫丑下」, "凡有四端於我者 智皆擴而充之矣 若火之始然 泉之始達."
17) 『孟子』「告子上」, "子能順 杞柳之性 而以爲桮棬乎."
18) 『孟子』「告子上」, "牛山之木 當美矣."
19) 『孟子』「梁惠王上」, "王知夫苗乎 七八月之間旱 則苗槁矣 天油然作雲 沛然下雨 則苗浡然興之矣 其如是孰能禦之."

위성>의 의미와 이에 대한 맹자의 견해를 통하여 맹자가 갖고 있는 자
연관과 자연의 의미를 더욱 확실하게 이해할 수 있기 때문이다. 맹자가
한 고자와의 토론은 다음과 같은 내용으로 전개되고 있다. "'타고난 그
대로를 본성(性)이라고 한다.' '타고난 그대로를 성이라고 하는 것은 흰
색을 희다고 하는 것과 같은가?' '그렇다.' '그렇다면 흰 깃의 흰 것은
흰 눈의 흰 것과 같으며, 흰 눈의 흰 것은 흰 옥의 흰 것과 같은가?' '그
렇다'. '그래 그렇다면 개의 성은 소의 성과 같고 소의 성은 사람의 성
과 같은가?'"[20]

　이 토론에서 고자는 맹자에게 자기의 성론을 말하면서 <타고난 그
대로를 성이라 한다>라고 하였다. 이에 대해 맹자는 비판한다. 즉, 고
자가 말한 성은 마치 모든 흰 색을 차별 없이 동일하게 취급하는 것과
같은 것이니, 그것은 곧 개나 소의 성과 사람의 성을 구분하지 않는 것
이라고 꼬집고 있다. 여기에서 문제가 되는 것은 색과 본성의 개념 성
격과 색과 본성의 존재론적 관계이다. 색은 실재 사물에 대한 부분적인
속성이다. 그리고 본성은 실제 사물을 규정하는 본질이다. 실재를 규정
하는 본질은 그 실재의 본성이다. 그러므로 실재 사물의 부분적인 속성
은 실재사물의 본질과 그 격위가 같을 수 없다. 즉, 서로 다른 실재 사
물들의 부분적인 속성은 서로 같을 수가 있어도 서로 다른 실재 사물들
의 본질은 같을 수가 없다. 따라서 부분적인 속성의 동일성으로 실재
사물의 본질을 동일시하는 판단은 논리적인 비약으로 문제가 될 만하
다. 이것은 곧 태어난 그대로인 새의 털색과 사람의 살색이 같다고 해

---

20) 『孟子』「告子上」, "告子曰 生之謂性 孟子曰 生之謂性也 猶白之謂白與 曰然
　　白羽之白也 猶白雪之白 白雪之白 猶白玉之白與 曰然 然則犬之性 猶牛之性
　　牛之性 猶人之性與."

서 새가 사람일 수는 없는 것과 같다. 이러한 점에서 고자는 논리적인 오류를 범하고 있다는 맹자의 비판을 면할 수 없다. 그러나 토론의 내용면에서 보면, <태어난 그대로>인 자연성을 고자는 생물학적 자연성에 한정하였고, 맹자는 선천적인 도덕본성에까지 넓히면서 토론을 전개하고 있는 견해의 차이가 실제 토론의 핵심이라고 할 수 있다. 그렇다고 해도 <태어난 그대로>의 의미가 선천적인 자연성의 의미를 갖는다는데 있어서는 고자나 맹자의 견해가 다를 바 없다. 그러니까 맹자는 고자가 말하고 있는 본능 개념 그 자체를 비판한 것이 아니라 고자가 타고난 것의 영역을 생리적인 것에만 한정시킨 점을 비판한 것이다.[21] 일설에서 보면, 고자는 성에 대하여 류개념類槪念을 말하였고, 맹자는 종개념種槪念을 말한 것으로, 고자는 생물학적 견지에서 성의 종개념을 류개념에 포함시켜 종차를 두지 않았으나 맹자는 도덕적 인간관의 견지에서 종개념 특유의 징표로써 종차를 두어 인간과 금수를 구별하였다고 이해하고 있다.[22] 이러한 견해에서도 성이 생물학적 본능인가 아니면 도덕적 본성인가 하는 것에 차이가 있을 뿐 <생지위성>이 자연성을 의미하고 있다는 점에서는 공통이라 할 수 있다.

맹자는 토론 과정에서 인의내재仁義內在를 주장하면서 <생지위성>이 자연성의 의미를 갖는다는 것을 분명하게 시인하고 있다. "말의 흰 것을 희다고 여기는 것과 사람의 흰 것을 희다고 여기는 것은 같다고 하더라도, 모르기는 하지만 나이 먹은 말을 나이 많은 말로 여기는 것과 나이 많은 사람을 어른으로 여기는 것은 다름이 없겠는가?"[23] 여기

---

21) 정용환, 「고자의 성무선악설과 맹자의 성선설」, 『동양철학연구』 제51집(동양철학연구회, 2007), 132쪽.
22) 具本明 校閱, 安炳周·李篪衡·李雲九 譯解, 『孟子』, 新譯四書Ⅲ.

에서도 보면, <생지위성>의 성을 인간이나 금수를 막론하고 생물학적
인 본능으로만 인식하고 있는 고자의 견해에 대한 반론으로, 맹자는 성
을 선천적인 도덕심까지 넓혀 보았기 때문에 고자의 견해를 부정한 것이
다. 요컨대 본성을 본능으로만 한정하여 보았는가 아니면 도덕성에까
지 넓혀서 보았는가에 차이가 있을 뿐, 자연성을 의미하는 <생지위
성>, 즉 태어난 그대로를 본성이라고 한다는 입장만큼은 맹자나 고자
가 다를 바 없다고 할 수 있다. 따라서 맹자가 말하고 있는 자연성은
태어난 그대로의 선천적인 본유성을 의미한 것이라고 할 수 있다.

　맹자는 "천하의 본성을 말함은 고故일 뿐이니, 고라는 것은 순리順理
를 근본으로 삼는다."[24]라고 하였다. 이에 대하여 주희는 다음과 같이
해석하였다. "성이란 사람과 사물이 얻어서 태어난 바의 리이다. 고는
이미 그러한 자취이다. …… 이利는 순순과 같으니 자연의 세勢를 말한
것이다. 사물의 이치는 비록 형세가 없어서 알기 어려운 듯하나, 그 발
현되어 이미 그러함은 반드시 자취가 있어서 쉽게 볼 수 있다."[25] 주희
는 성을 리라 하고, 고는 리가 드러난 자취이며 이는 자연의 세라고 하
였다. 즉, 모든 사물들은 타고난 본성이 드러난 자연의 형세라고 해석하
였다. 이러한 해석에서 보면, 자연의 형세는 <생지위성>의 의미와 무
관하지 않다. 정이程頤는 <생지위성>의 성을 기질지성이라고 하면서
다음과 같이 말하고 있다. "맹자는 성선性善을 말했으며 공자는 본성이

---

23) 『孟子』「告子上」, "白馬之白也 無以異於白人之白也 不識 長馬之長也 無以
　　異於長人之長與 且謂長者義乎 長之者義乎."
24) 『孟子』「離婁下」, "孟子曰 天下之言性也 則故而已矣 故者 以利爲本."
25) 『孟子集註』, "性者 人物所得以生之理也 故者其已然之跡 …… 利猶順也 語其
　　自然之勢也 言事物之理 雖若無形而難知 然其發見之已然 則必有跡而易見."

서로 비슷하다(性相近)고 말하였다. 이렇게 말한 까닭은 공자가 말한 본
성이란 그저 기질지성일 따름이고, 세상 사람들이 성질이 급하다거나
느리다고 말하는 종류의 본성과 같기 때문이다. 그런데 본성에 어찌 급
함과 느림이 있겠는가? 따라서 공자가 말한 본성은 생지위성이다. ……
인성이 선하다고 말한 것은 본성의 본원을 말한 것이고 생지위성은 품
부받은 것에 대하여 말한 것이다.”[26] 정이는 맹자의 성선은 본원적인
본성을 말한 것이고, 고자가 말한 <생지위성>은 태어나면서 받은, 즉
태어난 이후의 본성이라고 하였다.

3. 인간은 금수와 다르다.

맹자는 금수나 인간에게 반 자연적인 요소, 즉 이기적인 목적 때문에
순수한 자연현상을 훼손하고 자연의 원리를 일탈하는 일면이 있음을
종종 언급하고 있다. 예를 들면 “우산牛山의 나무들은 일찍이 아름다웠
다. 그러나 대국大國에 가까이 있어 남벌되고 말았으니 아름다울 수가
있으랴! 밤낮으로 자라나고 비나 이슬이 내려 싹이 돋아나지만 소와 양
을 몰고 가서 마구 먹였으니 저렇게 벌거숭이 산이 되고 말았다.”[27] 우
산의 나무들이 자연상태에서는 아름다웠다. 그러나 인간이나 짐승들이

---

26) 『二程集』 「遺書」 권18, “只是氣質之性 如俗言性急性緩之類 性安有緩急 此
言性者 生之謂性 …… 言人性善 性之本也 生之謂性 論其所禀也.”

27) 『孟子』 「告子上」, “孟子曰 牛山之木 嘗美矣 以其郊於大國也 斧斤伐之 可以
爲美乎 是其日夜之所息 雨露之所潤 非無萌蘗之生焉 牛羊又從而牧之 是以
若彼濯濯也.”

훼손하여 자연의 아름다운 상태를 잃게 되었다. 짐승이나 인간들은 이기적인 목적을 위해 다른 영역을 침범하여 자연현상을 훼손한다. 이러한 짐승이나 인간의 특성을 동물적인 요소라고도 하고 생물학적 본능이라고 말하기도 한다. 유가철학 뿐 아니라 동양철학에서는 일반적으로 본능을 부정한다. 이기적이거나 탐욕적인 특성을 갖고 있기 때문이다. 그러나 본능도 일종의 자연적인 요소라는 점에서는 부정할 수 없다. 본능이 타자와의 관계 속에서 이기적이거나 탐욕적인 행위로 드러나기 이전에는 순수한 자연상태이다. 그리고 본능의 적절한 발동은 부정할 수 없다. 자연의 범주에서 벗어났다고 말할 수 없기 때문이다. 오직 타자와의 관계 속에서 이기적이거나 탐욕적인 행위가 타자에게 피해를 끼치게 된 경우에 한해서만 본능을 부정하고 짐승을 욕할 수 있다.

공자는 일찍 "나는 세상을 피해 산림山林에 묻혀 조수鳥獸들과 떼 지어 살 수 없을 것이니, 이 세상 사람들을 버리고 누구와 함께 살겠느냐?"[28]라고 말하였다. 공자는 서로 다른 류마다 서로 다른 존재특성을 갖는 것이야말로 지극히 자연적인 것임을 인정하고, 특히 인간의 존재특성과 그에 따른 당위성을 밝혀내려는데 관심을 집중하고 사색하였다.[29] 맹자도 마찬가지로 류마다의 존재특성을 전제하면서 다음과 같이 말하고 있다. "사람이 금수와 서로 다른 점은 지극히 적다. 보통사람들은 그것을 버리고 군자는 간직한다."[30] 맹자는 인간의 존재특성이 동물과 다른 특성이며, 인간을 인간이게 해주는 특성이라고 생각하였다. 금수도 역시 마찬가지이다. 맹자는 또 말하고 있다. "이제 밀·보리를 파

---

28) 『論語』「微子」, "夫子撫然曰 鳥獸不與同郡 吾非斯人之徒而誰與."
29) 최영찬, 「孔子의 自然觀」, 『汎韓哲學』 제56집(범한철학회, 2010), 6쪽.
30) 『孟子』「離婁下」, "人之所以異於禽獸者 幾希 庶民去之 君子存之."

종하고 덮어주는데 땅이 같고 심은 때도 같으면 부쩍 돋아나 하지 때에 가서는 모두 여물게 된다. 비록 같지 않음이 있을지라도 이것은 땅이 비옥하고 척박한 차이와 비나 이슬을 받고 사람의 손길이 같지 않아서 이다. 그러나 동류의 것이라면 모두가 같은 것이다."31) 서로 같은 류들 은 그 본질적인 특성이 같다는 것을 구체적인 실례를 들어 말한 것이 다. 그러면서 또 맹자는 인간의 본질적 동류성을 강조하고 있다. "무릇 같은 류의 것들은 모두가 서로 비슷할 진데 유독 사람의 경우에서만 의 심할 수 있겠는가? 성인은 나와 동류이다."32)

금수와 인간의 차이점은 본능과 인의仁義의 마음, 즉 생물학적 본능 과 도덕적 본성에 있다. 금수는 본능만을 소유하고 인간은 본능과 본성 을 함께 소유하고 있다. 맹자는 밤 동안에 생기는 청명하고 선한 평탄 지기平旦之氣, 즉 야기夜氣를 들어 말하고 있다. "낮 동안에 이기적인 행 위로 어지럽힌 일이 반복되면 밤 동안에 생긴 선한 기운, 즉 야기가 보 존될 수 없고, 야기가 보존될 수 없으면 금수와 다름이 없게 된다. 이제 그런 금수와 같은 모습을 대하고 애초부터 그에게는 선한 재질(才)이 없 다고 여긴다면, 그것이 어찌 인간의 참모습이겠는가?"33) 금수와 인간의 특성을 구분하여 언급한 부분이다. 야기는 곧 인간이 선천적으로 갖고 태어난 인의의 마음, 즉 본성이 아직 손상당하지 않는 상태를 말한다. 사람에게 '야기가 보존되지 않으면' '사람인 까닭'을 상실하게 되는 것

---

31) 『孟子』「告子上」, "今夫麰麥播種而耰之 其地同 樹之時又同 浡然而生 至於 日至之時 皆熟矣 雖有不同 則地有肥磽 雨露之養 人事之不齊也 故凡同類者 舉相似也."

32) 『孟子』「離婁下」, "凡同類者 舉相似也 何獨至於人而疑之 聖人與我同類者."

33) 『孟子』「告子上」, "梏之反覆 則其夜氣不足以存 夜氣不足以存 則其違禽獸 不遠矣 人見禽獸也 而以爲未嘗有才焉者 是豈人之情也哉."

이므로 당연히 금수가 된다.[34] 여기에서 수성獸性과 인성人性은 본능과 마음, 즉 본성이다. 본성을 갖추고 있으면 사람이고 본성을 갖추고 있지 않으면 금수가 된다.

맹자는 생물학적 본능과 도덕적 본성을 <이목지관耳目之官>과 <심지관心之官>으로 말하고 있다. 이목지관은 생물학적 본능이며 수성에 해당된다. 인간에 있어서는 특별히 소체小体라고 하였다. 그리고 심지관은 도덕적 본성이고 인간의 고유성에 해당된다. 이것을 대체大体라고 하였다. 맹자는 소체와 대체의 특성에 대하여 다음과 같이 설명하고 있다. "귀와 눈 등의 감각기관은 사고력이 없으므로 외물에 가려 막히게 되고, 외물과 서로 접촉하면 거기에 이끌릴 따름이다. 그런데 마음의 반성기관은 사고할 수 있으니 사고하면 합당함을 얻고 사고하지 않으면 얻지 못한다. 이것은 하늘이 내게 부여한 것이다.[35] 본능과 마음의 일차적인 차이점은 사고능력에 달려 있다. 본능은 사고할 수 없으니 곧 반성능력이 없다. 그러므로 본능은 외물과 접촉하면 외물에만 맹목적으로 끌려간다는 것이다. 그러나 마음은 사고를 통하여 반성할 수 있기 때문에 스스로가 부여받은 도덕성을 충분히 발휘하여 외물에 마구잡이 끌려가지 않는다는 것이다. Aristoteles는 『윤리학』에서 식욕과 성욕은 금수나 사람이 공유하는 것이고, 사람이 금수와 구별되는 것은 오직 이성이 있기 때문이라고 하였다. 마음의 기능은 사고할 수 있다는 것이고, 사고할 수 있다는 것은 곧 이성이 있다는 것이다. 사고할 수 있는 마음은 인간에게 특유하여 바로 하늘이 인간에게 부여한 것이므로 대

---

34) 풍우란 저, 박성규 옮김, 『中國哲學史』上(까치, 1999), 203쪽.

35) 『孟子』「告子上」, "耳目之官 不思而蔽於物 物交物則引之而已矣 心之官則 思 思則得之 不思則不得也 此天之所與我者."

체이다.[36]

맹자는 인성이란 인간이 지닌 동물과 다른 차이점이며, 인간을 인간이게 해주는 특성이라고 생각하였다. 금수와 서로 다른 인성은 하나의 류로서의 인간을 다른 류와 본질적으로 구분해주는 요소이다. 맹자는 인간이 금수와 서로 유사한 것으로 생각되는 맛·색·소리·냄새 등에 대한 본능이 왜 인간의 본성이 아닌지를 다음과 같이 설명하고 있다. "입이 맛을 추구하고, 눈이 색을 추구하고, 귀가 소리를 추구하고, 코가 냄새를 추구하며, 사지가 편안함을 추구하는 것은 성性이지만 명命이 개재되어 있으므로 군자는 그것을 성이라고 부르지 않는다. 인仁이 부자父子 사이에서 베풀어지고 의義가 군신사이에서 지켜지고, 예禮가 주인과 손님 사이에서 지켜지며, 지智가 현자에게서 밝혀지고, 천도天道가 성인에게서 행해지는 것은 명이지만 그 속에 성性이 개재되어 있으므로 군자는 그것을 명이라고 부르지 않는다.[37] 인간의 감각기관이 불러일으키는 생리적 욕구인 타고난 본능은 인간의 본성이지만 거기에는 동시에 천명의 요소와 작용이 있다. 군자는 천명에 편안히 머무를 것을 강조하고 생리적인 욕망의 만족을 추구하지 않는다. 그러므로 군자는 그것을 성으로 규정하지 않는다는 것이다. 천명은 외재적인 힘이고 조건이다. 본능은 스스로의 결정력이 없기 때문에 천명에 따를 뿐이다. 인의예지仁義禮智는 천명이며 인성이기도 하다. 인간의 본성은 내재적인 능력이며 작용이다. 그러므로 스스로가 결정력을 갖는다. 스스로가 주관

---

36) 풍우란 저, 박성규 옮김, 『中國哲學史』上(까치, 1999), 203쪽.
37) 『孟子』「盡心下」, "口之於味也 目之於色也 耳之於聲也 鼻之於臭也 四肢於安逸也 性也 有命焉 君子不謂性也 仁之於父子也 義之於君臣也 禮之於賓主也 智之於賢者也 聖人之於天道也 命也 有性焉 君子不謂命也."

적인 본성을 적극적으로 발휘하면 얼마든지 실현시킬 수 있다. 자신이 선천적으로 부여받은 이러한 선한 본성에 근거하여 판단하고 실천할 수 있는 것이므로 맹자는 그것을 명이 아니라 성에다 귀결시킨 것이다. 결국 맹자는 인의예지의 도덕적 본성이야말로 진정한 인간의 자연적인 특성이라고 주장한 것이다. 이러한 도덕적 본성이 '사람이 금수와 다른 점'이라고 파악하면서 사람이 금수보다 귀하고 우월한 존재임을 확신하였던 것이다.[38]

맹자는 먼저 이목구비·사지 등 감각기관들 각자의 그 바라는 바를 들면서, 비록 그것이 본래 가지고 있는 기능(性)이 있지만 그것은 후천적으로 외부세계와의 관계, 즉 경험계 중에서 결정되어진 것이므로 결코 성이라고 할 수 없다는 것이다. '성이다. 그러나 거기에 또 명이 있다.'라고 한 말에서 성은 <본래의 기능>을 의미한 것이며 명은 <한정>의 의미를 취한다. 그러므로 인간의 육체 상에서 욕망을 말한다면 비록 본래의 기능으로 볼 수 있다고 하더라도 그것은 외부적인 것에 의하여 한정되거나 결정되어지기 때문에 성이라고 볼 수 없다. 그리고 성은 주체성의 의미를 취한다. 외부조건에 의하여 결정되어진 기능은 주체성의 의미에 해당될 수가 없다. 그러므로 성은 인간의 주체적 도덕능력인 것이다. 요컨대 성은 주체성으로서 가치의식 또는 가치판단의 능력으로 파악된 것이 맹자의 일관된 입장이다.

공자의 천명은 하늘에서 부명賦命된 것이라는 의미로서, 주관적으로는 우리 인간의 마음속에 선천적으로 심어진 도덕심을 의미하나 객관적으로는 우리들이 봉착하는 운명을 의미한다. 공자가 "명을 알지 못하

---

38) 方立天 지음, 박경환 옮김, 『중국철학과 인성의 문제』(예문서원, 1998), 32쪽.

면 군자가 될 수 없다."라고 한 명은 전자의 의미에 해당되나 공자가
뜻에 만족스럽지 않을 때 탄식하며 "명이로구나!"라고 한 경우의 명은
후자의 의미에 속한다. 그런데 맹자는 공자의 명을 나누어 두 개의 개
념으로 구별하였다. 즉, 주관적 방면으로는 인간의 도덕심을 나타내는
본성이라는 의미로 쓰여진 개념이고, 객관적 방면에서는 운명의 의미를
나타낼 때 사용한 개념이다. 따라서 맹자의 성은 공자의 명을 약간 국
한시킨 것이다.[39]

　맹자가 생리적인 본능을 자연성으로 보고 있는 것은 고자의 견해와
일치하지만 인간의 존재특성을 첨가하여 진정한 의미로서 인간의 자연
성을 본성으로 보면서 인간을 금수보다 더 우월한 존재로 평가하고 있
다는 점에서는 고자와 다르다고 하겠다. 본능이나 본성은 다 같이 타고
난 자연성이지만 본성이 본능보다 더 탁월한 도덕적 가치가 있다고 판
단하기 때문이다. 그러나 맹자가 인간이 갖고 있는 자연성으로 본능과
본성 두 요소를 모두 인정하고 있다는 것은 부정할 수 없다. 그렇기 때
문에 정이는 오직 가치중립적인 본능만 인간의 본성으로 파악하여 금
수의 성과 인간의 성을 똑같이 <생지위성>이라고 주장한 고자를 비판
하였던 것이다. 주희도 마찬가지로 맹자와의 토론 속에서 전개되고 있
는 고자의 주장에 오류가 있음을 다음과 같이 비판하였다. "고자는 단
지 지각·운동 등의 움직임에서 사람과 동물이 같다는 것만 알았지 인·
의·예·지의 순수한 도덕본성에서 사람과 동물이 다르다는 것을 알지
못했던 것이다."[40]라고 하였다. 지각이나 운동은 식욕·성욕·생육生育·

---

39) 武內義雄 著, 李東熙 譯, 『中國哲學史』(여강출판사, 1987), 60쪽.

40) 『四書集註』「孟子」告子上, "徒知知覺運動之蠢然者 仁與物同 而不知仁義
　　禮智之粹然者 人與物異也."

자위白衛·저항 등의 본능인 것으로 이러한 점에서는 사람과 금수가 모두 같다. 그러나 사람이 금수와 다른 점은, 사람은 하늘(자연)로부터 부여받은 인의예지를 자각할 수 있고 또 보존하고 확충할 수 있다는 데 있다.[41]

이상에서 살펴본 바와 같이 금수에게는 본능만이 자연성으로 주어진 것이고, 인간에게는 자연성으로 본능과 더불어 도덕적 본성까지 주어져 있다. 그러므로 인간에게는 동물과 한 차원 다른 본능과 본성의 이중적 자연성이 갖추어진 존재라고 할 수 있다.

4. 인간도 자연이다.

(1) 본능

맹자의 자연성에 관한 견해는 고자와의 성에 관한 토론에서 더욱 뚜렷하게 드러난다. 고자와의 토론에서 드러난 맹자의 자연관은 주로 인간의 자연적 성향에 관한 내용으로 전개된다. 즉, 인간의 존재특성으로 드러난 자연성이다. 이것을 천도와의 관계 속에서 말할 때, 천도가 인간에 내재된 것이라는 유가철학의 기본적인 사유구조라고 할 수 있다. 고자는 인간의 본성을 <생지위성>이라고 주장하고 있다. 여기에서 고자가 말하고 있는 성은 자연적인 성향으로서의 생리적인 요소, 즉 사물들이 태어나면서 갖추고 있는 자연적인 요소로서, 인간에 있어서는 본능

---

41) 蔡仁厚 지음, 천병돈 옮김, 『맹자철학』(예문서원, 2000), 47쪽 참조.

과 욕망을 주로 지칭하여 언급되고 있다. 그 중에서도 가장 대표적인 것으로는 음식남녀飮食男女, 즉 식과 색의 본능이다.42)

맹자는 본능을 자연적인 성향이라고 본 고자의 입장에 대하여는 부정하지 않는다. 다만 본능적인 성향은 인간과 금수가 동일하므로 인간의 존재를 규정하는 고유 특성이라고 말할 수 없다는 입장이다. 그렇기 때문에 맹자는 인간이 금수와 다른 점은 지극히 미소하다고 말하고, 그 다른 점이야말로 인간이 인간되는 소이이니 그것을 잘 보존하고 실천해야 한다는 것을 강조하고 있다.43)

사람도 금수성의 일면을 갖고 있다. 맹자는 "인간에게 도리가 있는데 배불리 먹고 따뜻하게 옷을 입고 편안히 거처하기만 하면서 가르침이 없으면 금수와 가까워진다."44)라고 하였다. 배불리 먹고 따뜻하게 옷을 입고 편안하게 거처하는 것은 모두가 본능적인 일이다. 그리고 인간의 도덕의식을 배양하기 위한 가르침의 일은 인간 본성의 소위이다. 만약 인간이 도덕의식을 배양하지 않으면 본성을 쉽게 잃어버리게 되어 금수와 다름이 없게 된다. 마치 우산의 초목과 같다. 비와 이슬이 내려 무성해진 초목을 도끼로 벌목하고 소와 양떼가 싹이 나오는 족족 뜯어 먹어버린다면 민둥산으로 변하여 그 산의 고유 본성을 잃게 된다. 마찬가지로 사람이 비록 인의의 미음, 즉 도덕본성을 지녔지만 보존하여 기를 줄 모르고 방치한다면 본능에 의해 지배되어 금수와 차이가 거의 없게 된다. 인간은 금수성과 인간성의 전쟁터이다. 금수성은 본능이고 인간성은 본성이다. 본능이 본성을 이기면 금수로 추락되고 본성이

---

42) 『孟子』「告子上」, "食色性也."
43) 『孟子』「離婁上」, "人之所以異于禽獸者 幾希 庶民去之 君子存之."
44) 『孟子』「滕文公上」, "人之有道 飮食煖衣 逸居而無敎 則近於禽獸."

본능을 이기면 인간이 된다. 초목과 소·양떼의 관계와 같다. 소나 양떼는 공격적이고 초목은 방어적이다. 따라서 본능이 공격적이라면 본성은 방어적이다. 그러므로 맹자는 본성을 본능으로부터 철저하게 방어하기 위하여 본성을 잘 보양保養하지 않으면 안 된다고 경고한다.[45]

맹자는 인간에게는 귀한 것과 천한 것이 있으며 작은 것과 큰 것이 있다고 하였다.[46] 주희는 천하고 작은 것은 구복口腹이고 큰 것은 심지心志라고 풀이하였다. 구복은 본능이고 심지는 본성이다. 맹자는 직설적으로 언급하고 있다. "음식을 밝히는 사람은 사람들이 천하게 여기니 작은 것을 기르고 큰 것을 잃기 때문이다."[47] 주희는 음식을 밝히는 사람은 오로지 구복만을 기르는 자라고 하였다.[48] 구복은 인체에 속하는 기능이고 음식은 욕구 대상이다. 이것을 맹자는 구체적으로 말하고 있다. "입은 맛을 지향하고 눈은 색을 지향하고 귀는 소리를 지향하며 코는 냄새를 지향하고 사지는 안일을 지향한다."[49] 인간의 감각본능과 지향 대상과의 관계를 말하고 있다. 이목구비耳目口鼻·사지四肢는 감각기관이고 미味·색色·성聲·취臭·안일安佚은 본능기관이 지향하는 대상이다. 본능기관은 주체이고 지향대상은 객체이다. 본능기관은 내부적인 것이고 지향대상은 외부적인 것이다. 감각기관의 대상에 대한 이기적이고 일방적이며 무조건적인 지향성을 본능이라고 할 수 있다. 이에 대하여 맹자는 말하고 있다. "입이 맛에 대하여 똑같이 맛있는 음식을 즐기

---

45) 『孟子』「告子上」, "先立乎其大者 則其小者不能奪也."

46) 『孟子』「告子上」, "体有貴賤有小大."

47) 『孟子』「告子上」, "飲食之人 則人賤之矣 爲其養小以失大也."

48) 『孟子集註』, "飲食之人 專養口腹者也."

49) 『孟子』「告子上」, "口之於味也 目之於色也 耳之於聲也 鼻之於臭也 四肢之於安佚也."

려 하고 귀가 소리에 대하여 똑같이 아름다운 소리를 들으려 하고 눈이
색에 대하여 똑같이 아름다운 색을 보려고 한다.”[50] 이목구비의 감각기
관이 맛있는 음식과 아름다운 소리와 색을 욕구하는 것은 본능이다. 곧
감각기관이 갖고 태어난 선천적이고 자연적인 기능이다. 그러므로 본능
도 인간이 갖고 태어난 자연성의 일면이 아닐 수 없는 것이다.

　본능은 낮은 가치이다. 맹자는 인간에 대한 낮은 가치와 높은 가치를
구분하여 다음과 같이 말하고 있다. “물고기도 내가 원하는 것이고 웅
장熊掌도 내가 원하는 것이지만 이 두 가지를 모두 얻을 수 없으면 물
고기를 그만두고 웅장을 취할 것이다. 사는 것도 내가 원하는 것이고
의로움도 내가 원하는 것이지만 이 두 가지를 함께 얻을 수 없으면 사
는 것을 버리고 의로움을 취할 것이다.”[51] 물고기가 웅장보다 낮은 가
치인 것처럼 사는 것에 대한 본능도 도덕본성보다 낮은 가치이다. 이러
한 가치들 중에서 낮은 가치보다 높은 가치를 지향하는 것이 인간의 인
간된 소이임을 맹자는 말하고 있다. 사는 것의 본능가치와 의로움의 도
덕가치가 상충되었을 때 사는 것을 버리고 의로움을 취하는 것은 물고
기보다 웅장을 취하려는 것과 같이 인간의 자연성향이라는 것이다. 사
는 것의 본능은 소체에서 작용하는 기능이다. 소체는 금수성이니 동물
과 다름이 없는 성향이다. 사람에 있어서는 소인이며 소인은 소체를 따
른 사람이다.[52]

---

50) 『孟子』「告子上」, “口之於味也 有同耆焉 耳之於聲也 有同聽焉 目之於色也
　　有同美焉.”
51) 『孟子』「告子上」, “魚我所欲也 熊掌亦我所欲也 二者不可得兼 舍魚而取熊
　　掌者也 生亦我所欲也 義亦我所欲也 二者不可得兼 舍生而取義也.”
52) 『孟子』「告子上」, “從小体爲小人.”

맹자는 금수성인 본능의 특성에 대하여 구체적으로 언급하고 있다. 본능은 운명적인 특성을 갖는다. "입이 좋은 맛을, 눈이 좋은 빛을, 귀가 좋은 소리를, 코가 좋은 냄새를, 사지가 편안하기를 바라는 것은 사람의 성이기는 하나 거기에는 마음대로 할 수 없는 운명이 있으므로 군자는 이런 것을 본성이라고 하지 않는다."[53] 이목구비·사지는 본능기관이고 성·색·미·취·안일은 본능이 취하고자 하는 지향 대상이다. 본능기관은 인간 안에 있는 것이지만 욕구 대상은 인간의 밖에 있다. 그러므로 본능기관은 욕구하는 만큼 취할 수 없다. 재물이 그러하고 미색美色이 그러하다. 따라서 본능 작용의 결과는 운명적인 것이라고 할 수밖에 없다. 여기에서 말한 성은 이목구비의 본능을 말하고, 명은 본능의 힘으로 어찌할 수 없는 운명을 말한 것이다. 본능도 인간의 자연적인 성향이기는 하지만 그 성취, 즉 욕구를 충족시키는 것은 인위적으로 어떻게 할 수 없는 운명적인 것이 개재되어 있기 때문에 주체적으로 결정될 수가 없다. 이러한 의미에서 맹자는 소체인 본능을 인간 고유의 본성으로 취급하지 않았던 것이다.

본능은 사유, 즉 반성할 수 없으므로 밖의 사물에 가리워진 폐쇄성이 있다. 맹자는 "이목지관은 생각함이 없어 외물에 가리워진다."[54]라고 하였다. 생각하는 능력이 없다는 것은 반성할 수 있는 능력이 없다는 것이다. 그리고 반성할 능력이 없다는 것은 외부적인 것에 일방적으로 질주하는 욕구, 즉 이기적인 행위를 말한 것이다. 생각함이 없다는 것은 본능의 주체 성향에 대한 말이고, 그것을 대상과의 관계에서는 폐쇄성

---

53) 『孟子』「盡心下」, "口之於味也 目之於色也 耳之於聲也 鼻之於臭也 四肢之於安佚也 性也 有命焉 君子不謂性也."
54) 『孟子』「告子上」, "耳目之官 不思而蔽於物."

이라고 할 수 있다. 즉, 외부적인 욕구대상에 얽매여 다른 것을 전혀 고려하지 못함을 뜻한다. 이것을 외물에 가리워진 상태라고 할 수 있다. 감각작용이 욕구대상에 가리워진 상태를 본능이 갖는 특성이라고 할 수 있다.

본능은 외물과의 접촉에서 외물에 끌려 들어가는 특성이 있다. 맹자는 "이목지관은 외물과의 접촉에서 유인되고 만다."[55]라고 하였다. 감각기관에는 반성의 능력이 없으므로 외물과 접촉할 때 맹목적으로 대상에 끌려 들어가는 특성이 있다. 욕구에 사려의 작용이 없으면 무조건 취하려는 작위로 이어진다. 이러한 작위는 무조건적이고 일방적이며 공격적인 작위이다. 이러한 본능의 특성은 외적인 대상의 입장에서 말해진 것이다. 맹자는 또 말하고 있다. "풍년에는 젊은 사람들이 대부분 얌전하고 흉년에는 젊은 사람들이 대부분 포악한데, 그것은 하늘이 재성을 부여한 것이 달라서 그런 것이 아니다. 그들의 마음을 빠지게 만든 것이 그렇게 되어지게 한 것이다."[56] 우리의 마음을 빠지게 만드는 것은 우리의 마음을 유인하여 그것에서 헤어나지 못하게 만든 외부적인 제약 때문이다. 그러므로 사람들의 마음을 얌전하게 하고 포악하게 한 것은 마음이 그렇게 한 것이 아니라 풍년과 흉년이라는 외부적인 조건 때문이라는 것이다. 본능은 일방적이어서 대상에 몰입하면 거기에 빠져버리는 특성이 있다.

이목지관은 직접적인 감수나 감각작용 밖에 할 수 없다. 그러므로 <불사不思>라고 한 것이다. 감각은 외부적인 개체와의 직접적인 접촉

---

55) 『孟子』 「告子上」, "耳目之官 …… 物交物則引之而已矣."
56) 『孟子』 「告子上」, "孟子曰 富歲子弟多賴 凶歲子弟多暴 非天之降才爾殊也 其所以陷溺其心者然也."

을 통해서만 작용이 가능할 수 있는 것인 만큼 그 범위가 국한된다. 따라서 자기 국한성 때문에 앞이 가리워져 직접 접촉하고 있는 대상 이외에는 알 수가 없다. 결국 감각은 대상 사물에 따라 한정되어 버린 사물밖에 되지 않는다. 이러한 의미에서 맹자는 감각이 사물에 빠져 한 몸이 되어버리기 때문에 본능은 맹목적으로 외물에 끌려 들어갈 수밖에 없다고 한 것이다.

(2) 본성

공자로부터 유가철학의 이정표가 인간학으로 정립된 이후 맹자학에 와서 더욱 확고해졌고 미래를 향한 이론적 발전의 계기가 이루어졌다고 할 수 있다. 유가철학의 인간학적 특성은 단순한 인간학이 아니라 자연에 근거하고 자연과 하나되어 자연으로 사는 순수한 자연인을 대상으로 하는 인간학이다. 그러므로 그 기본 입장은 자연질서를 인간질서로 바꿔 놓은데 있다. 유가철학에서는 인간의 본질을 자연과 일치시키고 도덕적 이론 근거를 자연의 법칙·질서·공능에서 터득하였고 인간 속에서 자연적인 실체를 구하여 도덕 주체성의 근거를 밝히려 하였다.[57]

맹자철학의 대표적인 학설은 성선설이다. 맹자가 성선설을 설한 것은 인간의 도덕실천이 가능한 근거를 확립시키기 위해서이다.[58] 맹자는 성선의 근거를 자연에 두면서 인간 중심적인 자연철학의 성격을 드러

---

57) 최영찬, 「孔子의 自然觀」, 『汎韓哲學』 제56집(범한철학회, 2010), 28쪽 참조.
58) 蔡仁厚 著, 천병돈 옮김, 『맹자철학』(예문서원, 2000), 51쪽.

냈다. "만물이 모두 나에게 갖추어져 있다."[59]라는 명제가 그 대표적인
전제라고 할 수 있다. 만물은 천지만물의 이치이다. 인간 안에 자연의
이치가 내재되어 있음을 단적으로 밝힌 언설이라 하겠다. 인간은 자연
과 대립된 반자연적인 존재가 아니라 자연의 계열 속에서 자연과 하나
의 지평을 이루는 존재이다. 그러므로 맹자는 "마음을 다하면 본성을
알게 되고 본성을 알면 하늘(자연)을 알게 된다."[60]라고 하였고, 또 "마
음을 보존하여 그 본성을 기르는 것은 바로 하늘을 섬기는 것이다."[61]
라고 말한 것이다. 마음의 본질은 본성이고 본성의 근원은 하늘, 즉 자
연이다. 그러므로 마음과 본성은 자연으로(天) 일관되어 있다. 이것이
곧 천인합일天人合一 사상의 핵심내용이다.

맹자는 인간의 본성이 하늘로부터 부여받은 자연적인 특성임을 구체
적으로 밝히고 있다. "인의예지는 밖으로부터 녹여 들어온 것이 아니고
내가 본래부터 가지고 태어난 것이다."[62] 본성은 인의예지이고, 이와
같은 인의예지는 태어나면서 인간이 갖추게 되는 자연적인 특성임을
말한 것이다. 또 말하기를 "인간의 본성이 선하다는 것은 마치 물이 아
래로 흐르는 것과 같은 자연의 원리이다. 인간에게 선하지 않음이 없는
것은 물이 아래로 흐르지 않음이 없는 것과 같다. 물을 쳐서 튀기게 하
면 사람의 이마를 넘을 수도 있고, 거슬러 흐르게 하면 산이라도 넘게
할 수 있으나 이것이 어찌 물의 본성이겠는가?"[63]라고 하여 인간 본성

59) 『孟子』「盡心上」, "孟子曰 萬物皆備於我矣."
60) 『孟子』「盡心上」, "盡其心者 知其性也 知其性則知天矣."
61) 『孟子』「盡心上」, "存其心 養其性 所以事天也."
62) 『孟子』「告子上」, "仁義禮智 非由外鑠也 我固有之也."
63) 『孟子』「告子上」, "人性之善也 猶水之就下也 人無有不善 水無有不下 今夫
水搏而躍之 可使過顙 激而行之 可使在山 是豈水之性哉."

의 선함은 물이 아래로 흐르는 것과 같이 자연적인 특성이라는 것을 사실적으로 밝히고 있다.

맹자는 이러한 인간의 본성이 인간이 갖는 자연적인 특성임을 분명하게 밝히기 위하여 다음과 같이 말하고 있다. "어짊이 아버지와 아들에 대한 것, 의로움이 임금과 신하에 대한 것, 예가 손님과 주인에 대한 것, 지가 현인에 대한 것, 성인이 하늘의 도에 대한 것은 명命이기는 하지만 인간의 본성에 따른 것이다. 그러므로 군자는 그것을 명이라고 하지 않는다."[64] 명은 외재적인 힘이고 본성은 내재적인 주체이다. 그러므로 맹자는 인의예지가 인간만이 소유하고 있는 도덕적 주체성임을 밝힘과 동시에 자연적인 속성임을 강조한 것이다. 인간 역시 동물이라고 하지만 동물과 구별되는 특성이 있다. 이것이 바로 인간을 인간이라 할 수 있는 근거이며 인간의 참다운 본성이다.[65] 맹자는 이러한 인간의 자연 본질인 본성관에 입각하여 민본주의의 정치이상을 주장하였던 것이다. "하늘은 우리 백성들의 눈을 통해서 보고 우리 백성들의 귀를 통해서 듣는다."[66]라고 맹자는 말하고 있다. 주희는 이것을 해석하여 "하늘은 형체가 없으니 백성들의 보고 들음을 따라 듣는다."[67]라고 하였다. 하늘은 형체가 없으니 자연법칙이고 인간의 마음은 이러한 법칙이 드러난 현상, 즉 자취(故)이다. 그러므로 인간의 마음을 통해서 드러난 자취는 바로 자연(天)의 이치와 같다. 인간의 마음으로 드러난 하늘, 이

---

64) 『孟子』「盡心下」, "仁之于父子也 義之于君臣也 禮之于賓主也 知之于賢者也 聖人之于天道也 命也 有性焉 君子不謂命也."
65) 蔡仁厚 著, 천병돈 옮김, 『맹자철학』(예문서원, 2000), 46쪽.
66) 『孟子』「萬章上」, "天視自我民視 天聽自我民聽."
67) 『孟子集註』, "天無形 其視聽 皆從於民之視聽."

것이 곧 인간의 도덕적 본질인 본성이라고 할 수 있기 때문이다. 이러한 관점에 기초하여 맹자는 "백성이 가장 귀중하고 땅과 곡식에 대한 제단은 그 다음이며 군주는 맨 나중이다."[68]라는 민본주의의 정치이상을 주장했던 것이다.

인간의 본성이 선하다는 관점은 맹자의 기본 전제이다. 맹자가 본성의 선함과 인의예지의 덕을 동일시하고 있음은 앞에서 언급된 맹자의 말을 통해서 충분히 알 수 있다. 맹자는 인간 본성이 선하다는 것을 사실적으로 입증하기 위하여 역대 성인들의 실례를 들어 말하고 있다. "인간이 금수와 구별되는 것은 매우 작은 부분이다. 보통사람들은 그것을 버리고 군자는 그것을 보존한다. 순임금은 만물의 이치에 밝았고 인륜을 잘 살피셨으니, 그것은 인의를 따라 행한 것이지 인의를 행하려고 한 것은 아니다."[69] 인간이 금수와 다른 점은 인간 고유의 본질이면서 인간 특유의 본성이다. 인간의 본질인 본성을 잘 보존하고 실천하는 자는 인간다운 인간이다. 이러한 인간이 바로 성인이다. 성인은 인의를 잘 지켜 행한 사람이다. 인의는 인간의 본질이자 본성이며 하늘이 사람에게 부여해 준 자연성이기 때문이다. 순임금은 자기에게 선천적으로 갖추어진 자연성인 본성을 충실하게 실천한 사람일 따름이지 인의를 목적으로 한 어떤 의도적인 실천을 통해 이룩한 사람이 아니라는 것이다. 즉, 자연본성에 따른 행위인 자율도덕적 가치실현을 말하고 있는 것이다. 그러므로 맹자는 "인간의 본성이 선하다는 것을 말할 때마다 요임금과 순임금을 들어서 말하였다."[70]라고 한다. 요와 순과 같은 성인이

---

68) 『孟子』「盡心下」, "民爲貴 社稷次之 君爲輕."
69) 『孟子』「離婁下」, "人之所以異於禽獸者 幾希 庶民去之 君子存之 舜明於庶物 察於人倫 由仁義行 非行仁義也."

라 할지라도 자연 그대로의 본유적인 선한 본성을 잘 살려서 발휘한 것
에 지나지 않는 것이므로 인간이면 누구나 성인이 될 수 있다는 것을
암시하고 있다.

맹자는 성선性善을 주장할 때 심선心善을 함께 언급하고 있다. "측은
지심은 인의 단서요 수오지심은 의의 단서요 사양지심은 예의 단서요
시비지심은 지의 단서이다. 사람이 이 사단을 가지고 있음은 사지를 가
지고 있는 것과 같다."71) 사단과 사덕의 관계를 말하면서 사단은 인간
의 사지와 같이 자연적인 존재물임을 밝히고 있다. 여기에서 보면, 사단
과 사덕이 선의 내용면에서는 동일하다. 그러나 사단과 사덕의 개념에
대한 의미는 동일할 수 없다. 왜냐하면 사단은 사덕의 단서이기 때문이
다. 단端은 맹아를 의미한다. 측은·수오·사양·시비 등 네 가지 마음은
사단으로서 인의예지 등 사덕의 선한 단서(善端), 즉 맹아이다.72) 마음
은 현상 작용이다. 그러므로 본성이 마음으로 드러난 싹, 즉 성의 본질
(才質)이 선의 싹으로 드러난 마음의 형태(心態)가 사단이다. 그러므로 여
기에서 말한 본성은 씨(仁)이고, 마음은 싹(端)이라고 할 수 있다. 주희는
다음과 같이 설명하고 있다. "측은·수오·사양·시비는 정情이요, 인의예
지는 성性이고, 심心은 성과 정을 통합한 것이다. 단은 실마리이다. 정
이 발함으로 인하여 성의 본연함을 볼 수 있으니 마치 물건이 가운데
있으면 실마리가 밖에 나타남과 같은 것이다. 사람이 이 사단을 가지고
있음은 사체를 가지고 있는 것과 같다."73) 이와 같은 주희의 관점은 맹

---

70) 『孟子』「滕文公上」, "道性善 言必堯舜."

71) 『孟子』「公孫丑上」, "惻隱之心 仁之端也 羞惡之心 義之端也 辭讓之心 禮之
    端也 是非之心 智之端也 人之有是四端 猶其四体也."

72) 方立天 지음, 박경환 옮김, 『중국철학과 인성의 문제』(예문서원, 1998), 32쪽 참조.

자의 "군자가 본성으로 한 인의예지는 마음속에 뿌리를 박고 있다."[74]
라고 한 말에서 확신이 더해진다. 주희의 해석에 대하여 이견이 없지
않다. 그러나 맹자는 심을 성과 정으로 분석하여 형이상학에까지 아직
이르지는 않았을지라도 공자에서보다 한발 더 나아가 주희의 형이상학
에 이르게 했던 터전을 마련해 주었다는 점에서 이론적 발전의 과도기
적 단계로 평가할 수 있다. 측은히 여기는 마음과 인의 본성이 내용은
선으로서 같을 지라도 이론적인 함의는 결코 같을 수가 없기 때문이다.

　본성이란 외부의 통제에 의해서 복종되지 않는 것으로, 개인적으로
배울 수 있는 것도 아니고 후천적으로 획득된 것도 아니며 다만 이미
주어진 실재(given reality)이자 하늘이 부여한 인간의 결정적인 특성이
다.[75] 맹자가 이룩한 가장 핵심적이고 중요한 철학적 성과는 인간이 선
천적(자연적)으로 갖추고 태어난 본성의 발견과 본성이 선하다는 자연적
인 성향에 대한 논증에 있다고 할 수 있다. 맹자는 사물의 본성에 대한
발견과 의미를 다음과 같이 밝히고 있다. "세상에서 사물의 본성을 말
한 것은 이미 그렇게 된 자취(故)를 따르는 것일 뿐이다. 이미 그렇게
된 자취는 순리를 근본으로 한다. 지혜로운 사람을 미워하는 것은 천착
하기 때문이니, 만일 지혜로운 사람이 우임금이 물길을 돌리듯이 한다
면야 미워할 것이 없다. 우임금이 물을 다스린 것은 자연의 형세를 따
라 한 것이니 지혜로운 사람이 자연의 형세를 따르기만 한다면 그 지혜
로움은 또한 위대한 것이다. 하늘이 높고 별이 멀다지만 진실로 그 이

---

73) 『孟子集註』, "惻隱羞惡辭讓是非 情也 仁義禮智 性也 心統性情者也 端端緒
　　也 因其情之發 而性之本然 可得而見 猶有物在中 而緒見於外也."
74) 『孟子』 「盡心上」, "君子所性 仁義禮智根於心."
75) 뚜웨이밍 저, 정용환 역, 『유학강의』(청계, 1999), 88쪽.

미 그렇게 된 자취를 추구한다면 가만히 앉아서 천년 뒤의 동짓날을 알수 있다."[76] 주희는 이에 대하여 해석하기를 "본성은 사람과 사물이 선천적으로 갖고 태어난 이치이고 고故는 이미 그러한 자취이다. 이利는 순順과 같으니 자연의 형세勢를 말한 것이다. 사물의 이치는 비록 형체가 없어서 알기 어렵지만 그 발현되어 이미 그러함은 반드시 자취가 있어서 알아보기가 쉽다. 그러므로 천하에 본성을 말하는 자들은 오직 그자취를 말하면 이치가 자명해진다."[77]라고 하였다. 맹자에 의하면 자취란 사물 현상 안에 저절로 그러한 이치가 담겨 있음을 드러낸 흔적을 뜻한다. 현상이란 이치의 매우 자연스러운 표현이다. 현상에서 이치의 자연스러움을 지각하는 지혜로운 자라면 어떠한 사태를 억지로 꿰맞추려고 하기 보다는 자연스럽게 일이 되어가게 한다. 왜냐하면 모든 존재는 의도적인 생각에 의해서 억지로 존재하는 것이 아니라 저절로 의미를 전개하고 있는 과정적 존재이기 때문이다.[78]

본성은 사물의 이치이고 고故는 현상의 자취이다. 그리고 이利는 자연의 형세이니 맹자의 견해에 따르면 본성의 발견은 자연의 형세를 바탕으로 하는 현상의 자취를 통해서 이루어진다. 현상의 자취는 이치의 발현이고 본성은 현상의 근본 원리이기 때문이다. 그러므로 도덕원리인

---

76) 『孟子』「離婁下」, "天下言性也 則故而已矣 故者以利爲本 所惡於智者 爲其
   鑿也 如知者若禹之行水也 則無惡於智矣 禹之行水 行其所無事 如智者亦行
   其所無事 則智亦大矣 天之高也 星辰之遠也 苟求其故 千歲之日至 可坐而
   致也."

77) 『孟子集註』, "性者 人物所得以生之理也 故者 其已然之跡 若所謂天下之故
   者也 利猶順也 語其自然之勢也 言事物之理 雖若無形而難知 然其發見之已
   然 則必有跡而易見."

78) 정용환, 「고자의 성무선악설과 맹자의 성선설」, 『동양철학연구』 제51집(동양철학
   연구회, 2007), 147쪽.

인간본성은 현상인 인간의 마음, 혹은 자연정감의 형세를 통해서 발견
되고 정감의 선에 대한 지향성으로 본성의 선함을 입증할 수 있다는 것
이 맹자가 펼치고 있는 성선설의 논증인 것이다. 유자입정儒子入井의 실
례가 바로 그것이다. 맹자는 자연의 형세를 중요시하면서 우왕이 물길
을 흘러가게 하듯 자연의 이치에 순응할 것을 강조하고 작은 지혜의 천
착을 미워했던 것이다. 맹자는 자취를 통해서 원리에 도달되는 큰 지혜
를 발휘한다면 앞으로 일어나게 되는 개별적인 현상들을 미루어 알 수
있게 된다고 하여 인식론적인 진리와 방법을 말하고 있다. 이미 드러난
경험들을 통해서 원리에 도달하고, 알아낸 원리에 의해서 앞으로 전개
될 개별적인 현상들을 인식할 수 있다는 주장이다. 이러한 방법론으로
맹자는 심 현상의 선 경향성을 통하여 성의 선함을 증명하고 성선의 원
리를 통하여 심 현상의 선행을 당위화했던 것이다. <마음이 똑같이 즐
거워하는 것은 무엇인가? 리理와 의義이다>, <마음을 다하면 본성을
알게 되고 본성을 알게 되면 자연의 보편성을 터득하게 된다>는 말과
<리와 의가 나의 마음을 기쁘게 한다>79), <인의충신을 행하고 선을
즐거워하며 게을리 하지 않는 것이 곧 하늘이 내려준 벼슬이다>80) 등
의 언설들이 모두 맹자 자신의 인식론적 방법론에 기초하고 있는 것으
로 이해될 수 있다.

본성은 인의예지 등의 이치이고 마음은 측은·수오·사양·시비 등의
현상이다. 그러므로 맹자의 성선설에서 보면, 본성은 불변적인 원리이
고 마음은 가변적인 현상으로 이해될 수 있다. 본성인 인의예지는 원리

---

79) 『孟子』「告子上」, "理義之悅我心 猶芻豢之悅我口."
80) 『孟子』「告子上」, "仁義忠信 樂善不倦 此天爵也."

이기 때문에 불변적인 요소라면, 측은 등의 마음은 현상으로서 실제 작용 상에서 그 가변적인 요소임을 부인할 수 없기 때문이다. 맹자는 실제 마음의 가변성에 입각하여 수양론을 전개하고 있다. 맹자는 선천적으로 타고난 자연 그대로인 마음(赤子之心)의 기능으로 양지와 양능을 인정하고 있으면서도 "마음이라는 기관은 스스로 사고할 수 있는 기능을 가지고 있다. 사고를 통해서 인간은 자신의 고유한 본성을 얻을 수도 있고 사고하지 않으면 자신의 고유한 본성을 얻을 수 없다."[81]라고 말하고 있다. 맹자는 인간에 있어 사고하는 능력, 즉 반성하는 능력을 매우 중요시하였다. 니비슨에 의하면 <생각하면 얻는다>는 맹자의 말은 마음이 본성에 대하여 내성적內省的으로 자각하는 것을 가리킨다. 따라서 이러한 내성적인 자각은 사물과 사물이 서로 끌어당기는 외부적인 감각기관과 다르다고 하였다.[82] 성선설에서는 마음의 사려가 본성과 본능을 가치론적으로 저울질하여 그 경중을 구별하는 기능이라고 말한다. 맹자는 사려를 통해서 자신의 마음을 다하는 것(盡心)이야말로 하늘, 혹은 자연의 의도에 잘 부합하는 것이라고 하였다.[83]

맹자철학에서 진리의 실체는 바로 인간 자신의 마음속에 있는 본성이다. 그러므로 맹자는 "도는 가까운 곳에 있는데 그것을 먼 곳에서 찾는다."[84]라고 꾸짖으면서 "학문하는 길은 다른 것이 아니라 잃어버린 마음을 찾는 것일 따름이다."[85]라고 하였다. 본래 갖추고 있는 본성을

---

81) 『孟子』「告子上」, "心之官則思 思則得之 不思則不得也."
82) 니비슨 저, 김민철 역, 『유학의 갈림길』(철학과현실사, 2006), 265쪽.
83) 蔡仁厚 著, 천병돈 옮김, 『맹자철학』(예문서원, 2000), 51쪽.
84) 『孟子』「離婁上」, "道在爾而求諸遠."
85) 『孟子』「告子上」, "學問之道 無他 求其放心而已矣."

착실하게 추구하는 것이 학문하는 길이다. 본래 타고난 마음은 자연이고 그것을 잃어버린 것은 인위人爲이다. 타고난 본성에 따라 사는 것은 자연이고 잃어버린 마음으로 사는 것은 인위이다.

　　마음이 본성을 잃어버리는 것은 마음이 함익陷溺·곡망梏亡·방실放失하기 때문이다. 마음이 잃어버린 본성을 구하는 공부는 본래의 마음을 보존하는데 있으며, 본래의 마음을 보존하는 공부는 욕망을 줄이는데 있다. "군자가 일반 사람들과 다른 것은 본래의 마음을 보존하는데 있는 것이다."[86]라고 하였고 "마음을 수양함에는 욕심을 적게 하는 것보다 더 좋은 것이 없다."[87]라고 한 맹자의 말이 바로 그것이다. 욕망은 소체의 작위요 과욕은 대체의 작위이다. 맹자 수양론의 특징은 먼저 대체인 본심을 확고하게 지키는 것을 강조한데 있다. 맹자가 말하기를 "먼저 큰 것을 수립하면 작은 것이 탈취할 수 없다. 이것이 바로 대인이 되는 길인 것이다."[88]라고 하였다. 마음은 방어적이고 본능은 공격적이다. 마음의 수렴인 방어적인 수양공부를 중요시하고 있는 점이 맹자 수양론의 특징이라고 할 수 있다.

　　이상에서 살펴 본 본성과 마음과 하늘에 대하여 노사광은 다음과 같이 말하고 있다. "마음은 주체이고 본성은 주체성이며 하늘은 자연이서自然理序이다. 자연이서의 의미는 매우 광범위하다. 여기에서 어떤 형이상학적인 관념을 끌어낼 수 있다. 그러나 적어도 맹자에 한하여 말한다면 결코 하늘로 마음 또는 본성의 형이상학적 근원을 삼지 않았다."[89]

---

86) 『孟子』「離婁下」, "君子所以異於人者　以其存心也."
87) 『孟子』「盡心下」, "養心莫善於寡欲."
88) 『孟子』「告子上」, "先立乎其大者　則其小者不能奪也　此爲大人而已矣."
89) 勞思光 著, 鄭仁在 譯, 『中國哲學史』上(탐구당, 1986), 167쪽 참조.

라고 하면서 "맹자철학 중에서 하늘 관념은 단지 보조적인 관념일 뿐이다."[90]라고 하였다. 그러나 관점에 따라서 맹자철학에 형이상학적인 요소가 전혀 없다고 말할 수도 없으니, 맹자철학 역시 여러 줄기로 펼쳐질 수 있는 큰 산에 비유될만하다.

5. 본성의 자율성이 인간의 자연성이다.

맹자철학은 종교신학적인 천관을 자연 속으로 끌어내려 사고하고, 인간 속에서 자연의 실체를 규명함으로써 인간 중심적인 자연철학의 성격을 드러내고 있다. 그러므로 맹자철학에서는 저절로 이루어지고 스스로 실천하는 하늘이 곧 자연이다. 맹자는 <자연> 개념을 문자 그대로 <저절로 그러함>의 의미로 규정하고, <태어난 그대로가 본성이다(生之謂性)>라고 한 고자의 주장을 기본적으로 수용하였다. 다만 고자는 인간의 자연성을 생리적인 본능에만 한정시켰지만 맹자는 인간의 자연성을 본능과 본성으로 구분하고 본성에까지 확대·적용하였다.

맹자는 인간과 금수를 구별하고 그 차이점을 본능과 본성, 즉 생리학적 자연성과 도덕적 자연성에서 찾았다. 맹자철학에서 보면, 인간은 동물과 다를 뿐 아니라 고귀한 존재로 평가된다. 인간에게는 본능과 본성이라는 이중적 자연성이 갖추어져 있다. 그러나 맹자는 본능에 대하여 인간을 인간이게 하는 고유특성으로 인정하지 않는다. 본능이 자연성향이라는 점은 부정하지 않는다. 다만 본능은 금수성과 같은 것으로 인간

---

90) 勞思光 著, 鄭仁在 譯, 『中國哲學史』上(탐구당, 1986), 173쪽 참조.

고유의 자연 본질성이 될 수 없다는 것이다. 그리고 본능의 요구대상은
외부적인 것에 있기 때문에 자율적으로 결정할 수 없는 운명적인 특성
을 갖는 것으로 주체적이고 자율적인 본성과 구별된다는 것이다.

맹자철학에서 진정한 인간의 자연성은 본성이라고 할 수 있다. 마음
의 본질은 본성이고 본성의 근원은 하늘, 즉 자연이다. 그리고 본성의
내용은 인의예지이다. 맹자철학에서는 본성이 바로 인간이 태어나면서
갖는 진정한 의미의 자연적 특성인 것이다. 인의예지는 인간만이 소유
하고 있는 도덕 주체성임과 동시에 자연 속성이다. 따라서 도덕실천은
자기 본성의 실현인 것이며, 순수한 자율도덕가치의 실천인 것이다.

맹자의 성선설에서는 <성선>을 말할 때 <심선>을 함께 언급하고
있다. 성선은 사덕四德이고 심선은 사단四端이다. 선하다는 내용면에서
는 동일하지만 이론적인 함의나 개념에 대한 의미는 동일할 수가 없다.
심선은 성선의 맹아이기 때문이다. 단은 맹아, 즉 싹이다. 심은 현상 작
용이다. 본성이 마음으로 드러나는 싹, 즉 본성이 선의 싹으로 드러난
마음의 형태(心態)가 다름아닌 사단이다. 마음 현상은 이치인 본성이 발
현되는 자취(故)이고 본성은 마음 현상의 근본원리이다. 도덕원리인 본
성이 인간의 마음 혹은 자연정감의 형태를 통해서 발현되고, 정감의 선
을 향한 지향성으로 본성이 선하다는 성향을 입증할 수 있다는 내용이
맹자 성선설의 핵심이라고 할 수 있다.

참고문헌

1. 『孟子』, 『論語』, 『中庸』, 『莊子』, 『呂氏春秋』, 『四書集註』, 『二程集』.
2. 具本明 校閱, 安炳周·李篪衡·李雲九 譯解, 『孟子』, 新譯四書Ⅲ.
3. 成百曉 譯註, 『孟子集註』, 전통문화연구회, 1990.
4. 勞思光 著, 鄭仁在 譯, 『中國哲學史』, 探究堂, 1986.
5. 蒙培元 著, 李尙鮮 譯, 『中國心性論』, 法人文化社, 1996.
6. 武內義雄 著, 李東熙 譯, 『中國哲學史』, 여강출판사, 1987.
7. 方立天 지음, 박경환 옮김, 『중국철학과 인성의 문제』, 예문서원, 1998.
8. 니비슨 저, 김민철 역, 『유학의 갈림길』, 철학과현실사, 2006.
9. 뚜웨이밍 저, 정용환 역, 『뚜웨이밍의 유학강좌』, 청계, 1999.
10. 張岱年 著, 김백희 옮김, 『中國哲學大綱』 上, 까치, 1998.
11. 蔡仁厚 著, 천병돈 옮김, 『맹자철학』, 예문서원, 2000.
12. 풍우란 지음, 박성규 옮김, 『중국철학사』, 까치, 1999.
13. 최영찬, 「공자의 自然觀」, 『汎韓哲學』 제56집, 2010.
14. 정용환, 「고자의 성무선악설과 맹자의 성선설」, 『동양철학연구』 제51집, 2007.

제3장 순자荀子의 자연관

1. 과학적 사유의 철학자

　순자는 당시 사회의 무질서와 편견에 따른 사상난립, 무지와 타락상에 따른 비합리적인 하늘사상, 신비주의, 미신 등과 맞서 고민했던 과학적 사유의 철학자였다. 과학은 아무도 반증하지 못한 경험적 사실을 근거로 한 보편성과 객관성이 요청되는 지식체계이다. 순자철학이 아무도 반증할 수 없는 보편성과 객관성을 확보하고 있는 철저한 과학적 사유체계라고는 아직 단언할 수 없다. 그러나 당시 유행하였고 신봉되었던 인격적인 하늘사상이나 터무니없는 미신, 그리고 논리적인 정합성을 갖추지 못한 신비주의나 편견을 철저하게 부정하고 최소한의 경험을 바탕으로 한 논리적인 사유를 시도하고 체계적인 전개를 구상했다는 점에서 보면 과학적 사유의 철학자였다고 평가하기에 충분하다.

　중국고대 특히 은대에서는 인간은 물론 모든 자연현상을 종교적인 관념 속에서 이해하고 해명하면서 생활하였다. 하늘은 종교적인 인격신으로 인간 위에 군림하였고, 인간 앞에서 벌어진 모든 현상들은 신의 의지로 파악되었다. 묵자사상에 이르러 종교적인 하늘사상은 통치를 목적으로 한 인격적인 하늘로서 더욱 구체화되었으며, 이러한 하늘관념은 순자시대에까지 그 잔재가 남아 있었다. 순자는 당시의 종교적인 하늘사상을 철저하게 부정하며 용납하지 않았다. 순자는 "하늘의 운행에는 일정한 법도가 있다. 요임금 때문에 존재하는 것도 아니고 걸임금 때문에 없어지는 것도 아니다."[1]라고 하면서 "하늘을 위대하다고 여기며 그 생성의 힘을 고맙게 생각하는 것과 물건을 저축하면서 그것을 사용하는 것은 어느 쪽이 낫겠는가? 하늘을 따르면서 그것을 기리는 것과 하늘로부터 타고난 것을 처리하면서 그것을 이용하는 것은 어느 쪽이 더 낫겠는가?"[2]라고 묻고 있다. 순자에 의하면 하늘은 아무런 의지도 없이 일정한 법칙에 따라 운행되고 있을 따름이며 사람의 운명을 지배하는 주재자가 아니다. 그러므로 하늘을 위대하게 여기며 사모할 필요도 없고, 또 하늘을 따르며 그것을 기릴 필요도 없다는 생각이다. 마침내 순자는 하늘을 비롯한 자연과학적 대상과 그에 대한 인식의 한계를 제시하고 있다. "하늘에 대해 알 수 있는 것은 그것이 확실하게 지적될 수 있는 현상으로 드러나는 범위에 한정한다. 땅에 대해 알 수 있는 것은 그것이 생물을 번식시키기에 합당함을 드러내주는 범위에 한정된다. 사계절에 대해 알 수 있는 것은 그것이 여러 가지 일을 할 수 있는 방도를 드러내주는 범위에 한정된다. 음양에 대해 알 수 있는 것은 그것이 여러 가지를 다스릴 수 있는 지식을 드러내주는 범위에 한정한다."[3] 인간이 인식할 수 있는 한계는 경험적 대상인 현상에 한정되어야 한다는 것이 바로 순자의 경험과학적 태도라고 할 수 있다. 그리고 자연을 하

---

1) 『荀子』「天論」, "天行有常 不爲堯存 不爲桀亡."

2) 『荀子』「天論」, "大天而思之 孰與物畜而制之 從天而頌之 孰與制天而用之."

3) 『荀子』「天論」, "所志於天者 已其見象之可以期者矣 所志於地者 已其見宜之可以息者矣 所志於四時者 已其見數之可以事者矣 所志於陰陽者 已其見知之可以治者矣."

나의 대상물로서 인간의 의지에 따라 이용될 수 있다는 생각은 중국 고대의 사상가 중에서 순자만의 독자적인 것이고, 서양 근대적 자연과학의 기본방향과 유사하다.[4]

하늘사상은 공자에 이르러 도덕적 형이상학의 새로운 전통이 마련되었다. 공자는 일찍이 "하늘이 나에게 덕을 낳아 주셨다.(天生德於余)"라고 하여 하늘에 대한 관념을 외재적인 지배자로부터 내재적인 도덕원리로 전환시켰다. 따라서 하늘과 인간은 도덕성을 매개로 서로 연계되어 분리될 수 없게 되었다. 이러한 의미에서 공자의 하늘관념은 내재적인 초월의 특징을 갖는다. 하늘과 인간의 성명적性命的 일관성의 자각을 통해서 하늘을 자아 인격성의 본원적 근거로 이해하는 도덕적 천명사상은 마침내 유가전통의 인본사상이 형성되는 근본 계기가 되었다. 맹자는 이러한 공자의 도덕형이상학을 충실히 계승하여 인간의 본성은 하늘로부터 기인한다고 본다. 맹자는 "천지만물의 이치는 모두 나에게 갖추어졌다."[5]라고 하면서 "하늘의 도는 참된 것이고 인간의 도는 참됨을 실천하는 것이다."[6]라고 하였다. 이러한 맹자의 생각은 종래의 종교적인 하늘관념을 부정하고 하늘과 인간이 도덕적 본질을 매개로 한 도덕형이상학의 원초적인 관념을 구체화한 것이다. 따라서 맹자의 하늘관념은 유심론적이고 관념론적인 성격을 갖는다. 이러한 사유 속에 신비주의적인 색채가 묻어있다고 판단한 순자는 맹자의 하늘과 인간에 대한 사상을 부정하면서 소박한 자연사물의 의미를 벗어나지 않는 과학

---

4) 趙賢淑, 「荀子思想에 있어서 합리성」, 『東洋哲學의 체계와 인식』(아세아문화사, 1998), 57쪽.

5) 『孟子』「盡心」, "萬物皆備於我."

6) 『孟子』「離婁」, "誠者天之道也 思誠者人之道也."

적 사유 속에서 하늘개념을 현상적 자연개념으로 돌려놓으려 하였다. 따라서 순자는 전통적인 유가 형이상학의 근간을 이루어 왔던 신비주의적 사유를 적극적으로 비판하였다.[7]

순자는 하늘과 인간의 철저한 분리를 주장하면서(天人之分) 하늘에 대한 자연과학적 이해를 시도하였다. "하늘에는 영원불변한 도가 있고, 땅에는 영원불변한 원리가 있고, 군자에게는 영원불변한 몸가짐이 있다."[8] 자연인 하늘과 땅의 도와 사람의 도가 다른 것임을 강조한 내용이다. 하늘에 대한 관념을 소박한 경험대상인 자연현상으로 바꾸어 사유하였다. 순자철학에서는 하늘의 역할과 사람의 역할을 구분해야 한다는 천인지분을 출발점으로 하여 하늘을 현상화된 사물개념으로 설명하고 있다. "밤하늘에 펼쳐진 별들은 서로 따르며 돌고, 해와 달은 번갈아 비추며, 사계절은 순차적으로 찾아오고, 음과 양은 만물을 변화시키며, 바람과 비는 널리 고루 뿌려준다. 만물은 각기 조화를 얻어 생장하고 각각 살아가는 바를 얻어 성장한다. 그러나 생명이 이루어진 과정은 알 수 없으나 그것이 이루는 결과는 알 수 있으니 이를 일러 신비하다고 하며, 사람들은 모두 이러한 이루어진 바를 알지만 그 형체 없는 작용을 알지 못한다. 이것을 일러 하늘이라고 한다."[9] 일월성신의 운행과 사계절의 순환, 음양의 변화, 바람 불고 비 내리는 것은 모두 자연현상이다. 그리고 자연현상이 이루어진 결과는 알 수 있지만 생성의 구체적

---

7) 이종성, 「순자철학에서의 자연과 인간의 이분법」, 『동서철학연구』제25호(한국동서철학회, 2002), 123~124쪽 참조.

8) 『荀子』「天論」, "天有常道矣 地有常數矣 君子有常體矣."

9) 『荀子』「天論」, "列星隨旋 日月遞火召 四時代御 陰陽大化 風雨博施 萬物各得 其和以生 各得其養以成 不見其事而見其功 夫是之謂神 皆知其所以成 莫知其無形 夫是之謂天."

인 과정은 알 수 없다. 이것을 신비적인 것이라고 한다. 이미 이루어진 사물현상은 알 수 있지만 형체 없는 작용은 알 수가 없다. 이것을 하늘이라고 한다. 있으나 알 수 없는 것은 신비의 대상이고, 있으면서 알 수 있는 것은 과학의 대상이다. 순자는 자연과학적 대상에만 관심을 두었지 비실증적인 신비의 대상에 대해서는 판단을 중지하였다. 그리고 순자는 구체적인 생성의 작용이나 과정마저 형이상학적 대상으로 파악하고 비과학적이라하여 자기철학의 대상에서 제외시키고 있다. 이러한 점이 순자사상의 엄격성과 그에 따른 한계라고 할 수 있다.

순자는 편견의 비과학성을 적극적으로 부정하고 있다. 그 집중적인 언급이 「해폐」편의 내용이다. "모든 사람의 병폐는 한 모퉁이에 가려져 있어 큰 이치에 어둡다는 데 있다. 잘 다스리면 곧 정상으로 되돌아오지만 옳은 것과 그른 것을 둘 다 의심하면 미혹될 것이다."[10] 순자는 큰 이치를 모르게 된 병폐의 가장 큰 이유를 편견이라고 하였다. 편견은 객관적이고 포괄적인 안목이 아니라 자기만의 집착이나 욕심에 빠져 한쪽에 치우친 판단이나 사유를 말한다. 이러한 인식주체 앞에서는 대상에 대한 올바른 관찰이나 인식이 불가능하며 결국은 오류에 빠지는 비과학적이고 비합리적인 결과에 이를 수밖에 없다. 이러한 입장에서 순자는 오행설을 비판하고 있다. "기묘하고 모순되어 기준이 없고 불분명하여 논리적 근거가 없고 난삽하여 해명할 수 없는 것들이다."[11] 모순이 없고 분명한 논리적 근거의 확실성이 과학적 사유의 기본정신임을 밝히고 있다. 순자는 현상 속에서 흔히 경험된 사례들을 들어 말

---

10) 『荀子』「解蔽」, "凡人之患 蔽於一曲 而闇於大理 治則復經 兩疑則惑矣."
11) 『荀子』「非十二子」, "甚僻違而無類 幽隱而無說 閉約而無解."

하고 있다. "마음을 제대로 쓰지 않으면 희고 검은 것이 바로 앞에 있다고 하더라도 그의 눈은 보지를 못하고, 천둥소리 북소리가 옆에서 나더라도 그의 귀는 듣지 못한다. 하물며 마음이 딴 것에 부림을 당하는 사람이야 어떻겠는가?"[12]라고 말하였다. "마음이 딴 것에 부림을 당한다."는 말은 마음이 그릇된 질투나 편견에 부림을 받는다는 뜻이다. 즉, 마음이 편견에 빠져 있으면 보고 듣는 감각적인 대상마저 제대로 보고 듣지 못한다는 것이다.

순자는 미신을 무지몽매의 소치라 하여 철저하게 타파하고 있다. "별이 떨어지고 나무가 우는 소리를 내면 나라사람들이 모두 두려워한다. 그것은 어째서인가? 그것은 아무것도 아니다. 그것을 괴상하게 여기는 것은 괜찮지만 두려워하는 것은 잘못이다. 일식과 월식이 생기고 철에 맞지 않는 비바람이 일고 이상한 별이 나타나는 것은 어느 시대나 있었던 일이다."[13] 괴이하게 여긴 것은 과학의 태도이고 두려워하는 것은 미신의 태도이다. 자연의 괴이한 현상 앞에서 이상하게 생각하며 놀라는 태도는 바로 지적 작위로 연결된 과학의 태도이며 또 철학의 시작이기 때문이다. 순자가 자연의 괴이한 현상은 두려워할 것이 못된다고 말한 것은 미신을 반대하고 과학적인 태도를 취한 것이라 할 수 있다. 또 순자는 말하고 있다. "하수 어귀의 남쪽에 연촉량涓蜀梁이라는 사람이 있다. 그는 사람됨이 어리석고 무서움을 많이 탔다. 밝은 달밤에 길

---

12) 『荀子』「解蔽」, "心不使焉 則白黑在前而目不見 雷鼓在側而耳不聞 況於使者乎."
13) 『荀子』「解蔽」, "星隊木鳴 國人皆恐 曰是何也 曰無何也 是天地之變 陰陽之化 物之罕至者也 怪之可也 而畏之非也 夫日月之蝕 風雨之不時 怪星之黨見 是無世而不當有之."

을 가다가 몸을 숙여 자기 그림자를 보고는 귀신이 엎드려 있는 것이라 생각하고, 또 우러러 그의 머리를 보고는 도깨비라 생각하여 등을 돌려 뛰었다. 그리고 자기 집에 도착해서는 숨이 끊어져 죽어버렸으니 이 어찌 슬픈 일이 아니겠는가? 대체로 사람들이 귀신이 있다고 하는 것은 틀림없이 정신이 멍할 때와 의심으로 혼란스러울 때에 그렇게 생각을 정리해 버리기 때문이다. 이것은 사람들이 있지도 않은 것을 있다고 할 때가 있는 까닭이다. 그런데도 사람들은 그렇게 사물의 판단을 결정해 버리는 것이다. 그러므로 습기 때문에 병이 나면 냉증이 걸리는 것인데, 그 냉증이 귀신 때문이라 생각하고 북을 두드리며 돼지를 삶아 놓고 푸닥거리를 하지만 틀림없이 북만 헤어지고 돼지만 낭비하게 될 뿐 병이 낫는 복을 누리지는 못한다."[14] 존재하지 않는 것을 존재하는 것으로 믿는 것이 미신이며, 터무니없는 원인의 결과라고 확신하는 것이 미신이다. 순자는 이러한 미신을 무지의 소치이거나 혼미한 정신상태에서 빚어진 비과학적인 판단이라 단언하고 강력 부정하였다.

순자는 불충분한 자료나 불확실한 근거를 가지고 어떤 일을 판단하거나 결정하는 비합리에 대해서도 용납하지 않는다. 예컨대, 관상이나 복점과 같은 것에 대한 철저한 부정이 그것이다. 순자는 "사람의 형상과 안색을 보고서 그의 길흉과 화복을 알아낸다고 한다. 세상에서는 이것을 칭송하지만 옛 사람들에게도 없었고 학자들도 얘기하지 않는 일이다. 그러므로 형상을 보는 것은 마음을 보는 것만 못하고, 마음을 논

---

14)『荀子』「解蔽」, "夏首之南有人焉 曰涓蜀梁 其爲人也 愚而善畏 明月而宵行 俯見其影 以爲伏鬼也 仰視其髮 以爲立魅也 背而走比至其家 失氣而死 豈不哀哉 凡人之有鬼也 必以其感忽之間 疑玄之時正之 此人之所以無有而有無 之時也 而已以正事 故傷於溼而擊鼓鼓痺 則必有蔽鼓喪豚之費矣 而未有愈疾之福也."

하는 것은 행동규범을 잘 가리는 것만 못하다."[15]라고 단호하게 말하고
있다. 순자는 관상으로 운명을 판단하는 것이 옳지 않을 뿐 아니라 아
무런 근거가 없는 비과학적인 일임을 말하고 있다. 사람에게 중요한 것
은 마음가짐과 태도인 것이지 겉모양이 아니라는 순자의 합리적인 정
신을 보여주고 있다. 더 나아가 순자는 『역경』의 중요성에 대해서는 인
정하면서도 역술인 점복占卜에 대해서는 경계하면서 "역을 잘 아는 사
람은 점을 치지 않는다."[16]라고 말하였다. 순자는 운명적으로 삶을 영
위하는 사회적 풍조가 만연함에 따라 그와 같은 극단적인 처방을 내릴
수밖에 없었다. 순자의 이러한 비합리에 대한 철저한 부정과 비판정신
은 그의 확고한 과학적 사유의 기반위에서 이루어졌고, 과학적 사유의
기반위에서 이루어진 순자철학은 자연과 인간의 철저한 분리(天人之分)
를 대전제로 선언하면서 전개된 철학이다. 2장과 3장에서 순자의 자연
관과 인간관을 살펴보기로 한다.

2. 현상적 자연관

순자는 하늘을 소박한 자연현상으로 이해하고 자연과 인간의 존재성
과 역할을 분명하게 구분하였다. 그리고 자연에 대한 편견이나 미신은
말할 것도 없고 인격적인 하늘사상이나 신비주의적인 철학사상을 철저
하게 비판하였다. 자연과 인간에 대한 구분은 자연과 사회, 물질과 정

---

15) 『荀子』 「非相」, "相人之形狀顔色 而知吉凶妖祥 世俗稱之 古之人無有也 學
   者不道也 故相形不如論心 論心不如擇術."
16) 『荀子』 「大略」, "善爲易者不占."

신, 객관과 주관의 구별을 수반한다. 순자의 자연관에서는 특히 객관적인 것과 물질적인 것을 중요시하는 현상사물에 대한 경험주의적인 성격이 강하게 부각된다. 하늘과 사람의 구분은 순자철학 전반을 통한 가장 핵심을 이루는 관념이면서 대전제라고 할 수 있다. "자연계의 운행은 그 자체의 법칙이 있는 것으로 결코 사회에 선인이 있어서 존재하는 것도 아니고 악인이 있어서 소멸되는 것도 아니다."[17] 하늘, 즉 자연계의 운행은 그 자체의 독립적인 법칙이 있어 인간계와 전혀 무관하게 스스로 존재하고 운행한다는 것이다. 하늘을 인격적으로 파악하지 않고 자연법칙으로 파악한 것이며, 인간계와 철저하게 독립된 자연관을 밝힌 것이다. 그러므로 순자는 "하늘에는 일정한 도가 있고 땅에는 일정한 법칙이 있다."라고 하였으며, "하늘은 계절을 갖고 땅은 재원을 갖고 사람은 이것을 다스리는 능력을 갖고 있다. 이것은 인간이 하늘과 땅의 일에 나란히 참여할 수 있음을 가리키는 것이다."[18]라고 하였다. 자연계와 인간계의 구분을 분명히 하면서 종래의 주종적이고 상하관념의 하늘과 인간관계를 부정하고 천지와 나란히 존재하는 인간의 위상을 밝히고 있다. 그리고 "하늘은 만물을 생장시키기는 하지만 만물을 분리하지는 못한다. 땅은 사람들을 그 위에 살게 하기는 하지만 사람들을 다스리지는 못한다."[19]라고 하였다. 하늘과 땅의 역할과 한계를 분명하게 밝히고 있다. 천인지분에서 분리의 의미는 구분이나 분별의 뜻이다. 자연과 인간의 관계를 근원적으로 단절한다는 의미는 아니다.

맹자가 "마음을 다하면 본성을 알고 본성을 알면 하늘은 안다.(盡心知

---

17) 『荀子』 「天論」, "天行有常 不爲堯存 不爲桀亡."
18) 『荀子』 「天論」, "天有其時 地有其財 人有其治 夫是之謂能參."
19) 『荀子』 「禮論」, "天能生物 不能辨物 地能載人 不能治人也."

性知天)"라고 말할 때의 천인합일론은 천부적인 인성 상에서 구체화된 것이고, 노자가 "사람은 땅을 본받고, 땅은 하늘을 본받고 하늘은 도를 본받고, 도는 자연을 본받는다.(人法地 地法天 天法道 道法自然)"라고 말할 때의 천인합일론은 자연의 도에 합하는 것이며, 장자가 "만물은 모두 하나이다.(萬物皆一也)", "도를 통해 하나가 된다.(道通爲一)"라고 말할 때는 곧 사람과 자연의 통일을 부각시킨 것이다. 하지만 천인합일의 입장에서는 공통적이다. 이와 같은 전통적인 하늘사상에서 보면 순자의 "천인의 구분을 밝힌다.(明於天人之分)"라는 사상은 획기적이고 특별하다고 할 것이다.[20]

순자철학에서 하늘(天)에는 좁은 의미와 넓은 의미가 있다. 좁은 의미로는 하늘도 땅과 대조를 이루는 해와 달과 별이 있는 하늘이고, 넓은 의미로는 현재 우리가 의미하고 있는 자연이란 말에 가까운 개념이다.[21] 그러나 순자철학 전반에서 사용되는 하늘에 대한 개념을 종합해 보면, 좁은 의미와 넓은 의미의 하늘 개념이 통합된 자연현상의 의미로 이해된다. 순자는 자연을 의미하고 있는 하늘을 다음과 같이 정의내리고 있다. "작위하지 않아도 성취되며 추구하지 않아도 획득되는 것을 일컬어 하늘의 직분이라고 한다. 이에 대해서는 그 누가 아무리 심오할지라도 더 이상 사려할 수 없고, 아무리 위대할지라도 더 이상 작위할 수 없고, 아무리 정밀할지라도 더 이상 살필 수 없다. 무릇 하늘과 더불어서는 직분을 다투지 않는다는 말이 바로 이것이다."[22] 작위하지 않아

---

20) 錢遜 著, 백종석 譯, 『선진유학』(學古房, 2009), 312쪽.

21) 金學主 譯, 『荀子』(大洋書籍, 1972), 42쪽.

22) 『荀子』「天論」, "不爲而成 不求而得 夫是之謂天職 如是者 雖深其人不可慮 焉 雖大不可能焉 雖精不可察焉 夫是之謂不與天爭職."

도 성취되며 추구하지 않아도 획득된다는 것은 저 스스로가 '저절로 그
러함'을 뜻하는 자연을 의미한 것이다. 그리고 하늘은 작위의 대상이
아니기 때문에 인간과 전혀 상관없는 독립적인 경지임과 아울러 하늘
의 역할에 대해서도 간섭할 수 없다는 것을 밝히고 있다. 이러한 순자
의 하늘에 대한 정의는 "하라고 시키지 않았는데도 저 스스로가 되어지
는 것이 하늘이다."[23]라고 한 맹자의 하늘에 대한 정의와 같다. 모두가
인간의 힘이 미칠 수 없는 자연의 변화현상을 가리키는 것이다.

순자는 또 "배울 수도 없고 도모할 수도 없는 인간의 천성적인 것을
본성이라고 한다."[24]라고 하였다. 인간의 본성도 자연적인 것이라고 하
면서 자연의 의미를 '배울 수도 없고 도모할 수도 없는 것'이라고 하였
다. 인간의 작위를 가할 수 없는 절대 독립적인 것이 하늘, 즉 자연이
다. 그리고 또 순자는 "본성은 원시질박한 바탕을 뜻한다."[25]라고 하여
본성의 자연성을 '원시질박한 바탕'의 의미로 설명하고 있다. 그러므로
순자철학에서 자연을 의미하고 있는 하늘은 '저절로 이루어진 원시질박
한 바탕'을 뜻한다. 질박한 바탕은 어떠한 문식의 꾸밈이 없는 본래의
상태이다. 그러므로 하늘은 신령스럽고 두려움의 대상이 아니라 객관적
으로 변화하고 있는 순수한 자연현상인 것이다. 순자는 "일식이나 월식
이 일어나면 재난을 막는 의식을 행하고 비가 오지 않으면 기우제를 지
내며 점을 쳐 큰일을 결정하는 것은 형식을 갖추어 위안을 얻기 위한
것이다. 그러므로 군자는 형식을 갖추기 위해서 그런 일을 하는 것이고
백성들은 신령스러운 것이라고 여기면서 그런 일을 한다. 형식을 갖추

---

23) 『孟子』「萬章」, "莫之爲而爲者天也."
24) 『荀子』「性惡」, "不可學 不可事 在人者 謂之性."
25) 『荀子』「禮論」, "性者 本始材朴也."

기 위해서 그런 일을 하면 길하지만 신령스러운 일이라 여기고 그런 일
을 하면 흉하다."[26] 자연현상 앞에서 신에게 빌고 점을 치는 행위는 위
안을 얻기 위한 문화적 행사이거나 형식적인 일에 불과한 것일 따름이
다. 이에 대해 군자는 형식으로 생각하지만 백성들은 신령스러운 일로
생각한다. 그러므로 형식으로 생각한다면 길한 일이지만 신령스러운 것
으로 생각하면 흉한 일이다. 자연은 전혀 문식이 더해지지 않는 순수질
박한 본연의 자연형상에 불과한 것임을 뜻하는 말이라 하겠다.

순자철학에서 하늘, 즉 자연은 철저하게 자연현상적인 것이다. 별,
해와 달, 만물, 사계절, 비바람, 사물의 생성변화 등은 모두 자연현상들
이다. 순자는 오직 이와 같은 자연현상에만 관심을 기울이고 자연의 내
면적인 작용이나 생성과정 자체는 자연 그 자체의 직분이기 때문에 관
심의 대상에서 제외시키고 있다. 만물이 궁극적인 근원에서 나온 것이
라는 것을 알고는 있지만 우리에게 보이지 않는 원천에 대해서는 시간
을 허비할 필요가 없으며, 현상의 배후에 놓여있는 자연의 직분에 대해
서는 관여할 필요가 없다는 것이다. 순자가 전통철학에서 비판의 대상
으로 삼는 것은 무형無形의 도를 탐구하는 신비적인 태도이다. 이들은
현실적인 사물들을 이용하고 유익하게 다루기보다는 발생하는 원인과
합일되기만을 바라기 때문이다.

순자의 자연관이 반영된 「천론」 첫 머리는 "하늘에 일정한 법칙이
있다."는 말로 시작하고 있다. 그러나 "천은 상도를 갖는다.(天有常道矣)"
라고 할 때의 도는 자연현상의 운행과 법칙이라는 뜻이다.[27] 순자는 도

---

26) 『荀子』「天論」, "日月食而救之 大旱而雩 卜筮然後決大事 非爲得求也 以文
之 君子以爲文 而百姓以爲神 以爲文則吉 以爲神則凶也."
27) 尹武學, 「荀子에서의 자연과 인간의 동일」, 『東洋哲學硏究』제23집(한국동서철

를 인식의 객관적 표준으로 말하고 있으며 국가를 다스리는 근본 원칙
과 사물을 판단하는 기준이라는 의미로도 사용하고 있다.28) 순자는 다
음 글에서 자신의 현상적 자연관을 보다 분명하게 드러내고 있다. "하
늘에 대해 알 수 있는 것은 그것이 확실하게 지적할 수 있는 현상으로
드러나는 범위에 한정된다. 땅에 대해 알 수 있는 것은 그것이 생물을
번식시키기에 합당함을 드러내주는 범위에 한정된다."29) 하늘에 대해
서는 단지 절기와 기후의 변화를 예측할 수 있는 천체현상을 인식하면
될 뿐이고, 땅에 대해서는 단지 동식물이 번식되고 생식될 수 있는 조
건만 인식하면 될 뿐이다. 자연계의 오묘함은 자취를 드러내지 않는 천
지운행의 소이연所以然의 도라고 할 수 있는데, 순자는 이것에 대하여는
결코 탐구하지 않았으며 더 나아가 사람들은 마땅히 탐색하지 않아야
하는 것이라고 생각하였다. 이것을 순자는 "하늘과 관장하는 직무를 놓
고 다투지 않는다.(不與天爭職)"30), "오직 성인만이 하늘을 알려고 하지
않는다.(唯聖人爲不求知天)"31)라고 한 것이다. 순자는 확실하게 말하고 있
다. "군자는 천지만물을 그렇게 된 것이라고 여길 뿐이고, 천지만물이
그렇게 된 까닭을 말하려고 애쓰지 않는다."32) 그렇게 되어있는 천지만
물은 현상이고 그 까닭(所以然)은 배후의 근원자이다. 이것이 순자의 현
상적 자연관의 결론적인 말이라고 할 수 있다.

학회, 2002), 275쪽.

28) 『荀子』「正名」, "心合於道 道者治之經理 道者古今之正權也."

29) 『荀子』「天論」, "所志於天者 已其見象之可以期者矣 所志於地者 已其見宜
之可以息者矣."

30) 『荀子』「天論」.

31) 錢遜 著, 백종석 역, 『선진유학』(學古房, 2009), 309쪽 참조.

32) 『荀子』「天論」, "君子其於天地萬物也 不務說其所以然."

순자의 현상적 자연관은 그의 과학적 사유와 연결된 것이다. 순자가 말하고 있는 자연은 눈앞에 펼쳐져 있는 현상적인 사물들일 뿐, 근원이나 원인적인 실체, 혹은 초월적이고 형이상학적인 원리가 아니다. "하늘에는 사계절이 있고 땅에는 재물이 있으며 사람에게는 다스림이 있다."[33] 하늘을 때로 말하고 땅을 재물로 말하고 사람을 다스림, 즉 경영자로 말한 것은 자연현상을 말한 것이다. 종래와 같이 하늘·땅·사람을 우주의 기본 요소로 생각하면서 형이상학적으로 탐구하려는 태도와는 다르다. 순자가 견지하고 있는 '자연과 인간의 분리'가 갖는 의미는 인간이 하늘을 인식할 수 없으며, 알려고도 하지 않는다는 불가지론적 관점과 하늘의 역할, 즉 천직天職의 영역은 인간계의 영역과 완전히 다르며, 하늘 그 자체 이외의 어떠한 것도 첨가할 수 없다는 철저한 객관주의적 특성을 보여주고 있다. 그러므로 당시에 유포되어 있는 괴이한 자연현상에 대한 미신적·신비주의적인 태도를 철저히 부정하고 그 모두를 자연현상으로 파악하면서 예외적인 드문 현상으로 설명하고 있다. "일식과 월식이 있고 때 아닌 바람이 일고 이상한 별이 나타나는 것은 어느 세상이나 있었던 일이다. 별이 떨어지고 나무에 소리가 나는 것은 하늘과 땅의 변화요 음양의 변화이며 그런 일들은 드물게 일어난 현상들이다."[34] 당시에 일반화된 미신의 대상이었던 모든 기이한 자연 변이를 자연현상으로 이해한 것은 철저한 과학정신의 반영이라 할 수 있다. 순자는 일상적인 자연현상을 설명하면서 "봄·여름에는 만물이 생장하고 가을·겨울에는 거두고 보관하는 것 또한 우임금 때나 걸 임금 때나

---

33) 『荀子』「天論」, "天有其時 地有其財 人有其治."
34) 『荀子』「天論」, "夫日月之有蝕 風雨之不時 怪星之黨見 是無世而不常有之 星隊木鳴 是天地之變 陰陽之化 物之罕至者也."

마찬가지이다."35)라고 하였다. 자연현상의 항상성을 말한 것이다. 자연계의 운동 변화하는 현상은 그 자체의 법칙에 의하여 저절로 이루어진다. 인간의 작위와 상관없이 저절로 자연의 질서에 의하여 이루어지는 사계의 움직임, 만물의 생장 등의 일을 순자는 자연의 직분이라고 하였다. 순자의 철학에서는 자연의 직분이 곧 자연 개념이다. 순자는 "흙이 쌓여 산이 이루어지면 바람과 비가 있게 되고, 물이 모여 못이 이루어지면 교룡과 용이 생겨나며, 선함이 쌓여 덕이 이루어지면 자연히 선명함을 얻게 되고 성스러운 마음이 갖추어진다. 그러므로 반걸음이 쌓이지 않으면 천리 길을 갈 수 없고, 작은 흐름이 쌓이지 않으면 강과 바다가 이루어질 수 없는 것이다."36)라고 하였다. 이러한 경험과학적이고 실증적인 순자의 현상적 자연관은 계속되어 인간관으로 이어지게 된다.

3. 인간의 자연성

인간에게는 자연적인 요소와 인위적인 요소가 있다. 이러한 양면성 때문에 인간에 대한 탐구는 다양하게 이루어진다. 자연은 무엇이며 인위는 무엇인가? 자연의 영역은 어디까지이며 인위의 영역은 어디까지인가? 등의 물음에 관한 견해는 여러 가지 일 수 있다. 인간이 갖는 자연성과 인위성에 관한 문제는 복잡하게 전개된다. 인간이 선천적으로

---

35)『荀子』「天論」, "繁啓蕃長於春夏 畜積收臧於秋冬 是又禹桀之所同也."
36)『荀子』「勸學」, "積土成山 風雨興焉 積水成淵 蛟龍生焉 積善成德 而神明自得 聖心備焉 故不積頣步 無以至千里 不積小流 無以成江海."

갖게 되는 인위적인 요소가 불가피한 것이라면 그 자체도 자연적인 것
이 될 것이기 때문이다. 순자철학에서 하늘(天)은 현상세계 그 자체이다.
인간도 마찬가지로 현상사물의 일부분일 수밖에 없다.[37] 그러므로 순자
철학의 핵심이 자연과 인위의 구분이지만 「천론」에서의 하늘은 자연계
만을 의미하지 않는다. 인간의 자연성까지 포함하고 있다. 따라서 인간
은 두 측면으로 규정된다. 첫째, 자연에 의하여 생성되고 자연에 의하여
생명이 유지되는 생명체로서의 존재이고 둘째, 자연을 바르게 이해하고
관리하여 생존욕망을 충족시키며 나아가 인간 안에 있는 자연성을 잘
판단하고 절제하여 더불어 살아갈 수 있는 사회성에 맞게 조직 관리하
는 존재이다.[38] 순자의 인간관은 인간을 하늘, 즉 자연과의 구별로부터
시작한다.

　　순자는 인간을 기타 사물들과 구별하고 있다. "물과 불은 기운은 있
으나 생명이 없고, 초목은 생명이 있으나 지각이 없고, 새와 짐승은 지
각은 있으나 의로움이 없다. 사람은 기운도 있고 생명도 있고 지각도
있고 의로움도 있다. 그러므로 천하에서 가장 존귀한 존재이다."[39] 인
간은 무생물·초목·금수 등과 같은 점이 있으나 결정적으로 다른 존재
이다. 인간만이 갖추고 있는 존재 특성이 다름 아닌 의로움, 즉 사회적
요소이다. 그러므로 순자도 인간을 가장 존귀한 존재라고 하였다. 순자
는 인간의 존귀성을 능력적인 측면에서 구체적으로 말하고 있다. "힘은

---

37)『荀子』「天論」, "萬物爲道之一偏　一物爲萬一偏　愚者爲一物一偏."
38) 李海英,「순자의 인간이해」,『東洋哲學의 자연과 인간』(아세아문화사, 1998), 124
　　쪽 참조.
39)『荀子』「王制」, "水火有氣而無生　草木有生而無知　禽獸有知而無義　人有氣
　　有生有知　亦且有義　故最爲天下貴."

소만 못하고 달리기는 말 보다 못하는데 소와 말은 어째서 사람에게 부림을 받게 되는가? 그것은 곧 사람은 여럿이 힘을 합쳐 모여살 수 있으나 소나 말은 여럿이 힘을 합쳐 모여살 수 없기 때문이다."[40] 인간은 군집하여 살아갈 수밖에 없는 존재이다. 즉, 인간은 사회적 존재라는 것을 말한 것으로, 인간의 사회성이 바로 인간의 존재를 규정하는 본질적인 특성임을 밝힌 것이다. 그리고 순자는 인간이 사회를 구성하기 위한 절대적인 요건을 도덕질서로 파악하였다. "사람은 어째서 여럿이 힘을 합쳐 모여살 수 있는가? 그것은 분별이 있기 때문이다. 그 분별은 어째서 능히 행할 수 있는가? 그것은 의로움이 있기 때문이다."[41]라고 말하고 있다. 사회적 존재의 가능근거는 분별과 의로움, 즉 도덕질서이다. 그러므로 순자는 도덕질서를 확립할 수 있는 인간의 직분과 역할을 특히 강조하면서 '하늘과 인간의 구분'을 자기 철학의 출발점으로 제시하였던 것이다. 순자는 먼저 "하늘에는 하늘의 질서가 있고 땅에는 땅의 자원이 있고 사람에게는 이들을 다스릴 수 있는 능력이 있다. 대저 이것을 일러 능참(能參: 대등하게 참여함)이라고 한다."[42]라고 말하였다. 인간은 역할 면에서 하늘·땅과 독립하면서 대등한 존재이다. 인간은 자연과 관계하면서 자연과 대등한 독자적인 역할을 하고 있는 능력을 갖춘 존재이다. 이를 순자는 "하늘은 낳고 인간은 완성한다."[43], "천지는 군자를 낳고 군자는 천지를 다스린다."[44] 등으로 표현하고 있다.

---

40) 『荀子』「王制」, "力不若牛 走不若馬 而牛馬爲用何也 曰人能群 彼不能群也."
41) 『荀子』「王制」, "人何以能群 曰分 分何以能行 曰義."
42) 『荀子』「天論」, "天有其時 地有其財 人有其治 夫是之謂能參."
43) 『荀子』「富國」, "天地生之 聖人成之."
44) 『荀子』「王制」, "天地生君子 君子理天地."

순자는 하늘과 인간을 철저하게 구분한 다음 그것에 기초하여 인간 속에서 자연적인 요소와 인위적인 요소를 구별한다. 기본적으로 순자는 인간 속의 자연적 요소를 본능과 마음에서 찾고, 마음의 기능에 의하여 판단·선택되어 이루어진 인의법정仁義法正을 인위적인 요소로 보았던 것 같다. 순자는 "하늘의 직무가 성립되고, 하늘의 공적이 이루어진 뒤에 사람의 형체가 갖추어지고 정신이 생겨나서 좋아함과 싫어함, 기쁨과 노여움, 슬픔과 즐거움의 감정이 깃들게 된다. 이것을 자연적 감정(天情)이라고 한다."45)라고 하였다. 인간이 선천적으로 갖게 된 감정의 자연성을 밝히고 있다. 순자는 감정 이전의 감각 본성과 마음을 분석하고 있다. "이목구비와 육체는 각기 사물에 접하기 때문에 그 작용을 서로 바꿀 수 없다. 이것을 자연적 감각기관(天官)이라고 한다. 마음(心)은 육체 가운데 있으면서 오관을 다스린다. 이것을 자연적 주재자(天君)라고 한다."46) 순자는 감각기관의 독립성과 개별성을 밝히고, 동시에 마음의 주재성을 설명하면서 인간의 선천적 자연성을 논증하고 있다. 그리고 이에 따라서 인간의 인간된 소이가 된 사회적 도덕질서의 인위적 요소를 강조하기에 이르게 된다. 본성과 마음을 나누어 논해보기로 한다.

(1) 본성

『순자』「천론」편에서 천정天情·천관天官·천군天君을 말하고 있다.

---

45) 『荀子』「天論」, "天職旣立 天功旣成 形具而神 好惡喜怒哀樂臧焉 夫是之謂天情."
46) 『荀子』「天論」, "耳目鼻口形 能各有接而不相能也 夫是之謂天官 心居中虛 以治五官 夫是之謂天君."

이때의 하늘은 선천적이라는 뜻의 자연성을 의미한다. 순자철학에서는 천군인 마음까지도 자연적인 것으로 설명되고 있다. 그러나 본성에 해당된 것은 천관과 천정이다. 순자는 "사람의 형체가 갖추어지고 정신이 생겨나서 좋아함과 싫어함, 기쁨과 노여움, 슬픔과 즐거움의 감정이 깃들게 된다. 이것을 천정이라고 한다. 귀·눈·코·입과 육체는 각각 밖의 사물들과 접촉하면서 기능을 발휘한다. 그러나 기능을 함께할 수는 없다. 이것을 천관이라고 한다."라고 하여 천정과 천관을 설명하였다. 천관은 감각기관을 말한 것이다. 감각기관은 외부대상, 즉 사물들과의 접촉을 통해 기능이 발휘되며 발휘된 기능은 각각 독립적이라고 한다. 그러므로 천정은 자연적으로 갖추어진 육체와 정신, 즉 오관과 정신의 조화 속에서 발생된 감정이다. 따라서 본성에는 감각기관과 그 기능, 그리고 오관과 정신의 조화 속에서 이루어진 대상사물에 대한 감정이 포함된다고 할 수 있다.

　본성의 일차적인 특성은 선천적인 자연성이다. 순자는 배우지도 일삼아 노력하지도 않으면서 사람에게 갖추어진 것을 본성이라고 하였다. 그러므로 "태어나면서부터 본래 그러한 것이 본성이다."[47] 선천적으로 태어난 순수한 자연성이 본성이다. 여기에서 주의해야 할 것은 순자가 말한 자연적인 본성은 초월적인 신성神性이나 천부적인 도덕성을 의미한 것이 아니라 순수한 자연현상적인 본성, 즉 인간이 현실생활의 현장 속에서 발휘하여 드러낸 감각적인 본능이다. 순자가 말한 "사물을 볼 수 있는 지각은 눈을 떠날 수 없고, 소리를 들을 수 있는 청각은 귀를 떠날 수 없다. 눈의 시각, 귀의 청각은 배워서 그런 것이 아닌 것

---

47) 『荀子』「正名」, "生之所以然者 謂之性."

이다."[48]라는 내용 속에서 밝히고 있는 본능기관과 그 기능을 의미한 것이니 본성은 일차적으로 본능인 감각기관과 그 기능인 것이다.

순자는 본성에 대하여 감정과 욕망을 연결시켜 그 특성을 더욱 구체적으로 설명하고 있다. "태어나면서부터 그러한 것을 본성이라고 한다. 감각기관의 생리기능으로 생긴 감각기관의 능력(시각·청각)이 사물과 접촉하여 감응하며, 이러한 감응은 억지로 행하지 않아도 자연적으로 그러한 것으로 본성이라고 한다. (사물과 접촉한 후) 본성은 호·오·희·노·애·락의 반응이 있게 되는데 이것을 감정이라고 한다."[49] 순자가 본성과 감정을 제일 명확하게 설명하고 있는 내용이다. 감각기관의 본능적 기능으로 생긴 감각기관의 감응력, 즉 시각이나 청각이 사물과 접촉하여 감응하고 있는 감각능력이 바로 본성이며, 본성의 감응내용인 호·오·희·노·애·락 등이 감정이다. 순자는 또 다음과 같이 말하고 있다. "성은 선천적인 것이다. 정은 성의 본질이다. 욕망은 정의 반응이다."[50] 감정은 본성의 본질이고 욕망은 감정의 반응이라고 설명하고 있으니 본성과 감정과 욕망은 서로 다른 개념이다.

바탕과 반응은 존재 개념과 작용 개념으로 의미가 같지 않다. 감정을 본성의 본질이라고 규정한 것은 존재성으로 말한 것이니, 본성이 감응한 현상적인 내용이 감정, 즉 희·노·애·락 등이라 할 수 있다. 그리고 욕망은 감정이 사물과의 접촉 속에서 발생된 구체적인 상태, 즉 심리적

---

48) 『荀子』「性惡」, "今人之性 目可以見 耳可以聽 夫可以見之明不離目 可以聽之聰不離耳 目明耳聰不可學明矣."

49) 『荀子』「正名」, "生之所以然者 謂之性 性之和所生精合感應 不事而自然 謂之性 性之好惡喜怒哀樂謂之情."

50) 『荀子』「正名」, "性者 天之就也 情者 性之質也 欲者 情之應也."

인 반응작용이다. 좋은 것은 취하고 싫어한 것은 버리는 반응작용이라
고 할 수 있다. 다시 정리해보면, 감각기관의 고유능력, 즉 귀의 청력이
나 눈의 시력 등은 본성이고 감각기관의 감응력, 즉 호·오·희·노·애·
락 등은 감정이며, 감정을 통해 좋은 것은 가지려 하고 나쁜 것은 버리
려 하는 것은 욕망이다.[51] 순자가 "이익을 좋아하고 그것을 얻기 바라
는 것은 인간의 성정이다."[52]라고 한 말은 욕망이 바로 본성의 반응작
용이라는 의미를 설명하려는 것이다. 그러므로 욕망은 본성의 현상적인
자연성이라 할 수 있다. "눈은 아름다운 색을 좋아하고 귀는 아름다운
소리를 좋아하고, 입은 맛있는 것을 좋아하고, 마음은 이익을 좋아하며,
육체는 편안함을 좋아한다. 이것은 인간의 성정에서 나온 것이다."[53]라
고 한 순자의 말이 바로 본성의 현상적 자연성을 밝힌 것으로 이해될
수 있다. 눈·귀·입 등의 감각기관이 아름다운 색과 소리, 맛있는 것 등
을 좋아하는 것은 욕망이다. "굶주리면 먹고 싶어 하고 추우면 따뜻해
지고 싶어 하고 피로하면 쉬고 싶어 하고 이익을 좋아하고 손해를 싫어
한다. 이것은 사람이 태어날 때부터 갖게 된 것이다."[54] 이 말도 인간의
욕망에 대한 설명이다. 순자가 인간의 본성 중에서 특히 욕망을 부각시
킨 것은 자기 철학의 궁극목표인 도덕적인 사회를 이룩하기 위한 이론
근거를 마련하기 위한 것이다. 인간 본성의 악함을 말하여 인간 본성
밖에 있는 선을 인위적으로 실현해야 하기 때문이다. 그러므로 순자철

---

51) 천병돈, 「인간의 자연성과 사회성 - 순자철학을 중심으로」, 『동서철학연구』 제26호
   (한국동서철학회, 2002), 169쪽 참조.

52) 『荀子』「性惡」, "夫好利而欲得者 此人之情性也."

53) 『荀子』「性惡」, "若夫目好色耳好聲口好味心好利 骨體膚理好愉佚 是皆生於
   人之性情也."

54) 『荀子』「榮辱」, "飢而欲食 寒而欲煖 勞而欲息 好利而惡害 是人之所生而有也."

학에서 본성의 욕망적 특성은 매우 중요하다.

순자는 "성인이 일반 백성들과 다르지 않는 것은 본성이다."[55]라고 말한 것은 인간의 기본적인 공통성을 본성에서 찾고, 또 "욕망의 많고 적음을 통해 서로 다른 류가 구분된다."[56]라고 하여 인간의 차이성, 더 나아가 사람과 짐승 간의 차이성도 욕망의 많고 적음에서 찾고 있다. 순자철학에서 인간은 근본적으로 욕망적인 존재이다. 욕망의 특성은 앞에서 살펴 본 바와 같이 이익을 좋아한 욕망에서 기인된 쟁탈성爭奪性, 고운 얼굴과 목소리를 좋아한 욕망에서 기인된 음란성淫亂性, 질투하고 증오하는 욕망에서 기인된 잔적성殘賊性 등이라고 할 수 있다.[57] 순자는 「성악편」에서 "사람의 본성은 악한 것이고 그 선하게 된 것은 인위적인 것이라고 하였다."[58] 순자철학 전체를 아울러 볼 때, 인간의 본성이 전적으로 악하다고 단정하기에는 그 자료가 충분하지 않고 논거 역시 정합성이 부족하다. 욕망 그 자체가 반드시 악하다고만 말할 수 없기 때문이다. 그러나 순자철학의 목표가 욕망에 따른 사회적 혼란과 무질서를 치유하는 데 있으므로 인간을 기본적으로 부정하게 된 것이다. 그리고 인간의 본성을 욕망의 주체로 파악한 것은 인간본성을 현상적인 자연성으로 이해하고 있기 때문에 가능하다고 생각된다. 욕망을 감각본능의 현상적 특성으로 이해할 수 있기 때문이다.

---

55) 『荀子』「性惡」, "聖人之所以同於衆 其不異於衆者 性也."
56) 『荀子』「正名」, "欲之多寡 異類也."
57) 『荀子』「性惡」, "人之性 生而有好利焉 順是故爭奪生 生而有疾惡焉 順是故殘賊生 生而有好聲色焉 順是故淫亂生."
58) 『荀子』「性惡」, "人之性惡 其善者僞也."

(2) 마음

순자철학에서는 인간의 자연적 본질성을 본성으로 규정하고, 본성을 악의 래원으로 파악한다. 본성은 욕망과 그에 따른 질투와 증오심 등을 내용으로 하며, 그것이 발휘된 결과가 악을 초래하기 때문이다. 그러나 순자철학을 자세히 들여다 보면, 욕망을 전적으로 악이라고 단정하기에 는 그 근거 자료나 논리가 충분하지 않다. 그러므로 인간의 본성도 반 드시 악한 것이라고 확정하기 보다는 악으로 흐를 수 있는 경향성을 갖 는 것으로 이해되어야 한다. 이것은 순자철학에 대한 객관적인 평가이 다. 인간본성의 현상적인 특성은 욕망과 욕망 충족을 위한 쟁탈·투쟁으 로 이어지는 악의 요소가 더 강렬하게 표출될 수 있다. 그러므로 순자 철학에서는 도덕질서가 확립된 사회를 만들어 가기 위해서 사법지화師 法之化나 화성기위化性起僞가 강조되며, 그것은 인간본성을 악, 즉 부정 적으로 파악됨으로써 가능해진다.

순자는 인간의 자연성인 본성과 인위에 대하여 분명하게 밝혀놓고 있다. "인간은 본래의 본성을 따르고 본래의 정욕을 쫓으면 반드시 쟁 탈전이 발생하고 자연히 신분질서가 무너지고 사회기강이 문란하게 되 어 결국 흉포한 난동에 귀착한다. 그러므로 반드시 스승과 법도에 의한 교화와 예절이나 의리에 바탕한 교도를 실시해야 비로소 사양심이 생 기고 법식과 사리에 부합하고 태평성세에 귀착하게 된다. 이로써 보건데, 인간의 본성은 악함이 분명하고 선하게 된 것은 인위의 덕분이다."[59]라

---

59) 『荀子』「性惡」, "然則從人之性 順人之情 必出於爭奪 合於犯分亂理而歸於 暴 故必將有師法之化 禮義之道 然後出於辭讓合於文理 而歸於治 用此觀之 然則人之性惡 明矣 其善者僞也."

고 한 것이다. 순자철학에서 성악은 인위의 절대조건이다. "무릇 사람이 선해지고자 하는 것은 본성이 악하기 때문이다."[60] 인간은 본성만으로 인간이 될 수 없다. 인위는 인간만이 할 수 있는 행위이며, 인간의 인간된 소이가 인위에 있다. 그러므로 인위는 인간의 존재 특성이 된다. 순자는 인간을 인위에 의하여 다른 존재와 철저하게 구분하고 있기 때문이다.

인간에 대하여 순자는 무생물·초목·금수 이상의 본질성을 갖는 존재임을 밝히고 있다. "인간에게는 기운도 있고 생명도 있고 지능도 있고 의로움도 있다. 그러므로 최고로 고귀한 존재이다."[61] 다른 존재와 비교할 때 인간은 의로움을 갖는 존재이다. 순자철학의 최대목표가 바로 여기에 있다고 할 수 있다. 순자는 인간의 존재 특성을 작위(僞)할 수 있는 능력에서 찾고 있다. "배우면 행할 수 있고 노력하면 이루어질 수 있는 것이 사람에게 있는 것을 작위라고 한다."[62] 작위는 사람만이 할 수 있는 능력이다. 인간은 변별능력을 소유하고 있는 존재이다. "사람을 사람이라고 할 수 있는 까닭은 변별능력을 소유하고 있기 때문이다." "사람을 사람이라고 할 수 있는 근거는 두 다리를 가지고 있고 털이 나지 않는 동물이라는 특징이 아니라 분별능력을 갖추고 있다는 것이다."[63] 변별능력은 판단능력이며 작위의 기본 능력이다. 인간은 이익과 불이익뿐만 아니라 호오나 선악을 판단하는 능력을 갖추고 있다.

---

60) 『荀子』 「性惡」, "凡人之欲爲善者 爲性惡也."
61) 『荀子』 「王制」, "人有氣有生有知亦且有義 故最爲天下貴也."
62) 『荀子』 「性惡」, "可學而能 可事而成之 在人者 謂之僞."
63) 『荀子』 「非相」, "人之所以爲人者 以其有辨也 人之所以爲人者 非特以二足而無毛也 以其有辨也."

인간은 사회적 동물이다. "힘쓰는 것은 소만 못하고 달리는 것은 말만 못한데 소와 말은 어째서 사람에게 부림을 당하는가? 그것은 곧 사람은 여럿이 힘을 합쳐 모여살 수 있기 때문이다."[64] 사회를 이루어 모여 사는 것이 작위의 궁극목표이다. 인간은 군집생활을 하는 존재(사회적 동물)이다. 도덕질서는 사회적 존재이기 위한 필요조건이다. 그러므로 인간은 도덕적 존재인 것이다.[65] 이러한 인간의 사회성이나 도덕성은 선천적인 본성에서 기인된 것인가 아니면 후천적인 작위에서 기인되는가? 하는 물음 이전에 이미 인간을 규정하는 존재 특성일 수밖에 없다. 순자는 사회의 존립을 위한 도덕적인 선의 실현을 후천적인 작위성에서 찾고, 인간의 또 하나의 존재 특성으로 스스로 노력을 통해 변화될 수 있는 가변성을 강조하게 된다. 순자는 이러한 가변성을 마음(心)의 능력으로 파악하면서 마음의 작위에 의하여 이룩되어진 도덕사회를 인위적인 것으로 규정하고 있다.

순자는 "길 위의 보통사람들도 우임금과 같이 될 수 있다."[66]라고 하면서 "우임금이 우임금으로서 존경받는 까닭은 그 어짊과 의로움과 올바른 법도를 행하기 때문이다. 그렇다면 어짊과 의로움과 올바른 법도는 알 수 있는 것이고 행할 수 있다는 이론이 성립된다. 그러므로 길 위의 사람들이라 할지라도 모두 어짊과 의로움과 올바른 법도를 알 수 있는 자질이 있고, 모두 어짊과 의로움과 올바른 법도를 행할 수 있는 능력이 있다. 그러니 그들도 우임금과 같이 성인이 될 수 있음은 분명한 일이다."[67] 순자는 인간이면 누구나 우임금과 같이 될 수가 있다고

---

64) 『荀子』「王制」, "力不若牛 走不若馬 而牛馬爲用 何也 曰人能群 彼不能群."
65) 『荀子』「王制」, "人何以能群 曰分 分何以能行 曰義."
66) 『荀子』「性惡」, "塗之人可以爲禹."

하여 인간의 가변성을 말하면서, 인간은 모두가 어짊·의로움과 올바른
법도를 알 수 있는 자질을 지녔으며, 행할 수 있는 능력을 갖추고 있다
고 말하고 있다. 그리고 또 "의로움과 이익을 좋아하는 마음을 사람이
면 둘 다 가지고 있는 것이다."[68]라고 하면서 말하기를 "그러나 이익을
바라는 마음이 의로움을 좋아하는 마음을 이기지 못하도록 할 수 있
다."[69]라고 하였다. 순자는 인간에게 선의 실천가능성 뿐만 아니라 오
히려 인간이 선천적으로 선의 성향을 갖추고 있는 것으로 말하고 있다.
이에 대하여 전손錢遜은 순자가 성선의 한 측면을 인정한 것이라고 지
적하고 있다.[70]

순자는 선천적으로 자기의 주체성에 따라 자기를 결정하는 능력을
갖추고 있음을 인정하였다. "누구든 요임금 우임금이 될 수 있고, 걸왕
이나 도척이 될 수도 있으며 공인과 목수가 될 수 있고 농사꾼이나 장
사꾼이 될 수도 있다. 이것은 형세와 마음가짐과 행동과 배움과 버릇이
그렇게 되도록 하는 것이다. 이것은 또 사람들이 태어날 때 가지게 되
는 것이며 외부의 영향으로 그렇게 되는 것이 아니다."[71]라고 말한 것
을 보면 인간에 있어서 자기결정의 주체성을 선천적인 성향으로 간주
한 것이다. 그러므로 순자는 "어찌 사람들의 성정性情이 본래 이렇게도

---

67) 『荀子』「性惡」, "凡禹之所以爲禹者 以其爲仁義法正也 然則仁義法正有可知
　　可能之理 然而塗之人也 皆有可以知仁義法正之質 皆有可以能仁義法正之具
　　然則其可以爲禹明矣."

68) 『荀子』「大略」, "義與利 人之所兩有也."

69) 『荀子』「大略」, "然而能使其欲利不克其好義也."

70) 錢遜 著, 백종석 역, 『선진유학』(學古房, 2009), 279쪽 참조.

71) 『荀子』「榮辱」, "可以爲堯禹 可以爲桀跖 可以爲工匠 可以爲農賈 在勢注錯
　　習俗之所積耳 是又人之所生而有也 是無待然而然者也."

될 수 있고 저렇게도 될 수 있음을 뜻하는 것이 아니겠는가?"72)라고 하였다. 선하게 될 수도 있고 불선하게 될 수도 있다는 것을 역시 본성의 성향으로 생각한 것이다. 따라서 순자는 사람의 본성 속에 선하게 될 수 있는 측면을 가지고 있으며 오직 악만을 가지고 있는 것은 아니라는 사실을 어쩔 수 없이 인정한 것이다.73) 그러나 순자는 인간의 현상적인 특성을 본성의 측면에서 악단惡端으로 규정하였고 마음의 입장에서는 총명한 재능, 즉 인지능력으로만 파악하면서 적선積善과 성인교육을 강조하였다. "길거리의 백성이라도 선을 쌓아 완전함을 다하게 되면 그를 성인이라 한다."74) 이것은 인간의 총명한 재능을 설명한 말이다. 순자 철학에서는 재능, 즉 인지능력이 아직 선일 수는 없다. 총명한 재능을 발휘하여 판단하고 선택한 결과 도달된 인의법정의 단계에 이를 때 비로소 선이 된다. 그렇다고 인의법정의 선과 선을 판단하고 선택해서 실천할 수 있는 인지능력은 결코 무관한 것일 수는 없다. 이 문제에 대한 처리에 있어 순자는 성실성이 없어 보인다.

순자는 성인이 되는 구체적인 방법으로 학문과 습속의 영향을 들어 말하고 있다. "푸른 물감은 쪽풀에서 얻어지지만 쪽풀보다 더 파랗고, 얼음은 물로 이루어지지만 물보다 더 차다."75) 스승의 교육을 강조한 말이다. "쑥대가 삼대밭 속에서 자라면 부축해주지 않아도 곧게 자란다."76) 이것은 환경과 습속의 영향을 강조한 말이다. 쪽풀이나 물속에

---

72) 『荀子』「榮辱」, "豈非人之情 固可與如此 可與如彼也哉."
73) 錢遜 著, 백종석 역, 『선진유학』(學古房, 2009), 280쪽.
74) 『荀子』「儒效」, "塗之人百姓 積善而全盡 謂之聖人."
75) 『荀子』「勸學」, "靑取之於藍而靑於藍 氷水爲之而寒於水."
76) 『荀子』「勸學」, "蓬生麻中不扶而直."

는 본래부터 푸른색과 차가움의 근원적인 요소가 갖추어져 있고, 삼대
의 영향을 받은 쑥대는 결코 삼대가 될 수가 없다. 그러므로 순자가
"노력으로 습속을 바로잡아간다면 본성을 교화시킬 수 있다."[77]고 하였
고, 또 "성인은 사람들의 본성을 교화시켜 작위를 일으키고 작위를 일
으켜 예의를 만들어내고, 예의를 만들어내어 법도를 제정한다."[78]라고
하였다. 이러한 말은 본성을 완전히 부정한 것이 아니고 악의 성향을
선으로 변화시키는 화성기위化性起僞를 강조한 것으로 이해된다. 인간은
정욕이 있으나 마음도 있으니 욕망은 꼭 제거할 필요는 없고 단지 마음
으로써 절제하면 된다. 마음은 사려(慮)하고 인식(知)할 수 있으므로 욕
망을 절제할 수 있다.[79] 순자는 화성기위의 근거가 되는 마음을 밝히는
데 집중하고 있다.

　순자는 인간의 마음을 감정이나 감관과 마찬가지로 선천적으로 갖고
태어난 의식기능의 한 가지로 규정하면서 특별히 천군天君이라고 하여
감관과 구별하고 있다. "마음은 가운데 텅 빈 곳을 차지하고 귀·눈·코·
입·육체의 오관五官을 다스린다. 이것을 천군이라고 한다."[80] 천군은
인간의 모든 의식기관을 관리 통솔하는 임금으로 주체·주인의 의미를
공유하고 있다. 순자는 보다 구체적으로 설명하고 있다. "마음은 신체
의 지배자이고 정신의 주관자로서 신체에 명령을 내리기만 하고 명령
을 받지 않는다."[81] 마음은 명령을 내리기만 하는 신체의 지배자이고

---

77) 『荀子』「儒效」, "注錯習俗所以化性也."
78) 『荀子』「性惡」, "聖人化性起僞 僞起而生禮義 禮義生而制法度."
79) 풍우란 저, 박성규 옮김, 『중국철학사』 상(까치, 1997), 467쪽.
80) 『荀子』「天論」, "心居中虛 以治五官 夫是之謂天君."
81) 『荀子』「解蔽」, "心者 形之君也 而神之主 出令而無所受令."

정신의 주관자이다. 그래서 마음은 자유의지를 갖는 절대권자가 된다. "마음은 스스로 제한하고 스스로 부리고 스스로 버리고 스스로 선택하고 스스로 행동하고 스스로 멈추는 능력을 갖고 있다."[82] 순자철학에서의 마음은 어떠한 제한도 받지 않으며, 자유롭게 선택하고 행동할 수 있는 인식심의 자유의지를 갖는 의식기능이다.[83]

순자는 마음의 인지능력을 징지徵知로 설명하고 있다. "마음에 징지(인지능력)가 있다. 징지는 귀를 통해 소리를 인지하고 눈을 통해 형체를 인지한다. 그러나 징지는 반드시 오관이 사물의 여러 가지 종류들을 주관해 정리하기를 기다린 연후에야 알 수 있다."[84] 징지는 감각내용을 인지하는 기능이다. 감각의 내용이 없으면 불가능하다. "해명(說)·연고(故)·기쁨·노함·슬픔·즐거움·사랑·미움·욕망은 마음으로 그 차이를 구별한다."[85] 희·노·애·락·애·오·욕의 칠정은 감정에 속한다. 설과 고는 이성의 사유에 속한다. 설은 감각지각의 여러 가지 재료에 대해서 설명한 것이다. 고는 각종 현상의 원인을 가리키는 것이다. 이러한 모든 것은 감각기관이 외부세계와 접촉하여 감성적인 재료를 얻은 이후의 심리적인 활동이고 마음의 기능에 속한다.[86] 순자철학에서의 징지, 즉 인지능력은 사려와 인위의 개념과 통하고 있다. "성의 호·오·희·노·애·락을 정이라고 한다. 정이 이러하고 마음이 선택 판단하는데 이것을 사려라고 한다. 마음이 사려한 후에 (오관의) 기능이 활동하는 것을 작위

---

82) 『荀子』「解蔽」, "自禁也 自使也 自奪也 自取也 自行也 自止也."
83) 蔡仁厚 著, 천병돈 역, 『순자철학』(예문서원, 2002), 96쪽 참조.
84) 『荀子』「正名」, "心有徵知 徵知則緣耳而知形可也 緣耳而知聲可也 然而徵知必將待天官之當簿其類然後可也."
85) 『荀子』「正名」, "說故喜怒哀樂愛惡欲以心異."
86) 錢遜 著, 백종석 역, 『선진유학』(學古房, 2009), 315쪽.

라고 한다. 사려가 쌓이고 기능이 익혀진 후에 이루어진 것을 인위(僞)라고 한다."[87] 오관의 활동은 마음이 감정을 선택·판단한 결과이다. 그러므로 현실적으로 오관의 기능은 반드시 어느 정도의 인위성(의식성)을 포함하고 있다. 그러나 이러한 위僞는 초보적인 것으로서 예의禮義에 부합하는 위가 아니다. 오관 각각의 기능은 독립성과 비독립성을 가지고 있다. 비독립성 측면에서 오관의 기능은 반드시 마음의 징지능력에 의지해야 한다.[88] 칸트의 인식이론이 연상된다. 순자철학에서 인위는 사려에서 발단하며, 사려는 마음이 감각내용인 감정을 선택 판단한 것이기 때문에 인위, 곧 마음의 기능에서 발생된다.

　　마음에는 절제의 기능이 있다. "욕망 자체는 충족의 타당성을 고려하지 않는 맹목적인 것이지만 욕망의 추구자는 타당한 욕망만을 추구한다. 욕망이 그 충족의 타당성을 고려하지 않는 것은 그것이 자연으로부터 품부받은 것이기 때문이다. 추구자가 타당한 욕망만을 추구하는 것은 그가 마음의 지시를 받기 때문이다. 천성으로 존재하는 욕망을 마음이 절제하는 것이다."[89] 마음은 저지하고 부리는 기능을 가지고 있다. "욕망은 넘치지만 행동이 미치지 않는 것은 마음이 저지하기 때문이다. 욕망은 내키지 않지만 행동으로 옮긴 것은 마음이 시키기 때문이다."[90] 마음은 조절하는 기능을 갖고 있다. "욕망은 비록 모두 버릴 수 없는 것이지만,

---

87) 『荀子』「正名」, "性之好惡喜怒哀樂謂之情 情然而心爲之擇謂之慮 心慮而能爲之動謂之僞 慮積焉能習焉 而後成謂之僞."

88) 천병돈, 「인간의 자연성과 사회성 - 순자철학을 중심으로」, 『동서철학연구』 제26호 (한국동서철학회, 2002), 178쪽.

89) 『荀子』「正名」, "欲不待可得 而求者從所可 欲不待可得 所受乎天也 求者從所可受乎心也 天性有欲心爲之制節."

90) 『荀子』「正名」, "欲過之而動不及 心止之也 欲不及而動過之 心使之也."

얻을 수 없는 것에 대한 추구는 사려있는 자라면 조절할 수 있다."[91]
마음은 판단의 기능을 갖고 있다. "세상이 다스려지고 어지러운 것은
마음의 판단에 달려있는 것이지 감정에 딸린 욕망과는 상관없는 것이
다."[92] 마음은 인식의 주체이다. "마음은 정도正道의 주재자이다."[93]
"도는 고금의 올바른 (객관적인) 판단기준이다."[94] 인간에게는 욕망도
있고 마음도 있다. 마음은 사려하고 인식할 수 있으며 또 판단하고 절
제하고 저지하며 조절하는 기능이 있으므로 욕망을 잘 다스려 도에 맞
도록 교정할 수 있다. 순자철학에서 도는 예의문리禮義文理와 인의법정
仁義法正이다. 도는 하늘의 도도 아니고 땅의 도도 아니고 인간의 도이
기 때문이다.[95]

도의 인식능력은 마음이다. 순자는 도를 인식하기 위해서는 마음의
허심(虛)과 전일(壹)과 고요(靜) 상태를 유지해야 한다고 한다. "마음이
이미 저장된 기억 때문에 장차 받아들일 것을 해치지 않는 것을 허심이
라고 한다. 마음속에 이미 동시에 함께 아는 대립적인 앎이 있는데 저
한가지로 이 한 가지를 해치지 않는 것을 전일이라고 한다. 이런 저런
잡생각 때문에 분별력을 어지럽히지 않는 것을 평정이라고 한다. 이러
한 허심·전일·평정의 마음상태를 대청명大淸明이라고 한다."[96] 이러한

---

91) 『荀子』「正名」, "欲雖不可去 所求不得 慮者欲節求也."
92) 『荀子』「正名」, "治亂在於心之所可 亡於情之所欲."
93) 『荀子』「正名」, "心也者 道之工宰."
94) 『荀子』「正名」, "道者 古今之正權也."
95) 『荀子』「儒效」, "道者 非天之道 非地之道 人之所以道也."
96) 『荀子』「解蔽」, "人生而有知 知而有志 志也者藏也 然而有所謂虛 不以已藏
害所將受謂之虛 心生有知 知而有異 異也者 同時兼知之 同時兼知之 兩也
然而有所謂一 不以夫一害 此一謂之壹 不以夢劇亂知謂之靜 虛壹靜謂之大
淸明."

대청명의 마음으로 도, 즉 인의법정을 인식하고 판단하여 본성을 변화시키고 인위를 일으켜(化性起僞) 선을 실현함으로서 유익한 사회가 이루어진다. 본성이 인의도덕으로 변화되는 것은 인의도덕에 익숙해진다는 것이다. 그래서 인의도덕은 인간의 제2의 천성이 된다.[97] 순자는 "이익을 좋아하고 손해를 싫어하는 것은 인간이 태어나면서부터 갖는 본성이다."[98]라고 하였다. 그러므로 이익을 좋아하는 인간의 본성이 곧 사회구성의 원동력이라고 할 수 있다.

사회를 구성하기 위해서는 예절과 의리는 필수조건이다. 예절과 의리가 세워져 있지 않으면 무질서요 혼란이며, 무질서와 혼란은 인간에게 절대적으로 유해한 것이다. 사회를 구성하며 사는 것 자체가 이익된 삶이다. "사람은 태어나면서부터 사회를 떠날 수가 없는데 사회에 분별이 없으면 다투게 되고, 다투면 혼란이 생기고, 혼란하면 흩어지고, 흩어지면 약해지고, 약해지면 만물을 제압할 수 없다. 따라서 가옥을 짓고 삶을 영위할 수 없다. 그런즉 잠시라도 예절과 의리를 저버릴 수 없다."[99] 예의 제정자는 성왕이다. 순자는 "예에는 성왕이 가장 중요하다."[100]라고 하였다. 순자는 성왕이 예를 제정하게 된 동기를 말하고 있다. "사람은 생래적으로 욕망이 있고, 그 욕망을 충족하지 못하면 추구하지 않을 수 없다. 추구할 때 일정한 법도와 한계가 없으면 필연적으로 분쟁이 생긴다. 분쟁하면 혼란되고 혼란하면 궁해지는바 선왕先王은 이러한 무

---

97) 풍우란 저, 박성규 옮김, 『중국철학사』(까치, 1999), 471쪽.
98) 『荀子』「非相」, "好利惡害 是人之所生而有也."
99) 『荀子』「王制」, "人生而不能無群 群而無分則爭 爭則亂亂則離離則弱弱則
　　不能勝物 故官室不可得而居 不可少頃舍禮義之謂也."
100) 『荀子』「非相」, "禮莫大於聖王."

질서를 우려하여 예절과 의리(禮義)를 제정하였다."101)

화성기위化性起僞는 인간의 본성을 변화시켜 예의법도를 일으키는 것을 내용으로 한 순자철학의 핵심이다. 위僞는 예의에 부합되는 혹은 예의를 포함한 행위이며, 또한 성性, 즉 욕망이 사회 안에서 적절하게 드러난 활동형식이다.102) 그러므로 자연성인 본성과 인위성인 위僞는 상대적인 말이 아니다. 왜냐하면 본성이 구체적이고 실질적인 반면 위는 이 구체적이고 실질적인 것의 특정한 표현이기 때문이다. 예를 들면, 희·로·애·락은 본성이고, 이 본성이 발하여 도에 부합되는 것이 위이다.103) 순자는 "성은 자연적인 재질이고 위는 예법의 조리가 융성한 것이다. 성이 없으면 위를 더할 데가 없고 위가 없으면 성이 아름다워질 수가 없다. 성과 위가 결합한 후에 성인의 이름이 이루어지고 천하의 통일이 성취된다. …… 성과 위가 결합하여 천하가 다스려진다."104) '성'이 동물적인 본성이라면 '위'는 인간적인 특성이다. 동물적 본성을 인간적 특성으로 변화시키는 인간의 존재특성이 인위이다. 그러므로 본성과 인위는 서로 상충되지 않는다. 따라서 인위를 반자연성이라고 단정할 수 없다. 인간이 본성, 즉 욕망에 머물러버린다면 인간이 될 수 없다. 인간이 선천적으로 갖고 태어난 인간적 자질과 특성이 곧 위僞, 즉

---

101) 『荀子』「禮論」, "禮起於何也 曰人生而有欲 欲而不得則不能無求 求而無度量分界 則不能不爭 爭則亂亂則窮 先王惡其亂也 故制禮義."

102) 『荀子』「性惡」, "聖人化性而起僞 僞起而生禮義 禮義生而制法度 然則禮義法度者 是聖人之所生也."

103) 천병돈, 「인간의 자연성과 사회성 - 순자철학을 중심으로」, 『동서철학연구』 제26호(한국동서철학회, 2002), 184쪽.

104) 『荀子』「禮論」, "性者本始材朴 僞者文理隆盛也 無性則僞之無所加 無僞則性不能自美 性僞合然後成聖人之名 …… 性僞合而天下治."

인위라고 할 수 있다. 다만 순자철학에서는 선의 요소를 인간 밖에 있는 것으로 파악하고, 인의법도를 성왕의 제정물로 규정하고 있다. 그러므로 인의법도는 인위의 결과물일 뿐이지 인위성 그 자체라고는 할 수 없다. 한편 순자가 말하고 있는 바, '심이 사려하여 그에 따라 행동할 수 있는 것을 인위라고 한다.', '사람은 누구나 인의법정을 알 수 있고 실천할 수 있는 자질과 도구를 갖추고 있다.', '길거리의 백성이라도 성인이 될 수 있다.' 등의 언설들을 보면, 선의 요소가 인간의 선천적인 자연본질과 전혀 무관할 수가 있을까? 하는 회의와 물음 앞에서 또 한 번 당황하게 된다. 그러나 순자가 인간의 본성을 악으로 파악하고, 마음을 선택과 판단능력, 즉 인지능력으로 한정한 것은 자연과학적 사유에 따라 본성이나 마음이 현상으로 표출된 것에 관심을 집중했던 현상적 자연관에서 비롯된 자연스러운 귀결이 아닌가 한다.

4. 인간의 본성은 악한가?

진례陳澧는 "순자가 말한 길거리의 사람들이 다 우가 될 수 있다고 하는 것은 바로 사람들이 모두 요순이 될 수 있다는 맹자의 말인즉 요순을 우로 바꿨을 뿐이다. 그렇다면 굳이 또 하나의 설을 수립할 필요가 있을까?"[105]라고 하여 순자의 성악설을 맹자의 성선설과 내용상 일치한 것으로 평가하여 성악설에 부정적인 인상을 주고 있다. 이에 대해 풍우란은 "그러나 순자의 성악설은 인간의 본성 속에 선단善端이 없을

---

105) 東塾讀書記 卷3, 2쪽.

뿐더러 오히려 악단惡端이 있다는 학설이다. 다만 인성 속에 선단이 없을지라도 인간은 상당히 총명한 재능을 갖추고 있다. 인간은 이 재능이 있음으로 해서 가령 부자간의 도리나 군신간의 법도 등을 알려주면 배워서 행할 수 있다."106)라고 하여 순자가 인간의 직접 선한 본성을 인정하지 않았지만 선해질 수 있는 지능을 인정하고 있다고 언급하면서 약간 우회해서 성악설을 받아들이고 있다. 노사광은 "순자의 가치철학은 주체에 대해서는 특별한 전제를 가지고 있지 않다. 그러므로 그의 정신은 객관적인 질서위에 내려와 있다. 그러나 주체의 뜻이 드러나지 않으므로 언급된 객관화 역시 근거가 없다."107)라고 말하고, 또 "순자는 보통사람(塗之人)도 모두 일종의 바탕(質)과 재능(具)을 가지고 있어서 인의법정을 알 수 있고 행할 수 있다고 보았다. 그렇다면 이러한 바탕과 재능은 성품에 속하는가 속하지 않는가? 악인가 선인가? 어디에서 생겨나온 것인가? 만약 이 바탕과 재능을 심령心靈이 본래 가지고 있는 능력이 아니라면 그것이 어디에서 유래하였는지 설명할 수 없을 것이다. 만약 이러한 바탕과 재능을 심령이 본래부터 가지고 있는 것이라면 그것은 본디부터 성품인 것이다. 그렇다면 어떻게 성악의 가르침을 유지하겠는가?"108)라고 묻고 있다.

벤자민 슈월츠는 "순자의 성악설이 순자사상의 중심이라는 설명에 대하여 과거와 현대의 중국 및 다른 곳에서 부정하는 학자들이 존재해왔다. 심지어 「성악」편이 후대의 첨삭이라고 주장하는 학자들도 있어왔다. 본성이 악하다는 명제가 순자의 인간관을 요약하지 못한다는 것

---

106) 풍우란 저, 박성규 옮김, 『중국철학사』 상(까치, 1999), 463쪽.
107) 勞思光 著, 정인재 역, 『중국철학사』 고대편(탐구당, 1986), 330쪽.
108) 勞思光 著, 정인재 역, 『중국철학사』 고대편(탐구당, 1986), 335쪽.

은 사실이다."[109]라고 하였다. 홍원식은 "순자는 타고난 본성을 그냥 내버려두면 끝내 잃게 되고, 그렇기 때문에 인간의 본성은 악하다고 한다. 순자의 이 말에서 인간의 본성이 악하다는 것은 도출되지도 논증되지도 않는다."라고 하면서 "'사람의 본성이 선하다는 것은 타고난 그대로의 질박함에서 떠나지 않는 상태를 아름답고 이로운 것으로 보는 것이다.'라고 말하는데, 이것은 맹자의 생각과 크게 다르지 않다."[110]고 비교적 강하게 말하고 있다. 이종성·이해영은 순자가 인간의 본성이 악하다는 것을 강조하려는데 목적이 있기 보다는 인간의 주체적 능동성인 위僞와 그 결과물로서의 예의禮義의 의의를 강조하는데 목적이 있다고 하였다.[111] 이 이외의 많은 학자들이 순자의 성악설에 대한 여러 가지의 논란들을 해오고 있다. 이러한 논란의 소지는 순자철학이 본래부터 안고 있는 이론적 특성에 있다고 할 수 있다.

순자는 본성의 기본적인 특성을 욕망으로 파악한다. 욕망 그 자체는 아직 악이라고 평가할 수는 없다. 욕망이 끼친 결과가 악의 경우일 수는 있다. 그리고 선에 대한 욕망도 얼마든지 가정할 수 있으며 또 존재할 수 있다. 다만 현상론적인 안목으로 보면 본성의 강렬성은 본능이며, 본능의 주된 특성은 이기적인 성질이고, 이기적인 것의 충돌은 쟁탈과 파괴로 이어지게 된다고 할 수 있다. 순자는 마음을 인지능력으로 한정하고 있다. 인지능력 그 자체가 선은 아니다. 인지능력은 밖에 있는 선의 요소를 인지하고 선택하며 판단하고 실천하는 재능이다. 마음이 선

---

109) 벤자민 슈월츠 저, 나성 역, 『중국고대사상의 세계』(살림, 1996), 404쪽.

110) 홍원식, 「인간의 본성에 관한 논쟁」, 『논쟁으로 보는 중국철학』(중국철학연구회, 예문서원, 1994), 60쪽.

111) 이종성, 「순자철학에서의 자연과 인간의 이분법」, 이해영, 「순자의 인간 이해」 참조.

천적으로 갖고 태어난 이러한 재능은 선의 요소와 전혀 무관할 수는 없다. 다만 마음의 기능이 일차적이고 또렷하게 현상으로 드러난 것은 인지능력이라고 할 수 있다. 그러므로 순자의 철학사상은 자연과학적 사유와 현상적 자연관의 기반위에서 형성된 철학으로 이해되어진다.

참고문헌

1. 『荀子』

2. 四書

3. 黃公偉, 『孔孟荀哲學證義』, 幼獅文化事業公司, 中華民國六十四年.

4. 楊朝明, 『儒家文化面面觀』, 齊魯事業出版, 2000年.

5. 金學主 譯, 『荀子』, 大洋書籍, 1972.

6. 錢遜 著, 백종석 역, 『先秦儒學』, 學古房, 2009.

7. 풍우란 저, 박성규 역, 『중국철학사』, 까치, 1999.

8. 勞思光 著, 정인재 역, 『中國哲學史』, 探究堂, 1986.

9. 벤자민 슈월츠 저, 나성 역, 『중국고대사상의 세계』, 살림, 1996.

10. 蔡仁厚 著, 천병돈 역, 『순자철학』, 예문서원, 2002.

11. 홍원식, 「인간의 본성에 관한 논쟁」, 『논쟁으로 본 중국철학』, 예문서원, 1994.

12. 천병돈, 「인간의 자연성과 사회성」, 『동서철학연구』 제26호, 2002.

13. 李海英, 「순자의 인간 이해」, 『東洋哲學의 자연과 인간』, 아세아문화사, 1998.

14. 尹武學, 「荀子에서의 자연과 인간의 동일」, 『동양철학연구』 제23호, 2002.

15. 이종성, 「순자철학에서의 자연과 인간의 이분법」, 『동서철학연구』 제25호, 2002.

16. 황호식, 「순자의 인성론에 담긴 사회철학적 의미」, 『범한철학』 제57집, 2010.

17. 李基東, 「荀子思想의 社會學的 意味」, 『孔子思想과 現代2』, 思社硏, 1990.

18. 趙賢淑, 「荀子思想에 있어서 합리성」, 『東洋哲學의 체계와 인식』, 尙虛安炳周教授停年紀念論文集刊行委員會, 1999.

제4장 주자朱子의 자연관

1. 주희철학은 도통道統을 이은 철학이다.

유가儒家철학은 현실세계를 긍정하는 입장에서 도덕적인 대동사회大
同社會를 이룩하기 위한 실제적인 세계관과 인생관의 철학체계이다. 일
찍이 공자와 맹자에 의하여 수기치인(修己治人; 자기의 인격을 닦고 도덕적
인 사회에 참여함)의 소박한 실천학문으로 원초적인 기틀이 확립된 이후,
한漢·당唐대의 경학經學과 송宋·명明대의 리학理學을 거쳐 오면서 유가
철학은 이론적인 내실에 커다란 성과를 가져오게 되었다. 특히 송·명대
의 리학은 훈고학으로 시작하여 겨우 문장학으로 그 진폭을 넓혔던
한·당대의 경학에 비하면 근본적인 변화와 획기적인 발전이 아닐 수
없다. 그것은 리학이 한漢·위魏시대에 유행하였던 황로학黃老學과 육조
六朝에서 당대에 이르기까지 성행하였던 불학佛學을 극복하고 새로운
체계 위에서 철학적으로 재정립된 유학이기 때문이다. 이와 같이 공맹
유학의 본연을 잃지 않으면서 이론의 새로운 면모를 드러냄으로써 유
학의 신기원을 이뤘다는 점에서 송명유학을 신유학(新儒學; Neo-Con-
fucianism)이라고 한 것이다.

주희철학은 이전의 유학이 안고 있는 이론적 약점을 보완하여 새로
운 철학체계 수립을 시도하였던 송대 신유학의 완성이다. 그러므로 주

희철학은 유학의 이론체계 수립에 우선적인 관심을 보였다는 것이 두드러진 특징으로 지적될 수 있다. 주희철학에서도 학문의 궁극적인 대상은 인간의 문제이지 우주의 문제는 아니다. 그러므로 주희철학은 결국 이상적인 인간의 삶을 목적으로 한 도덕적 가치들을 밝혀내고, 거기에 도달하려는 실천 방법들을 찾아내는 지적인 작업이다. 그러나 주희철학은 실천을 강조하는 소박한 실천 덕론만으로는 만족하지 않는다. 주희철학에서는 실천 덕론을 지향하면서 실천의 주체인 인간의 본성을 해명하는 일과 더 나아가 인간의 본성을 해명하기 위해서 천인합일天人合一의 세계관에 입각한 보다 근원적인 문제들을 형이상학적으로 사유하는 일에 관심을 집중하였다. 즉, 주희철학은 도덕행위의 근원을 심성心性에서 찾고 심성의 근거를 형이상학적인 리기理氣에서 구명하는 사유체계이다. 따라서 체험적인 것은 이론적인 것으로 진행되었으며, 이론은 비교적 추상적인 문제 쪽으로 진행되어 그 나름의 우주론 또는 본체론을 천착하게 되었던 것이다.[1]

유가철학에서는 일찍 우주자연에 대한 특정의 본원을 상정하고, 그 본원에 근거하여 천지만물을 본질적으로 서로 같은 존재로 생각하였다. 이것이 바로 유가철학의 기본정신을 이루고 있는 세계의 통일성이다. 그러므로 통일체로서의 세계는 질서정연한 합이치적合理致的인 정체整體로서의 세계이며, 따라서 인간이 행위로서 합일해야 할 절대적인 법칙이다. 이와 같이 우주자연에 대한 존재의 통일성과 당위의 법칙성으로 파악하게 된 세계관과 인생관의 특징은 이미 원시유학에서부터 뿌리내려 전승되어온 유가철학의 기본정신이라고 할 수 있다.

---

1) 金忠烈, 『中國哲學散稿 Ⅱ』(온누리, 1988), 285쪽 참조.

천인합일사상은 천인관天人觀의 시대적 변천에 따라 달라져 왔다. 유가철학의 기원이라고 할 수 있는 시서시대詩書時代에 어느 정도의 합리적인 사고를 통한 도덕적인 천인관의 기반이 마련되었다고 할 수 있다. 그 후 오랜 기간을 도교와 불교를 접하면서 사상적 우여곡절을 거치다가 마침내 송대에 이르러 『역전易傳』과 『중용中庸』·『대학大學』, 그리고 『논어論語』·『맹자孟子』의 내용 속에 들어있는 형이상학적인 요소들을 근간으로 하여 새로운 모습의 이론체계가 형성된다. 이것이 바로 유학 본래의 정신을 철학적인 바탕위에서 재정립한 신유학이다. 신유학에서는 유학 전통인 천인관을 형이상학적으로 발전시켜 천인합일사상의 맥락을 이음으로써 이론의 체계적인 발전이 이루어지게 되었다. 이러한 신유학 운동은 당말의 한유韓愈와 이고李翱에서 태동되어 송대의 주렴계周濂溪·소강절邵康節·장횡거張橫渠·정명도程明道·정이천程伊川을 거쳐 주희朱熹에 의하여 종합되고 더욱 확충·발전을 보았다. 그러므로 송대 신유학의 전형은 주희에 의하여 확정되어졌다고 할 수 있다.

주희철학이 출현한 이후 육상산陸象山·왕양명王陽明, 그리고 청대의 실학자들을 거쳐 모종삼牟宗三·노사광勞思光·채인후蔡仁厚 등 현대의 학자들에 이르기까지 주희철학에 대한 정통성 시비가 계속되어 오고 있다. 필자는 이러한 시비들에 대하여 평소 회의를 품어왔던 바, 자기의 철학이 공맹유학의 도통을 이었다는 주희 스스로의 발언에 따라, 주희철학을 유학의 본래 정신의 범주내에서 이해하고 도통의 맥락을 확인해보고자 한다. 그리고 주희철학에서의 형이상학, 즉 존재론적인 이론체계 수립을 공맹유학에 대한 근본적인 변질이 아니라 오히려 철학적인 이론의 보완과 발전으로 이해함으로써 주희철학이 유가철학의 역사

속에서 긍정적이고 발전적으로 평가되어질 수 있다는 점을 밝혀 보려
고 한다.

2. 유가철학의 핵심은 천인합일사상이다.

주희철학의 근본정신을 유학 본래의 범주내에서 이해하고 공맹유학
의 철학적 발전임을 입증하기 위해서는 먼저 유학의 근본정신인 천인
합일사상의 사유구조를 밝히고 그 범주내에서 주희철학과의 맥락을 살
펴야 한다. 방동미는 "중국인의 사상은 자연·인간, 그리고 인간의 문화
적 성취라는 세 가지 주제가 중심이 되어왔다."라고 전제하고 "중국문
화의 탁월성은 인간이 자기 밖의 세계와 함께 조화롭게 살아가며 일하
지 않으면 안 된다는 정신으로 인간사회뿐만 아니라 자연세계에서도
화해和諧를 중시한데 있다. 그러므로 중국철학의 지혜는 그 중용中庸을
잡고 그 대화大和를 보전하였으므로 살아있는 만물의 본성을 극진히 발
휘하여 내외의 성도聖道를 합하고 천지의 화육을 도우며 천지의 신공神
工에 참여하여 충분히 도덕자아의 최고경계를 완성할 수 있음을 보여주
기 위한 것이다. 이 가운데 있는 기본정신을 총괄하면 바로 광대화해(廣
大和諧, Comprehensive harmony)의 원칙이다."[2]라고 말하고 있다.

유가철학에서는 인간이 자연과 어떻게 화해해가면서 가장 이상적인
삶을 누릴 수 있는가 하는 천인관계의 문제를 가장 근원적인 물음으로
제기하고 있다. 그러므로 인생에 관한 모든 문제를 궁극적으로 자연에

---

2) 方東美 著, 鄭仁在 譯, 『中國人의 生哲學』(探究堂, 1983), 23~36쪽 참조.

서 그 근거를 찾고 자연과의 조화를 이루면서 해결하고자 하는 것이 유가철학의 가장 기본적인 정신이라 할 것이다. 이러한 기본정신이 바로 천인합일의 정신이다.

사마천도 『사기』에서 "천인관계를 궁구하고 고금의 변화를 통달하여 일가지언一家之言을 이룬다."[3]라고 말한 바와 같이 천인관계의 문제는 중국철학의 전통 속에서 가장 기본이 되는 정신이다. 웅십력은 그의 저서 『원유原儒』의 서문에서 중국철학 전반을 불이론不二論으로 개괄하고 본체현상불이體用不二, 도기불이道器不二, 천인불이天人不二, 심물불이心物不二, 지행불이知行不二, 성기성물불이成己成物不二 등을 말하고 있다. 이 모두는 결국 천인합일사상에서 종합되며 파생된 관념들이라고 할 수 있다. 이러한 천인합일사상은 모든 중국철학에 공통적으로 기초하고 있는 기본 정신이며, 특히 중국철학을 대표할 수 있는 유가나 도가의 특징을 가름하는 기준이 된다. 즉, 인간 쪽을 더 강조하여 천을 인간에게로 내재화시킴으로써 인간중심적인 인문주의를 표방하고 있는 유가철학과 천 쪽을 더 강조하여 인간의 도덕 주체성을 부정하고 인간을 천(自然)에게로 외화(外化, 無化)시킴으로써 절대적이고 보편적인 자연에로의 회복을 주장하며 자연중심적인 인문주의를 표방한 도가철학을 가르는 기준이 된다.

천인합일의 내포적이고 구체적인 내용은 성명性命이다. 성명 개념은 생명(生命) 개념과 통한다. 특히 유가철학에서 보면, 생명 개념이 성명 개념으로 전환됨에 따라 도덕철학으로서의 특성을 분명하게 드러내고 있다. 라광은 "중국철학에서는 유有를 생명이라고 한다. 물체를 본체 방

---

3) 『史記』, "究天人之際 通古今之變 成一家之言."

면에서 보면 유이다. 그러므로 만물을 만유萬有라고 칭한다. 그리고 실제 방면에서 보면 존재이다. 존재를 내용 방면에서 보면 바로 생명이다."4)라고 말하고 있다. 생명은 바로 존재의 내용이다. 따라서 모든 존재는 생명에서 본질적으로 동일하며 합일되어지는 소지가 있다. 그러므로 생명은 하늘과 사람을 하나로 묶는 유대적인 본질이다. 이러한 보편생명의 흐름 속에서 하늘과 사람은 합일된다.

유가철학은 도덕을 중시하는 전통을 이루어 왔다. 그러므로 성명을 내용으로 하는 천인합일사상은 유가철학에서 가장 핵심을 이루고 있는 근본정신이다. 천인합일사상의 실제 내용은 "천도와 성명이 서로 관통되는 것(天道性命相貫通)"이다. 이러한 천도와 성명이 서로 관통된다는 사상은 유가철학의 내용을 이루고 있는 세계관과 인생관의 기반이 되어 인간으로 하여금 삶 속에서 질서와 조화를 누릴 수 있게 하는 도덕철학을 완성하게 한다. 천인합일사상의 함의에는 다음과 같은 명제들이 포함되어 있다. 첫째, 인간은 자연계의 일부이다. 둘째, 자연계에는 보편적인 규율(법칙)이 있으며, 인간은 이러한 보편법칙을 따라야 한다. 셋째, 인성人性은 천도가 내재된 것이므로 자연규율과 도덕법칙은 일치한다. 넷째, 인생의 이상은 천(자연)과 인간이 화해和諧의 경지에 도달하는 것이다. 이들 명제 가운데 가장 중심이 되는 것은 성性과 천도의 문제로, 성과 천도의 합일사상은 유가철학의 근본문제를 논증할 뿐만 아니라 총체적인 범주를 구성한다. 그리고 거기에서 자연계와 정신계의 통일의 기초와 그 구체적인 내용을 표명한다. 그러므로 유가철학에서의 천인합일사상은 성과 천도의 합일을 중심으로 하여 자연과 인간, 천도

---

4) 羅光, 『儒家哲學的體系』(臺灣學生書局, 1990), 269쪽 참조.

와 인도, 자연과 사회의 일치를 논증하며 아울러 주관으로 객관을 해석함으로써 인도로 천도를 해명하고 천도로 인도의 합리성을 논증하며, 이로부터 사람과 하늘이 같이하고 있는 규율, 즉 당위법칙을 증명한다.

이러한 기본 정신은 유가철학의 역사 속에서 심성론 중심, 우주론 중심, 형이상학 중심 등의 입장에서 다양하게 논구되어왔다. 그러므로 유가철학의 제 문제에 대한 이해는 천인합일사상의 이해가 선행됨으로써 가능할 것이며, 유가철학의 체계적 정리도 천인합일사상의 기반위에서 더욱 분명하게 이루어지리라 확신한다. 천인합일사상을 기초로 하여 유가철학의 특성을 몇 가지로 제시해 보고자 한다.

첫째, 유기체적인 하나의 세계관을 들 수 있다. 『서경』에서 "천지는 만물의 부모이다."[5]라고 말한 것처럼, 유가철학에서는 일찍부터 경천사상, 즉 하늘이 인간을 비롯한 모든 만물을 낳아 독찰주재督察主宰한다는 소박한 종교적 관념이 형성되었다. 그 이후 점차 추상화의 과정을 거쳐서 하늘의 관념은 형이상학적인 원리나 도리 개념으로 바뀌어 왔다. 이러한 전통 속에서 유가철학은 일찍부터 하나의 특정한 본원本源을 상정하고 우주 간의 모든 존재를 그 본원에 입각하여 본질적으로 동일하게 여겨왔다. 그러므로 유가철학에서 파악된 세계는 본원적으로 하나의 세계인 대일大一의 세계이며, 우주 간의 모든 존재들은 그 본원에서 상통한다는 동질성의 대전제 위에서 인식된다. 이러한 세계관은 장횡거의 다음과 같은 말로 대표할 수 있다. "하늘은 아버지이고 땅은 어머니이다. 나는 아득히 작지만 그 가운데 혼재하여 있는 것으로, 천지에 꽉찬 기氣는 나의 몸이고, 천지의 거느린 이치(理)는 나의 성性이니 백성들과

---

5) 『書經』「太誓篇」, "惟天地 萬物之父母."

나는 동포요 사물들과 나는 하나이다."[6] 이러한 사상적 특성 속에서 만물일체, 표리일치 등과 같은 유가철학의 우주관과 존재론적인 중요 관념들이 형성되었다.

둘째, 전 생명을 통섭하는 하나의 큰 법칙으로서의 우주정신을 들 수 있다. 유가철학에서 우주는 단순히 감각적 경험의 대상으로만 객관화된 고정적인 우주가 아니라 직관적인 체인體認의 대상으로 생명화된 동적인 우주로 나타나며 생동하는 생명의 원천으로 파악된다. 그러므로 천지는 서로 영원히 교감하는 생성의 상관관계이고, 여기에서 인간을 비롯한 모든 생명체는 생명현상을 항구적으로 확대 발전시켜가는 것으로 본다. 이와 같이 유가철학에서는 우주를 모든 것의 원천인 동시에 생성하게 하는 힘이요, 존재할 수 있는 궁극적인 근거로 보기 때문에 우주는 완전무결한 하나의 큰 법칙의 성격을 갖게 된다. 이러한 사상은 『주역』의 "천명에 덕이 있다.(天命有德)", 『시경』의 "하늘이 뭇 백성을 낳아, 사물이 있으면 법칙이 있게 하였다.(天生烝民有物有則)", 『논어』의 "하늘은 나에게 덕을 낳아 주었다.(天生德於予)", 『중용』의 "하늘이 명한 것을 성이라고 한다.(天命之謂性)" 등의 설로 뿌리를 내린 이후, 동중서의 "도의 대원은 하늘에서 나온 것이다.(道之大原出於天)" 등의 사상을 거쳐, 태극太極을 우주만물의 본체로 하여 성리학의 이론체계를 확고히 했던 송대 리학에 이르기까지 전 생명을 통섭하는 법칙으로서의 우주관은 유가철학의 기본적인 정신으로 일맥의 전통을 이루고 있다.

셋째, 인간을 만물의 중심으로 파악하는 인본주의를 들 수 있다. 유

---

6) 『西銘』, "乾稱父 坤稱母 予茲藐焉 乃混然中處 天地之塞吾其體 天地之帥吾
其性 民吾同胞 物吾與也."

학의 연원을 열었던 경천사상이 점차 회의적인 과정을 거쳐 합리적인 사유로 전개되면서 천명사상天命思想, 성명사상性命思想, 성리사상性理思想으로의 변천이 있어 왔다. 이러한 변천과정 속에서 이미 인본주의의 기반이 마련되어졌다고 할 수 있다. 유가철학의 전통에서 보면, 하늘은 인간과 완전 독립되어 있는 외재적이거나 초월적인 것이 아니라 인간의 생명에 내재하여 인간이 인간되게 하는 가치의 근거로서 도덕적인 하늘의 개념으로 정착되었기 때문이다. 유가철학에서는 인간이 우주의 법칙을 발휘하는 천도의 대행자로, 그리고 우주법칙을 간직하며 경영하는 천도의 대성자大成者로 인식된 나머지 인간을 만물의 영장이라 하여 그 존재의 격위를 높이 평가하였던 것이다. 『서경』의 "사람이 하늘의 일을 대신한다.(天工人其代之)", "오직 인간은 만물의 영장이다.(惟人萬物之靈)", 『중용』의 "정성스러움은 하늘의 도이고 정성스러움을 실천하는 것은 인간의 도이다.(誠者 天之道也 誠之者 人之道也)", 『맹자』의 "그 마음을 다하면 본성을 알게 되고 그 본성을 알면 하늘을 알게 된다. 그 마음을 보존하는 것이 곧 하늘을 섬기는 것이다.(盡其心知其性 知其性則知天矣 存其心 所以事天也)", 주렴계의 "오직 사람은 그 빼어난 것을 얻어 가장 영명하다.(惟人也 得其秀而最靈)" 등으로 이어지는 일련의 전통 속에서 보면, 인간이 천리의 대행자나 대성자로서 만물의 중심을 이루고 있다는 인본주의 사상은 유가철학의 특징을 이루고 있는 근본정신의 하나이다. 이러한 기본정신 속에서 내재적인 도덕성, 즉 도덕적 주체성의 문제와 실천방법의 중요한 문제들이 해명된다.

　넷째, 도덕실현을 인간의 자연성 그 자체로 인정하는 윤리관이다. 유가철학에서는 문명이나 문화를 순수하게 자연의 범주속에서 이해하려는 자연주의적인 문명이나 문화관을 수반한다. 인간의 순수한 지성이나 도덕성이 현상으로 드러난 문화나 문명, 그 중에서도 특히 사회적인 도덕질서로 현상화된 그 자체를 자연의 범주 안에서 이해해야 한다는 입장을 취하고 있기 때문이다. 이러한 경우에는 인간의 자연적인 본심에서 일탈하는 이기적인 행위가 아니어야 한다는 단서가 뒤따른다. 인간이 문명적·문화적인 존재라고 할 때, 문명적·문화적인 것은 곧 인간 본질의 자연적인 특성이 된다. 이와 반대로 반문명적인 것이나 반문화적인 것을 자연으로 규정하려는 경우는 인간 본유의 존재특성을 동물적인 기준에 맞추려는 것이다. 공자가 의義를 이利에 대비하여 설명하고 있는 것이 바로 그 실례이다.7) 주희도 예禮를 설명하여 "천리의 절문節文이요, 인사人事의 준칙이다."라고 하였는데, 그것은 곧 인간의 심성에 내재되어 있는 천리가 외부로 드러난 것으로, 그 자체가 바로 인간사의 준칙인 예가 된다는 것이다. 그러므로 예에 따르는 것은 단순히 외재적인 규범에 따른다는 것을 의미한 것이 아니라 본래부터 자연적으로 갖추고 있는 인간의 순수한 본성에 따른다는 것이 된다.

다섯째, 실천을 위주로 하는 학문관이다. 유가철학의 인간관에서 이미 인간을 천도나 천리를 대행하거나 대성시키는 존재로 규정하였다. 이러한 인간관 속에서의 학문은 자연히 실천이 강조될 수밖에 없다. 유가철학에서의 인간은 오직 실천자이어야 하지 아는 자로만 그쳐 버린다면 결국 제구실을 다하지 못한 것이 되고 만다. 그리고 진리 그 자체도 행위로 드러나지 않는다면 의미를 가질 수 없기 때문이다. 유학에서 최고의 교과서는 우주자연이며, 나의 본성이다. 따라서 지혜는 직접 삶

---

7) 『論語』「里仁」, "君子喩於義 小人喩於利."

의 현장에서 행위로 드러나는 것이다. 그리고 지혜 그 자체 내에서는 아는 것과 행하는 것이 따로 분리될 수 없다. 지혜는 관념적으로 고정된 지식이거나 아무런 생명적 내용이 없는 단순한 수명적受命的인 행위의 독립된 그 어떤 상태도 아니고, 지식과 실천이 생명 속에 함께 용해되어 인생의 현장 속에서 구현된 도덕적인 삶의 원동력이라고 할 수 있다. 특히 하학상달下學上達의 사상이 이러한 근본정신과 통하고 있다.

3. 주희철학은 천인합일사상의 체계화이다.

공자의 사상 중에서 하늘사상은 전통적인 관념을 계승하면서도 공포와 신비의 하늘이 아니고 인간에게 부여된 덕, 즉 인仁을 통해서만 비로소 알게 되고 나타나게 되는 하늘 개념으로 변화된다. 그러므로 공자사상에서는 인간의 생명 중에서 천명을 알아 생명과 천명을 연결시키고 있다. 그러나 공자사상에서는 인간의 생명보다 천명에 강조점을 두고 있는 천인관을 유지하고 있으니, 곧 공자는 아직 전통적인 종교적 천관에서 완전히 벗어나지 못했다고 할 수 있다.

모종삼은 공자의 천인합일사상에 대하여 "공자는 하늘과 연결시켜가는 정신과정 중에서 결코 하늘을 인간에게로 끌어내리지 않는다. 그렇다고 원점遠點으로 밀어내는 것도 아니다. 비록 인간이 자기 생명 속에서 연결시킨다고 하더라도 하늘은 하늘대로 자기 초월성을 영원히 보유하며 높고 높은 곳에 남아 있는 채 인간에게 외경畏敬의 대상이 되고 있다. 그러므로 공자가 말한 하늘은 어느 정도 종교적인 신의 의미를

함유하고 있다."라고 말하면서 이러한 천인합일 사상을 초월적인 합일
이라고 하였다.[8]

그러나 『역전』이나 『중용』 사상에 내려와서는 내재적인 천인합일사
상으로 발전시켜 나가고 있으니, 이것은 곧 종교적인 성격에서 철학적
인 성격으로 변한 것이라 할 수 있다. 즉, 천명·천도를 향하여 추원해
올라가는 것이 아니라 한편으로는 하늘을 끌어내려와 자기의 성性을 이
루고, 또 한편으로는 그것을 전화轉化하여 형이상학적인 실체實體로 파
악한 것이다.[9] 이러한 입장에서 보면, 맹자의 천인관도 내재적인 천인
합일사상이라고 할 수 있다. 모종삼은 선진유학의 천인관을 초월적 합
일과 내재적 합일로 구분하면서 그 특성에 대하여 말하기를 초월적 천
인합일사상은 객관성을 중시하고 내재적 천인합일사상은 주관성을 강
조한다고 하였다.[10]

여기에서 고려해야 할 문제는 유가철학이 확고한 철학으로 합리성을
확보하기 위해서는 어떠한 입장을 취해야 하느냐 하는 문제이다. 만약
초월성을 지나치게 강조하다 보면 도덕주체가 무시되어 결국에는 인간
중심적인 도덕사상인 유가철학이 신앙적인 율법주의로 전락될 수 있다.
그렇다고 내재성을 지나치게 강조하다 보면 결국 도덕적인 기준이 각
자의 신념에 내맡겨져 객관적인 준거를 잃어버린 도덕적 무정부상태로
타락되어버릴 것이다. 그러므로 유가철학이 합리적인 도덕철학이 되기
위해서는 이 두 가지 입장을 잘 조화시켜야 한다. 즉, 도덕이 철학으로
확고한 기반을 마련하기 위하여 이론적 근거의 측면에서는 객관성이

---

8) 牟宗三 著, 宋恒龍 譯, 『中國哲學의 特質』(汎學社, 1979), 58~59쪽 참조.
9) 牟宗三 著, 宋恒龍 譯, 『中國哲學의 特質』(汎學社, 1979), 59쪽 참조.
10) 牟宗三 著, 宋恒龍 譯, 『中國哲學의 特質』(汎學社, 1979), 65쪽 참조.

중시되어야 하고, 도덕실현을 위한 행위적인 측면에서는 주체성이 중시되어야 한다. 이러한 문제에 대한 체계적인 시도가 주희철학에서 이루어진 것이라고 할 수 있다.

선진유가의 천인합일사상에서 성性의 내용 문제에 있어서도 『역전』과 『중용』의 경우와 『맹자』의 경우가 다르다. 모종삼의 관점에 의하면, 맹자철학에서는 인의내재仁義內在, 즉 인의가 이미 인간의 마음에 내재되어 있기 때문에 마음에 나아가서 성을 볼 수 있다는 즉심견성卽心見性의 사상을 견지한다. 이러한 경우를 도덕적 진로(Moral approach)라고 한다. 그리고 『역전』과 『중용』에서는 천명·천도가 인간에게로 하관下貫하여 내려온다는 사상으로, 이러한 경우를 맹자에서와는 달리 우주론적 진로(Cosmological approach)라고 규정한다.

그러나 이러한 관점의 차이는 바로 원인(天)과 결과(現象)에 따라 어느 쪽을 강조하느냐 하는 관점의 입각지가 서로 다른 데서 발생되는 문제이며, 그 내용면에서는 결국 일치된 것으로 보인다. 그러므로 『역전』과 『중용』이나 『맹자』의 사상들이 아직 종합적이고 체계적인 철학적 경지에 이르지 못하고 미완성 상태에 머물러 있다는 것이 저절로 드러난 것이 된다. 이러한 미완성의 철학에 대한 이론적인 체계화 작업이 비로소 주희철학에 이르러 존재론적인 논구를 통하여 이루어졌다고 할 수 있다.

선진유학에서는 본원과 현상의 관계를 천도와 그 유행으로 파악한다. 이것은 곧 구체적인 입장에서 천도와 현상에 대한 분석적인 탐구가 이루어지지 않는 상태에서 막연한 가정으로 그쳐버린 철학이라고 할 수 있다. 그렇기 때문에 선진유학의 성격이 철학이라기보다는 오히려

도덕강령이 주를 이루는 실천 덕론의 특징을 갖게 된다. 이러한 철학성
의 결핍 문제는 주희철학에 이르러 형이상학적인 이론화 작업을 통해
거의 해결되었다. 주희철학에서는 천인합일사상을 중심으로 한 형이상
학 및 존재론적 분야와 실천 덕론의 분야가 논리적인 연관을 맺으면서
새로운 체계의 철학적 범주를 형성하고 있기 때문이다.

　선진유학에서의 천인합일사상은 주로 리理의 방면에서 논구되었다고
할 수 있다. 천명이나 천도가 하관下貫하여 성性을 형성한다는 기본 입
장에서 설명되어진 "하늘이 명한 것을 성이라 한다."는 관념이나 "인의
는 내재적인 것이다." 등의 명제는 기氣에 의하여 설명되어진 성이라고
할 수 없기 때문이다. 그것은 곧 도의 작용으로 정신적인 것일 뿐 물질
적인 기의 일이 아니다. 선진유학에서 언급된 성은 물질적인 기명氣命
의 성으로는 설명될 수가 없다.11) 이렇게 선진유학에서는 성선의 근원
을 정신적인 측면에서 입론하였을 뿐이다. 공자가 "성에서는 서로 가깝
고 습관에서는 서로 멀다.(性相近習相遠)"라고 말했지만 본질에 관한 문
제는 다루지 못하였다. 맹자의 성선설, 순자의 성악설 등은 도덕론의 범
주를 크게 벗어나지 못하고 본체론의 수준으로는 승격되지 못하였다.12)

　공자의 성性과 습習, 맹자의 심지관心之官과 이목지관耳目之官 등의 설
을 보면, 선진유학에서도 정신적인 면과 물질적인 면을 인정하고 있는
것은 사실이다. 그러나 맹자가 성선을 주장한 것은 인간의 본성에 천부
적으로 인의예지의 사단四端이 갖추어졌다는 것을 말하여 오직 천명의
성을 말했을 뿐, 악이 어디에서부터 왔는가에 대해서는 자세하게 설명

---

11) 牟宗三 著, 宋恒龍 譯, 『中國哲學의 特質』(汎學社, 1979), 91~93쪽 참조.
12) 李宗桂 著, 李宰錫 譯, 『中國文化槪論』(동문선, 1991), 115쪽 참조.

하지 않았다. 순자는 성악을 제창하여 단지 좋지 않은 성만을 보고서, 즉 기질지성氣質之性만 알고 천지지성天地之性은 알지 못하여 정확하게 선이 어디에서 왔는가에 대한 철학적인 해답을 내놓지 못하였다. 주희가 말한 천지지성과 기질지성은 맹자의 성선론에 대한 부족을 보충하고 순자의 성악론에 대한 치우침을 바로 세웠으며 인성의 래원과 귀속, 그리고 이로 말미암아 발생된 천리인욕론天理人欲論을 원만하게 해결하였다. 요컨대, 정신적인 면과 물질적인 면이 조화된 세계관의 정립은 유가철학의 체계화작업에 있어서 획기적인 성과가 아닐 수 없다. 주희철학은 정신의 세계와 물질의 세계가 조화를 이루는 리기론理氣論의 철학체계이므로 결국 공맹유학을 철학적으로 발전시켜 놓은 커다란 업적으로 평가되어야 한다.

주희철학에서는 인간은 물론 우주만물을 통털어 본체(理氣)의 운용으로 간주하고 있다. 그리고 그 본체성은 모든 사물들이 준행해야 할 도, 혹은 리라고 하여 우주자연의 운행과정에서는 물론 인간의 도덕생활에 있어서까지 궁극적인 근거가 되는 절대법칙으로 제시되고 있다. 그러나 천도에서 직접 인간의 도덕문제를 연역하기에 앞서 도덕주체가 되는 인간의 본성을 존재론적으로 구명해내고, 그 바탕위에서 도덕론을 정립시키고 있다.

인간 본성의 구명에 있어서도 리적인 면과 기적인 면에 따라 본연성本然性과 기질성氣質性을 공히 인정하고, 그에 대응하여 도덕원리(仁義禮智)와 실천원리居敬窮理가 논구된다. 주희철학에서는 도덕원리가 되는 인의예지가 인간의 본질인 성性의 내용을 이루고 있으므로 존재론적인 의미를 갖는다. 다시 말하면, 인의예지는 존재론적인 측면에서 본 천인합일의 관념에서 나온 인간 존재의 본질 개념이 된다. 그러나 또 다른 측면에서 보면, 도덕생활에서 인간이 도달해야 할 행위의 궁극 목표가 되므로 가치론적인 의미를 갖는다. 다시 말하면, 실천의 측면에서 본 천인합일의 관념에서 나온 가치 개념이 된다. 그러므로 인의예지는 존재론적 의미와 가치론적 의미를 갖는 것이 특징이라고 할 것이다. 주희철학의 이론체계를 다음과 같이 종합 정리해볼 수 있다.

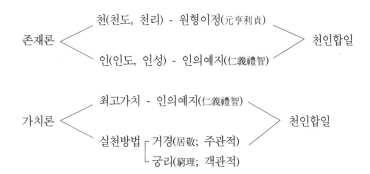

주희철학은 리와 기 개념을 도입하여 원리적인 면과 물질적인 면의 본체를 제시하고, 그것으로 현상사물들의 존재를 설명한다. 본체론의 입장에서는 리와 기의 분석적(離看的) 관점이 강조되며 설명체계상 논리성이 부각된다. 그리고 현상 사물세계에 대해서는 리와 기의 종합적(合看的) 관점이 강조되며 현상세계의 실재성이 부각된다. 따라서 실제 내용에 있어서는 주희철학이 원시유학에서 파악된 현상세계관을 전혀 왜곡시키지 않는다. 주희철학에서의 리를 '존재하지만 활동성이 없는(存有而不活動)' 것으로만 파악된 것은 존재론적으로 분석된 리에 대한 이해로서, 어디까지나 일면적인 것이다. 만약 그것을 리에 대한 이해의 전부로 간주한다면 오히려 분석론에 고착되어 거기에서 빠져 나올 줄 모르는 오류를 면치 못한 것이 되고 만다.

심성론에 있어서도 본체론에서와 마찬가지이다. 원시유학에서는, 성性·정情·심心, 더 나아가 재才까지도 모두 통털어 심과 동일한 것으로 설명한다. 그러나 주희철학에서는 리기론에 근거하여 심을 체용體用, 즉 성과 정으로 분석하면서 보다 심도 있는 철학적 구명을 시도하고 있다. 그러나 성과 정을 통섭하고 있는 실제심의 내용면에서는 원시유학에서 말하고 있는 도덕 창생성을 갖는 주체성으로서의 심과 하등의 차이가 없는 것으로 보아야 할 것이다. 주희철학에서 현상세계는 리가 기에 포함되어 갖추어져 있는 세계이다. 인생계에 있어서는 성이 심에 포함되어 갖추어져 있다. 리는 감정이나 의지가 없다. 그러므로 리의 헤아리는 힘과 발용하는 능력은 기에 갖추어져 있다. 따라서 주희철학에서의 심은 원시유학에서의 실제심과 하등의 차이가 없다. 주희철학에서의 성정론도 심을 존재론적으로 분석하여 이론체계를 확고히 한 것에 불과한 존재론적 분석론으로 이해할 수 있기 때문이다.

실천론에 있어서도 마찬가지이다. 주희철학에서는 항상 거경居敬과 궁리窮理를 함께 강조하면서 도덕원리의 체오體悟와 실천에 있어 주관과 객관에 따른 반성지反省知와 인식지認識知를 분석적으로 논급하고 있다. 이 역시도 존재론적 분석론에 따라 원시유학의 성덕지교成德之敎에 대한 분석론으로 이해해야 한다. 주희철학에서의 체증론體證論은 결코 서양철학에서 말한 감성적 경험론이나 이성적 합리론, 그 어느 것으로도 설명될 수 없다. 그것은 오히려 두 가지 요소가 융합되어 표출되는 실제 생활 속의 체오요 삶 그 자체이기 때문이다.

4. 주희철학은 리기理氣철학이다.

우리는 주희철학의 이론체계가 갖는 논리적인 난해성을 수시로 접하게 된다. 주희철학에서의 진술들이 이론적인 방면과 실천적인 방면, 혹은 논리적인 차원과 사실적인 차원을 동시에 다루면서 전개되기 때문이다. 그러므로 주희철학을 올바로 이해하기 위해서는 논리적인 차원과 사실적인 차원의 진술들을 구분하고 주희철학이 궁극적으로 지향하는 근본정신을 찾아냄으로써 가능해질 것이다.

주희철학의 대전제는 리기론理氣論이다. 리와 기는 현상의 모든 사물들을 존재하게 하는 실체이므로 일차적으로 본체本體의 의미를 갖는다. 현상의 모든 사물들은 리와 기의 두 개념으로 설명되며 거기에 기초하여 도덕적인 가치문제나 실천방법의 문제들이 해명된다. 즉, 자연현상은 어떤 존재인가? 그리고 우리 인간은 어떤 존재이며 또 어떻게 살아가야 하는가? 하는 존재와 당위의 모든 문제들이 리기론의 기초위에서 해명된다. 전자는 존재의 본질·원인·근거 등을 구명하는 이론철학(형이상학)의 입장이요, 후자는 인생의 태도나 방법 등을 다루는 실천철학(가치론)의 입장이다. 그러나 가치론적인 문제들은 현상론적인 차원에서 논급되고, 현상론은 본체론에 근거하고 있기 때문에 결국 가치론도 존재론의 전제 밑에서 성립된다고 보아야 한다. 즉, 가치의 당위성은 이미 본질로서 존재 속에 내함하고 있는 것이므로 가치의 실현은 존재의 본질성이 발휘된 것에 지나지 않기 때문이다. 천하의 사물은 반드시 소이연所以然과 소당연所當然을 갖게 되는데 이것을 리라고 한다.[13] 소이연

---

13) 『大學或問』, "至於天下之物 則必有所以然之故 與所當然之則 謂之理也."

은 존재의 원인으로서 절대법칙이며, 소당연은 존재의 행위규범으로서 당위법칙이다. 그러나 존재와 당위의 두 법칙은 이미 본체에 내포된 리의 두 측면이다. 그러므로 주희철학에서의 이러한 이론체계는 원시유학에서의 천도와 인도에 대한 존재론적인 분석론이라고 할 수 있다.

주희는 리와 기에 대한 개념을 분명하게 밝히고 있다. 즉, 리는『역전』에서의 형이상자形而上者인 도道와 같은 것이며, 사물을 낳는 근본으로 우주 간의 만유는 이 리를 품부받아 성性을 갖추게 된다. 그리고 기는『역전』에서의 형이하자形而下者인 기器와 같은 것이며, 사물을 낳는 재료인 것으로 우주 간의 만유는 이 기를 품부받음으로써 비로소 형상을 이루게 된다. 그러므로 구체적인 사물세계에서는 리와 기가 따로 나뉘어 있지 않고 함께 결합되어 있으나 그 존재의 특성으로 볼 때는 어디까지나 리는 리이고 기는 기이어서 그 구분이 분명하다.[14] 그리고 리기의 구체적인 특성에 대한 설명을 보면, 리는 형이상形而上의 존재이기 때문에 무형무영無形無影한 것이며, 어떤 사물로서의 존재가 아니라 사물을 존재하게 하는 이치(生之理)라는 원리적인 것이다. 그리고 기는 형이하形而下의 존재이기 때문에 정情과 상狀을 갖는 것이며, 사물존재의 물질적 바탕(生之質)이라는 질료적인 것이다.[15] 또 설명하고 있다. 리는 정의情意도 없고 계탁計度도 없고 조작造作도 없는, 그리하여 아무런 형적을 볼 수 없는 정결공활淨潔空闊한 원리를 가리켜 말한 것이고, 기는

---

14)『朱子大全』권58,「答黃道夫」, "天地之間 有理有氣 理也者 形而上之道也 生物之本也 氣也者 形而下之器也 生物之具也 是以人物之生 必稟此理 然後有性 必稟此氣 然後有形 其性其形 雖不外乎一身 然其道器之間 分際甚明 不可亂也."

15)『朱子語類』권137, "形而上者 無形無影 是此理 形而下者 有情有狀 是此氣 性者 生之理 氣者 生之質."

천지만물을 이루는데 있어 스스로 응취凝聚하고 조작造作할 수 있는 물질의 본원을 가리켜 말한 것이다.16) 리기의 존재방식에 대한 설명으로는, 리를 독일무이獨一無二의 절대 불변적인 것, 기를 무수한 분화가 이루어질 수 있는 가변적인 것으로 설명하고 있다.17) 그리고 리의 유일절대성과 만유의 분수성을 설명하면서 본체와 현상 간의 관계와 우주운행의 과정을 밝히고 있다. 즉, 아래로부터 위로 미루어 올라가는 사유를 통해(下推而上去) 사물→기→리의 과정을 말하여 리의 절대성을 강조하고, 또 위로부터 아래로 미루어 내려오는 사유를 통해(上推而下來) 리→기→사물의 과정을 말하여 리의 분수성과 우주운행의 틀을 제시하고 있다.18)

지금까지의 설명들을 종합해 보면, 리는 <형이상>의 존재로 형상을 갖지 않는 생성의 이치이며, 그 자체는 '독일무이'의 절대법칙으로써 '무조작'·'무계탁' 등 아무런 작용성이 없는 '정결공활'한 '불활동不活動'의 특성을 갖는다. 기는 '형이하'의 존재로 형상을 가질 수 있는 생성의 자료이고, 응취할 수 있는 유행발육流行發育의 작용성을 가지며 기화氣化에 따라 잡다하게 변할 수 있는 가능성을 함유하고 있는 특성이 있다. 이와 같은 리와 기 개념이나 역할 및 그 특성은 리와 기의 상호관계 속에서 더욱 분명해지며 보다 포괄적으로 이해될 수 있다. 주희철학에서 리와 기는 분리될 수 없는 것으로서, 완전히 독립시켜서 이해할

---

16) 『朱子語類』 권1, "蓋氣則能凝結造作 理却無情意無計度無造作."

17) 『朱子語類』 권70, "宇宙之間 一理而已 天得之而爲天 地得之而爲地 而凡生于天地之間者 又各得之以爲性". 『大學或問』 "人物雖有氣稟之異 而理則未嘗不同."

18) 『朱子語類』 권94, "自下推而上去 五行只是二氣 二氣只是一理 自上推而下來只是此一個理 萬物分之以爲體 萬物之中 又只是一個理."

수 없다는 것 자체가 리기론의 전제가 되는 특성이기 때문이다.

주희철학의 범주에서 보면, 리와 기, 태극과 음양, 도道와 기器 등의 관계는 정신과 물질, 본원과 현상의 관계 속에서 다양하게 응용된다. 주희철학에서는 이전의 우주론이나 실제세계 상에서 언급된 태극이나 음양, 도나 기 등의 본원과 현상의 관계를 리와 기라는 형이상학적인 개념으로 바꾸고, 그것을 다시 우주만물 존재의 원리적인 면과 물질적인 면의 본원이 되는 본체로 규정함으로써 본원과 현상의 관계를 존재론적으로 분명하게 체계화하였다고 할 수 있다. 그러므로 리와 기의 관계를 논할 때, 본체론 상에서와 현상론 상에서 각각 그 입장을 달리하여 논해지며, 그 관계의미도 서로 같을 수가 없다. 우주만물이 리와 기에 의하여 생성되고 존재된다고 볼 때, 리와 기는 현상의 근원을 이루는 형이상학적인 의미를 갖는 존재론상의 본체개념으로써 반드시 논리적 설명을 필요로 한다. 그리고 논리적 설명에서는 반드시 분석작업이 수반된다. 그렇지만 현상세계에서의 리와 기는 분석되어질 수 없으며 리기의 관계도 논리적 관계가 아닌 사실 속에서 결합된 그 자체일 뿐이다. 리와 기의 관계문제에서 특히 논란이 되고 있는 것은 불상잡(不相雜; 理氣決是二物)과 불상리(不相離; 理氣不可分開), 리선기후理先氣後와 리기무선후理氣無先後, 리동기이理同氣異와 기상근리부동氣相近理不同, 리생기理生氣와 기강리약氣强理弱 등의 관계설이다.

본체론 상에서의 리기관계는 리기불상잡, 리선기후, 리동기이, 리생기 등의 설이 해당된다. 리와 기를 불상잡, 즉 서로 섞여 있는 관계로 보지 않는 것은 리와 기를 서로 나누어서 두 가지의 실체로 파악하고 그 독립성을 강조한 것이다. 주희는 "리와 기는 결코 서로 다른 두 가지인 것이다."[19] "기는 스스로 기이고 성性은 스스로 성인 것으로, 서로 섞이지 않는다."[20]라고 하였다. 리와 기는 각각 그 존재성으로 볼 때, 서로 다른 특성을 갖는 독립된 본체로서의 두 가지 근원을 강조한 것이다. 존재론 상의 본체론이 사실세계의 본원이나 보편적인 원리 등을 규명하는 철학의 한 영역이라고 보면, 본체론의 대상은 우주론이나 사실의 세계에서 논급된 구체적인 세계와는 달리 사변적 추론을 통해 이루어지며 논리적으로 설명될 수밖에 없다. 이러한 입장에서는 리는 리이고 기는 기라는 본체 이원二元을 말할 수밖에 없다.

리선기후에 대하여 주희는 "본래 선후가 없다고 말할 수 있다. 그러나 그 소종래所從來를 미루어 본다면 곧 먼저 리가 있다고 해야 한다."[21] "만약 리의 입장에서 보면 곧 사물이 있기 전에 사물의 리가 있는 것이다."[22] "만약 본체를 논한다면 리가 있는 뒤에 기가 있게 된다."[23] 등의 말을 하였다. 주희는 여기에서도 본체론 상의 리기관계를 설명한 것이다. 다만 사물구성의 과정상에서 논리적인 관계를 말한 것이다. 사물구성에 있어서 리는 사물들의 존재나 작용의 이치나 조리 또는 원리 등에 해당된다. 사물의 입장에서 리기관계는 기가 리의 형식이나 원리를 자력으로 실현해가는 것이라 할 수 있다. 이러한 의미에서 리를 체體라 하고 기를 용用이라고 한 것이지 리가 본체이고 기가 현상, 즉 작용이라고 한 것이 아니다. 주희는 리를 기보다 근본적이며 우선적이고 제1

---

19) 『朱子文集』 권46, "理與氣 決是二物."
20) 『朱子語類』 「易上繫可學錄」, "氣自氣 性自性 不相夾雜."
21) 『朱子文集』 권1, "此本無先後之可言 然必欲推其所從來 則須說先有是理."
22) 『朱子文集』 권46, "若在理上看 則雖未有物 而先有物之理."
23) 『朱子大全』 권59, "若論本體 則有理然後有氣."

성적인 것으로 보았다. 그러므로 현상화의 과정에서 그 소종래를 보면 리선기후라고 할 수 있다는 것이다. 이것은 실제적인 선후가 아니라 논리적인 선후이다. 이에 대하여 주희는 "오늘 리가 있어서 내일 기가 있다고 말할 수 없는 것이다."[24]라고 말하고 있다. 주희는 리기의 선후를 시간적인 선후가 아님을 분명하게 밝히고 있다. 시공적 세계는 실제의 세계이니 실제세계에서 리기의 선후를 말한 것이 아니다.

리동기이의 관계는 존재구조 상에서 논급된 리기관계라고 할 수 있다. 주희는 "사람이나 사물이 기품의 차이는 있지만 리는 일찍 같지 않음이 없다."[25] "만물의 일원一原을 논하면 곧 리는 같고 기는 다르다."[26]라고 하였다. 이때의 리동은 곧 사람이나 사물이 모두 본성을 갖추고 있는데, 그 갖추고 있는 본성은 공통의共通義의 본성으로서 태극의 리를 말하고 있다. 그러므로 모든 존재는 태극의 리를 내재하고 있다는 점에서 같다는 것이다. 주희철학에서 성은 바로 리이다(性卽理). 리는 불변부동의 원리나 원형이며 가변성은 기에 있다. 그러므로 본질 면에 있어서 리는 같고 기는 다르다고 할 수 있다. 기질지성은 현상계의 개성이다. 그러나 현상계의 개성에는 본연지성인 태극의 리가 타재墮在해 있으나 기질로 말미암아 드러나지 않는 부분이 있을 뿐이다. 따라서 본연지성 그 자체에서 보면 서로가 다를 수가 없는 것이다.

리생기의 관계는 초월적인 소이연으로서의 리가 능생能生할 수 없는 까닭에 리에 의거하고 기에서 발현하게 되는 현상화의 과정에서 말해진 리기관계이다. 그러므로 생의 의미는 기가 리에 의거한다는 것이다.

---

24) 『朱子文集』 권94, "先有理 只不可說是今日有是理 明日都有是氣也."
25) 『大學或問』, "人物雖有氣稟之異 而理則未嘗不同."
26) 『朱子文集』 권46, "論萬物之一原 則理同而氣異."

주회철학에서 리생기의 명제는 결코 리로부터 직접 기가 나온다는 설일 수는 없다. 다만 기가 리에 부합하여 생화生化가 있다는 의미로 이해되어진다. 이것은 존재론 상에서 논리적으로 이해되어져야 할 것이므로 실제세계의 제약을 받을 필요는 없다. 그러나 리생기의 생의 개념을 물질적인 생성으로 해석하지 않고 소이연이나 소당연으로 이해된다 하더라도 리는 능연能然·필연必然·당연當然·자연自然의 뜻을 갖는 실연實然으로서의 특성을 지닌 본체로 인정할 수 있다. 이상으로 살핀 바와 같이 본체론에서의 리기관계는 현상론에서의 리기관계와 그 이해를 달리해야 한다.

현상론에서의 리기관계는 리기불상리, 리기무선후, 기상근리부동, 기강리약 등의 설이다. 현상은 본체와의 상대개념이다. 본체가 현상계의 원인이라면 현상은 본체의 결과에 해당된다. 그리고 본체가 초경험적인 세계라면 현상은 경험적인 사실의 세계이다. 존재론은 형이상학적인 궁극의 원인을 사유를 통해 궁구하고 그것으로 현상계의 경험세계를 이론적으로 이해하고 설명한다. 그러나 현상세계의 리기관계는 본체론에서와 달리 이해하고 설명된다.

리기불상리의 리기관계는 현상론상에서의 리기관계이다. 현상계의 사물들은 본체 리기의 합성물이다. 모든 사물들은 리와 기가 합해져서 구성되므로 결코 분리될 수 없다. 주회는 말하고 있다. "사물 상에서 보면 리와 기가 혼륜渾淪되어 서로 나뉘어질 수 없다."[27] "합하여 보면 리와 기는 하나이다."[28] "기가 운행하면 리도 운행하게 된다. 둘은 항상

---

27) 『朱子文集』권46, "在物上看 則二物渾淪 不可分開."
28) 『朱子語類』「易上繫可學錄」, "合看則 理氣爲一."

의존관계에 있으니 서로 떨어질 수가 없는 것이다."29)라고 하였다. 이러한 언설들은 모두 리기의 불리관계를 말하고 있지만 자세히 보면 그 의미가 약간씩 다르다.

첫 번째의 언설은 구체적인 현상사물에서의 리기혼륜을 말한 것으로서, 리와 기로 구성된 사물들은 이미 리도 기도 아닌 사물일 뿐임을 말한 것이다. 두 번째 언설은 리와 기는 형식과 질료의 관계로서, 사물 상에서 보면 서로 불가분의 짝이라는 내용을 말한 것이다. 마치 남녀일 때는 각각 남과 여이지만 부부의 관계에서는 남편 없는 부인, 또는 부인 없는 남편이 있을 수 없는 것처럼 사물 상에 있어서는 리기가 불가분의 관계인 것과 같다. 세 번째 언설은 운행 상에서 볼때, 리는 기에서 실현되며 기는 리에 의해 운행된다. 이때의 리와 기는 서로 의존관계로 이해될 수 있다. 현상계에서의 리와 기는 이미 그 자체로서의 독립된 실체가 아닌 제3의 사물인 것이니 리와 기는 나뉘어질 수 없는 혼륜의 상태인 것이다. 그러므로 현상계에서의 리기관계는 불가분의 관계이며, 운행 상에서도 서로 의존관계일 수밖에 없다. 즉, 리체기용理體氣用이 일원一源이고 기현리미氣顯理微가 무간無間인 것이다.

주희는 리기의 서로 의존적 관계에 대해 특히 강조하고 있다. "천하에 리가 없는 기가 있을 수 없고, 기 없는 리도 있을 수 없다."30) "리라는 것은 별도의 것일 수 없는 것이다. 즉, 리는 기 가운데 있게 되는 것이니, 기가 없으면 리도 탈 자리가 없게 되는 것이다."31) "리가 음양 위에 타 있음이 마치 사람이 말에 걸터 앉아 있는 것이나 같다."32) 이와

---

29) 『朱子文集』 권94, "氣行則理亦行 二者常相依 而未嘗離也."
30) 『朱子語類』 권1, "天下未有無理之氣 亦未有無氣之理."
31) 『朱子語類』 권1, "理非別爲一物 卽在乎是氣之中 無是氣則理亦無掛搭處."

같은 주희의 설에서 보면, 주희는 암암리에 기를 중심으로 하여 논급하고 있다는 것을 알 수 있다. 그러나 항상 천리는 현상을 떠나지 않고 현상 가운데 내재되어 있으니 공맹유학 상에서 보이는 천도유행의 문제를 현상론 상에서 존재론적으로 설명하고 있는 것이 된다.

리기무선후의 리기관계도 현상론 상에서 논급된 설이다. 경험세계의 일체존재는 모두 리와 기가 결합되어 결정된 것이다. 그러므로 리와 기는 동시존재이며 선후의 구별이 있을 수 없다. 주희는 "먼저 리가 있다. 그러나 오늘 리가 있어서 내일 기가 있게 된다고는 말할 수 없다."라고 하여 본체론에서 말한 리선기후도 실제 현상계를 두고 말한 것이 아니라고 분명하게 밝히고 있다. 그리고 또 "이미 리가 있으면 곧 기가 있게 되는 것이다. 이미 기가 있으면 리는 기 가운데 있게 되는 것이다."[33]라고 말하여 현상론 상에서의 리기관계를 말하고 있다. 만약 기가 응취되지 않으면 리는 드러날 수가 없다. 현상사물 가운데 있는 조리는 모두 기 가운데 있는 리인 것이다. 이것은 곧 리와 기가 상호의존적인 관계에 있다는 전제 아래 성립된다. 리를 선재의先在義로 보면 보편적인 리가 된다. 그러나 내재의內在義로 본다면 그것은 개별적인 리가 된 것이다.[34]

리기의 동이 문제도 여기에서 발생된다. 리기동이 문제 역시 본체론과 현상론 상에서 각기 달리 설명된다. 주희는 다음과 같이 말하고 있다. "만물의 일원一源으로 논한다면 곧 리는 같고 기는 다른 것이며, 만물의 이체異體로 본다면 기는 오히려 근사하고 리는 절대로 같을 수가 없다."[35] 이것을 주희는 지각본능과 인의예지의 본성을 비유로 들어 밝

32) 『朱子語類』 권1, "理搭在陰陽上 如人跨馬."

33) 『朱子語類』 권2, "旣有理便有氣 旣有氣則理又在乎氣之中."

34) 勞思光 著, 鄭仁在 譯, 『中國哲學史』 송명편(탐구당, 1987), 323쪽.

히고 있다. "기로 말한다면 지각운동이 사람이나 동물이 다르지 않다. 리로 말한다면 인의예지의 품수稟受인데 어찌 사물의 품수받은 바가 온전하겠는가?"36) 지각운동은 기의 작용이다. 이 점에서는 사람이나 동물이 차이가 없다. 인의예지는 성즉리의 내용이다. 그러므로 리의 품수에 있어서는 사람과 동물이 서로 다르다는 견해이다. 그러나 주희는 또 "리 그 자체는 온전하여 흠궐欠闕이 없는 것이다."37) "기품이 치우쳐 있으니 리도 흠궐이 있는 것이다."38)라고 말하고 있다. 결국 기의 품수가 고르지 못한데서 리의 부동의 원인이 있는 것이다. 리 그 자체는 치우침이 없는 온전한 존재로서 그 차이가 용납될 수 없다. 그러나 치우쳤다고 한 것은 리가 고르지 못한 기의 제한을 받았기 때문이다. 장군매는 이것을 아리스토텔레스의 Essence 개념과 유사한 것으로 이해하고 있다.39) 요컨대, 본원에서 보면 시공 가운데 서로 다른 기의 작용이 있을 것이므로 리는 같으나 기가 다를 것이고, 이미 생성된 사물 가운데서 보면 사물이 기의 응취이므로 기는 서로 가까우나 기의 제한을 받아드러난 리는 같을 수가 없다는 것이다. 그러므로 기상근리부동이라고 말할 수 있다.

　기강리약설에 대해서 주희는 다음과 같이 말하고 있다. "기가 비록 리에 의해 생겨난 것이지만 이미 생겨난 이후에는 리가 그것을 관리하

---

35) 『朱子大全』 권46, "論萬物之一源 則理同氣異 觀萬物之異體 則氣猶相近 而理絕不同."
36) 『孟子集註』, "以氣言之 則知覺運動 人與物苦不異 …… 以理言之 則仁義禮智之稟 豈物之所得而至哉."
37) 『朱子語類』 권2, "理擧着 全無欠闕."
38) 『朱子大全』 권4, "氣稟偏則理亦欠闕."
39) 張君勱, 『新儒家思想史』(弘文館出版社, 1986), 226쪽.

지 못한다. 만약 이 리가 기에 깃들어 있으면 일용 간의 운동은 이 기로 말미암는다. 기는 강하고 리는 약할 뿐이다."[40] 리가 기를 관활할 수 없다는 말은 기가 리를 어기고 운행할 수 있다는 것이다. 노사광은 기가 리를 어길 수 있는가 없는가 하는 문제가 주희철학의 난제라고 하면서 가치론의 일면만을 보면 기가 리를 어길 수 있다는 것을 하나의 가정으로 삼을 수밖에 없다고 하였다.[41] 그러나 주희의 기강리약설은 그 이상의 의미를 갖는다. 주희철학에서 보면, 현상사물의 세계는 기 중심의 세계이다. 그러므로 기강리약설은 현상화된 사물 상에서 기의 제약설에 불과한 것이다. 따라서 기질변화氣質變化가 모든 가치실현의 이론을 뒷받침하고 있는 것으로 기강리약설은 수양론의 존재론적 근거가 되는 전제라고 할 수 있다.

5. 인간은 현상적인 존재이다.

주희철학에서는 인간도 본체인 리와 기의 결합으로 이루어진 현상사물의 일종이다. 주희는 "인간의 생한 까닭은 리와 기가 결합한 때문이다. …… 그러므로 반드시 음양이 결합하여 응결한 연후에 리가 부착할 곳이 있게 된다. 인간이 언어·동작·사려·영위 등을 할 수 있는 것은 모두가 기인 것인데, 리가 거기에 있게 되는 것이다."[42]라고 하였다.

---

40) 『朱子語類』 권4, "氣雖是理之所生 然旣生出 則理管他不得 如這理寓於氣了 日用間運用者 由這個氣 只是氣强理弱."

41) 勞思光 著, 鄭仁在 譯, 『中國哲學史』 송명편(탐구당, 1987), 314쪽.

42) 『朱子語類』 권4, "人之所以生 理與氣合而已 天理固活活不窮 然非是氣 則雖

인간의 심성과 리기의 관계는 성과 리, 심과 기가 직접 관계를 가지면서 설명된다. 우주론에서 리가 기에 의부依附하여 드러난 것처럼 심성론에서도 성은 심에 의부하여 드러난다. 그러나 우주론에서 리가 기에 우선하는 절대법칙인 것처럼 심성론에서도 성은 심의 핵심을 이루는 체體로써 절대적인 것이다. 그리고 심성론에서는 다시 정의 개념이 첨가되는데, 정은 곧 심의 작용으로 심의 체인 성이 외물에 드러난 결과인 것이다. 그러므로 성·정·심을 리기와 연결시켜볼 때, 심과 정은 기의 영역에 해당된다면, 성은 리의 영역에 해당된다. 이러한 주희의 심성론은 아직 심 그 자체에 존재론적 분석이 이루어지지 않는 상태에서 논급된 원시유학에서의 심 단일론과 전혀 다른 것이라기보다는 원시유학의 심론을 보다 구체적으로 존재론적 분석을 통해 논구된 심론으로 이해해야 한다.

심·성·정의 관계는 리기의 이간離看과 합간合看의 관계 관념에 따라 보다 구체화된다. 즉, 리간의 입장에서는 심·성·정이 본체론에서와 마찬가지로 분석되어 성과 정은 체와 용의 관계를 이루고, 성과 심의 관계는 주인과 집의 관계를 이룬다. 그리고 합간의 입장에서는 성과 정이 함께 심속에 내속된 것으로 성정이 분리되지 않는 현상적인 실제심 그 자체인 것이다. 이러한 범주 속에서 주희는 심·성·정의 개념을 분명하게 밝히고 있다. 즉, 성은 인간이 천리를 품수한 것으로 순수지선한 심의 체이고, 정은 그러한 성이 외물에 접하여 드러난 심 작용의 결과이며, 그리고 심은 실제의 심으로 성과 정을 통괄한 것이라고 하였다.

有是理而無所湊泊 故心二氣交感 凝結生聚 然後是理有所附着 凡人之能言語動作思慮營爲 皆氣也 而理在焉."

주희철학에서는 먼저 성과 심의 관계를 리와 기의 관계와 연결시켜 설명하고 있다. 즉, 성은 리에 심은 기에 분속시키고 성은 불변적인 순수지선한 그대로이나 심은 가변적인 것으로서 선악이 가능한 가치실현의 능동성이 부여되고 있다. 여기에서 주의해야 할 것은 이때의 성은 본체론적인 이간의 입장에서 파악된 초월적인 의미의 성(本然之性)이라는 것이다. 그렇지만 이와는 달리 구체적인 의미로서의 성은 이미 심속에 내재된 성이다. 실제의 심은 리와 기가 결합하여 이루어진 것처럼, 이미 심속에 내재된 성은 기질과 섞여있는 성으로서, 기질의 제한을 받는 성(氣質之性)이 된다. 이러한 기질지성이 선악가능의 직접적인 원인인 것이다.

하지만 기질지성은 본연지성과 본질적으로 다른 별개의 것이 아니다. 다만 본연지성이 그와는 별도의 기에 제한을 받고 있는 성일 따름인 것이다. 따라서 이때의 성은 심의 주체가 되는 것이요, 심은 성이 머물고 있는 집에 불과한 것이 된다. 그러므로 기질지성의 본질만큼은 순수지선을 그대로 담고 있는 것으로 내용상 본연지성과 동일한 것으로 볼 수 있다. 이러한 경우는 성과 심을 합간적으로 파악한 것으로서, 성 그 자체는 실제 심의 주체로서 본연의 역할을 담당하는데 부족함이 없는 것으로 보여진다. 그리고 정은 기질지성이 구체적인 사물에 접하여 발생되어진 것으로 성과는 체와 용의 관계이며 심과는 인과나 본말本末의 관계를 갖는다. 따라서 심과 성정의 관계는 외연과 내포의 관계로 이해될 수 있다.

요컨대, 주희가 리기론의 이론체계에 따라 심·성·정을 분석한 것은 원시유학에서 언급된 가치창생의 주체인 심체에 대한 존재론적인 분석론으로 논구된 것이므로 오히려 공맹의 심성론을 철학적으로 심화시켰다는 점에서 발전적인 것으로 평가되어야 할 것이다.

주희철학에서의 가치론은 리기와 심성을 논구하는 존재론에 기초하고 있다. 존재론 상에서 보면, 리는 단순한 원리성의 의미만으로 한정된 것이 아니다. 그것은 각 개물에 분수分殊되어 사물의 본성을 규정한다. 기도 단순히 질료성만으로 한정된 것이 아니라 각 개물에 나아가 구체적인 형상을 구성한다. 그리고 사물의 본성은 각 개물의 고정불변한 본체로써 순수지선을 내용으로 하고 있으며, 형기는 저대로의 능동성을 가짐으로써 순수지선한 본성을 제한할 수 있다. 인간은 리와 기로 구성된 실제 존재이다. 그러므로 인간의 심도 역시 순수 리인 본연지성이 기 세계에 속하는 심 가운데 내재된 것으로서, 논리적으로는 리와 기의 합성으로 이해된다. 기질지성은 논리적으로 말할 때 본연지성이 기질 가운데 내재된 것으로 설명되지만 실제로는 현상적인 심의 주체가 되는 실제의 성일 수밖에 없는 것이다. 기질지성이 바로 현상적인 존재세계에 속하고 있기 때문이다. 그리고 이와 같은 실제의 성인 기질지성이 외물에 접하여 표출된 심태心態가 정인 것이다. 그러므로 가치론이 발단되는 선악의 문제는 바로 이 기질지성으로부터 비롯된다. 주희철학에서는 순수지선한 본연성이 기질의 제한을 받음으로써 선악이 가능하다는 것을 전제로 하고 인간의 심활동에 있어서 여하히 기질지성에서 비롯된 후천적인 악습, 즉 기욕氣欲의 제한을 벗어나 본연지성을 회복시키느냐 하는 것이 가치론의 관건이 되기 때문이다. 그러므로 '그 처음으로 돌아감(復其初)', '기질을 변화시킴(克己復禮)' 등이 주희 윤리학의 최대이면서 궁극적인 명제가 되는 것이다.

주희의 가치론은 크게 두 부분으로 나누어 설명될 수 있다. 첫째는 인간행위가 지향하는 최고의 가치문제로서, 곧 인의예지신의 덕론이고, 둘째는 최고 가치에 도달하기 위한 실천방법인 거경居敬과 궁리窮理의 수양론이다. 인의예지신 오상五常은 인간이 천리를 품수하여 이루어진 본성의 구체적인 내용이다. 그러나 이 오상은 존재론의 측면에서는 인간 본성의 내용이지만 동시에 가치론의 측면에서는 인간행위가 지향하는 최고 가치로서의 복합적인 요소를 내포하고 있다. 유학사 속에서 보면, 이러한 오상은 원시유학에서부터 강조되어온 최고 가치로서 위상을 계속 지켜왔던 불변적인 요소이기도 하다.

실천방법으로서의 거경과 궁리설은 '복기초'나 '기질변화', '극기복례' 등을 실현하는 구체적인 방법론으로서 유가철학의 역사 속에서 학자에 따라 약간씩 다른 입장을 취하고는 있다. 그러나 이론의 기본 내용면에서 보면, 인간의 후천적인 요소를 본연, 즉 천도나 천리에 합치시키는 방법이라는 점에서는 거의 일치하고 있다.

이상에서 살펴본 주희철학은 공맹의 천인관에 기초한 도덕론을 승수承受하여 존재론적인 이론체계로 발전시켜 놓은 것이다. 이것은 바로 공자가 강조한 온고지신溫故知新의 학문정신을 충분히 발휘한 것이라고 할 수 있다. 온고지신이 지닌 뜻이 바로 지나간 과거의 문화를 계승하여 그것을 섭취요해攝取了解한 뒤 새로운 문화를 창조한다는 것이기 때문이다. 그러므로 '온고'로 그쳐버리고 '지신'할 줄 모른다면 거기에는 아무런 발전이 있을 수 없는 생명 없는 문화이고 말 것이다. 동서고금을 통하여 도덕문화는 우리 인간사회의 필수불가결한 것이다. 그러므로 현대인들에게도 과거의 주희철학을 '온고'하여 새로운 도덕문화를 창출해내는 '지신'의 자세가 간절하게 기대된다.

참고문헌

1. 『朱子大全』
2. 『朱子語類』
3. 『朱子文集』
4. 『四書集註』
5. 『大學或問』
6. 『論語』
7. 『書經』
8. 『史記』
9. 『西銘』
10. 『周易』
11. 錢穆 著, 『朱子新學案』, 三民書局股份有限公司, 1982.
12. 羅光 著, 『儒家哲學的體系』, 臺灣學生書局, 1990.
13. 張君勵 著, 『新儒家思想史』, 弘文館出版社, 1986.
14. 柳仁熙 著, 『朱子哲學과 中國哲學』, 범학사, 1992.
15. 金忠烈 著, 『中國哲學散稿』, 온누리, 1988.
16. 方東美 著, 鄭仁在 譯, 『中國人의 生哲學』, 탐구당, 1983.
17. 李宗桂 著, 李宰錫 譯, 『中國文化槪論』, 동문선, 1991.
18. 牟宗三 著, 宋恒龍 譯, 『中國哲學의 特質』, 汎學社, 1979.
19. 勞思光 著, 鄭仁在 譯, 『中國哲學史』, 탐구당, 1987.
20. 풍우란 저, 박성규 옮김, 『中國哲學史』, 까치, 1999.

제5장 고봉高峯의 자연관

1. 한국 성리학 논쟁의 발단

고봉의 성리학은 심성론을 중심으로 하여 전개되고 있다. 주지하는 바와 같이 심성론의 중요한 내용을 이루고 있는 사단칠정론四端七情論은 고봉 자신이 8년 여 동안 당시의 완숙完熟한 노사숙유老師宿儒였던 퇴계와의 열띤 논쟁을 통하여 주의 깊게 연구되었던 철학의 중심문제였기 때문이다. 특히 심성론을 중심으로 한 성리학적 사유가 한국 성리학의 특징으로 평가된다면, 그 구체적인 계기가 고봉이 퇴계에게 문제를 제기하여 발단하게 된 사단칠정의 논쟁이라고 할 수 있다. 그러므로 한국 성리학의 역사상에서 고봉의 위치는 지대하며 특별하다고 할 것이다.

성리학은 고려 말엽에 한국에 수용되어 한 동안 특이할 만한 발전이 없다가 조선조에 들어와 양촌·회재 등의 학자들을 거쳐 비로소 퇴계와 고봉의 사단칠정논변을 기점으로 하여 본격적인 연구에 활기를 띠게 되었다. 퇴계와 고봉은 다 같이 주희를 신봉하는 성리학자였다. 그러면서도 그들이 서로가 의견을 달리하여 논변을 벌였던 사단칠정론은 이후 한국 성리학 논구에 있어서 중추를 이루었으며, 또한 한국 성리학이 나아갈 방향을 획정지은 이정표가 되었다. 즉, 이 논변을 통하여 이른바 주리론主理論과 주기론主氣論의 사상적 대립을 낳음으로써 새로운 성리

학 논쟁의 열띤 장을 열게 되었다고 할 수 있기 때문이다. 이와 같은
퇴계와 고봉 간의 사단칠정에 관한 논쟁은 그 이후에 전개된 인심도심
人心道心의 문제, 인물성동이人物性同異의 문제, 심성우열心性優劣의 문제
등 한국 성리학의 특징이 될 만한 세부적인 철학문제들을 야기한 효시
가 되었던 것이다.

이 장에서는 먼저 퇴계와의 논변에서 고봉이 문제를 제기하고 주장
했던 서신의 중심내용을 소개하고, 그 내용에 따라 심성론을 중심으로
한 고봉의 자연관을 체계적으로 분석하고 검토해보는 것으로 한다.

2. 논변의 요점

고봉의 심성론은 사단칠정에 관한 문제를 중심으로 한 퇴계와의 세
번에 걸친 왕복서한에서 기본적인 입장을 밝히고 있다. 그러므로 고봉
의 심성론을 구체적이고 심도 있게 이해하기 위해서 먼저 『고봉집』에
실려 있는 「사칠리기왕복서四七理氣往復書」에서 밝히고 있는 고봉의 기
본 입장을 종합적으로 알아볼 필요가 있다. 논변 속에서 밝힌 고봉사상
을 전체적으로 조감해 봄으로써 논변의 영역을 넘어서 고봉사상의 구
체적인 특성과 사유의 내용을 보다 더 체계적으로 밝혀낼 수 있기 때문
이다. 이를 위하여 먼저 할 일은 퇴계에게 보낸 고봉의 서신 중 주 내용
을 간추려 보는 일이다. 고봉의 서신 내용은 이미 성태용이 간추려 놓은
바 있다.[1] 필자의 견해와 거의 일치하고 있기 때문에 차용하기로 한다.

---

1) 성태용, 「고봉 기대승의 사단칠정론」, 『四端七情論』(서광사, 1992), 69쪽.

첫 번째 서신의 주요 내용(高峯上退溪四端七情說)

① 사단四端은 칠정七情 가운데서 선善한 것만 추려서 말한 것이다.
② 사단과 칠정을 각각 리理와 기氣로 나누어 귀속시킨다면, 이는 사단과 칠정을 완전히 다른 두 사물로 나누는 것이 된다.
③ 그렇게 되면 칠정은 성性에서 나오지 않는 것이며, 사단은 기氣적인 요소를 지니고 있지 않는다는 말이 된다.
④ 사단이란 성이 발할 때 기가 주도적으로 작용하지 않아서 본래적인 성이 곧바로 이루어진 것이다. 이는 천리天理의 발이지만 칠정의 밖에 있는 것이 아니며, 칠정이 발하여 절도에 맞는 것일 따름이다.
⑤ 리는 기의 주재主宰이고 기는 리의 재료이다. 개념적으로는 나누어지지만 현상적인 사물에 있어서는 함께 섞여 있어서 나눌 수 없다. 다만 리는 약하고 기는 강하다.
⑥ 기의 작용에 지나치거나 모자람이 있어 성의 본체가 실현되지 않는 경우가 악이며, 기의 작용에 그러한 차질이 없어 본성이 완전히 실현되면 그것이 선이다.[2]

이상의 내용을 다시 분류해 보면 ①·②·③은 사단칠정과 리기와의 관계에 대한 것이다. 요약한다면 사단칠정은 리와 기로 분속시켜 말할 수 없는 것이며, 사단과 칠정은 리와 기가 합하여진 심心 혹은 기질지성에서 발한 한 가지의 정情으로, 칠정 중에서 선한 것만 추려진 것이 사단이다. 이러한 견해는 사단칠정론에 대한 고봉의 결론적인 주장에 해당된다. 그리고 ④와 ⑥은 성이 발할 때 기의 작용에 따라 선이 될 수도 있고 악이 될 수도 있다는 내용이다. 사단(선)이란 성이 발할 때 기가 주도적으로 작용하지 않아서, 다시 말하면 기의 작용에 지나치거

---

2) 『高峯集』「四七理氣往復書上」.

나 모자람이 없어서 본래적인 성이 곧바로 실현된 것이라는 내용이다. 사단칠정의 리기·심성적 근거를 담은 내용이라고 할 수 있다. ⑤는 리기론적인 언설로 고봉철학의 중요한 특징을 밝힌 것이다. 개념적으로는 리는 기의 주재이고 기는 리의 재료이지만 현상적인 사물에 있어서는 리와 기가 함께 섞여 있어 나누어질 수 없다는 리기관이다. 그리고 또 리는 약하고 기는 강하다는 리기관으로 고봉사상에서 특히 중요한 관념임을 밝히고 있다. 즉, 여기에서 고봉은 자기 철학의 기본 입장이 리기론을 현상론에 입각하여 파악하고 있다는 것을 말하고 있는 것이다. 그러므로 리기론의 현상론적 이해 없이는 고봉철학을 이해할 수 없다. 성론에서 본연지성과 기질지성, 정론에서 사단과 칠정, 이 모두는 리기론의 현상론적 사유의 기초위에서 논급되고 있다는 것이 고봉의 기본 입장이기 때문이다.

두 번째 서신의 주요 내용(高峯答退溪四端七情書)

① 퇴계와의 논변은 리기의 문제가 분명하지 않아서가 아니라 심성의 개념에 대하여 분명하지 못한 점이 있기 때문이다.

② 사단칠정의 문제를 본연지성과 기질지성의 관계와 비교하여 이해의 틀을 제시한다. 즉, 본연지성은 천지 상에서 그 근원이 되는 리만을 말한 것이고, 기질지성은 리가 기속에 들어와 있는 것이기에 여기에서 발한 칠정 속에도 리가 들어와 있다. 따라서 사단이 리의 발이라고 한 것은 바꿀 수 없지만 칠정이 기의 발이 라고 한 것은 오로지 기만을 가리킨 것이라고 할 수 없다.

③ 칠정은 비록 기와 관계되어 있지만 리가 또한 그 가운데 있다. 따라서 그것이 발하여 절도에 맞은 것은 바로 천명인 성의 본연지체本然之体로서 맹자가 말한 사단과 내용은 같으면서 이름만 다를 뿐인 것이다.

④ 퇴계의 주장대로 한다면 사람에게 두 개의 정을 인정해야 하고, 또 두 가지 선을 인정해야 한다. 하나는 리에서 발한 선, 다른 하나는 기에서 발한 선이다.

⑤ 천지가 사물을 생성하는 원리는 리이고, 사물을 생성시키는 것은 기와 질質이다. 사람과 사물이 이 기질을 얻어 모습을 이루는 데 리가 이 속에 들어와 있는 것이 성이다. 이 리와 기는 개념상으로는 나누어 볼 수 있다. 그러나 성 위에서 논한다면, 기질지성이라는 것은 이 리가 기 가운데 떨어져 들어와 있는 것이지 따로 한 사물이 있는 것은 아니다. 따라서 성을 논할 때 본연지성·기질지성을 말하는 것은 천지와 인물을 논하면서 그 원리로 리와 기로 나누어 각각 다른 것으로 여기는 것과 다르며 하나의 성을 있는 곳에 따라 분별하여 말하는 것이다.

⑥ 본성이 발하여 정이 될 때 리에서 발하는 것이 있고 기에서 발하는 것이 있어, 나누어 말한다 해도 안 될 것이 없지만 자세히 따져보면 문제가 있다. 더욱이 사단칠정을 리기에 나누어 귀속시킨다면 칠정은 오직 기뿐이라는 것이 된다.

⑦ 정은 모두 리와 기를 아울러 지니고 있는 것이니, 사단이 리에서 나와 기를 지니고 있지 않는 것은 인정할 수 없다.

⑧ 칠정은 형기에 감응하여 나오는 것이라 하였는데, 이 점에서는 사단도 마찬가지이다. 즉, 어린애가 우물에 빠지려는 것을 보고서 측은지심이 일어나는 것이다.

⑨ 발하지 않았을 때는 성이라 하고 발하면 모두 정이다. 거기에서 화和와 불화不和의 차이만 인정할 수 있다. 정이 발하지 않았을 때는 온전히 리이지만 발하면 곧 기의 작용에 의지한다. 그런 점에서는 사단도 정이며 따라서 기이다.

⑩ 미발의 상태는 리이지만, 발하면 곧 기를 타고서 행하여지는 것이다.

⑪ 사단만 선한 것이 아니라 칠정도 본래는 선한 것이니, 선악미정의 것이라 할 수 없다.

⑫ 리의 본체는 형상이 없으니 기가 행하는 곳에서 징험하여 알 수 있을 뿐이다.

⑬ 기가 자연스럽게 발현하여 지나치고 모자람이 없는 것이 리의 본체라는 자신의 견해는 리기를 한 사물로 보는 것과 다르다.

⑭ 사단은 기가 자연 발현하여 지나치고 모자람이 없는 것이다. 그러나 그
   것이 발하는 소이연所以然은 리이기에 리에서 발한다고 할 따름이다.
   이런 관점에서라면 사단은 리에서 발하고 칠정은 기에서 발한다고 해
   도 된다.

⑮ 나정암의 설은 본 일이 없어 알 수 없다. 퇴계가 지적한 대로라면 잘못
   이 심하다. 자신은 리기를 한 사물로 여긴 적도 없고, 리기가 다른 사
   물이 아니라고 여기지도 않는다.

⑯ 사단칠정이 소종래所從來가 다르다는 것은 그 근원에 있어서 발단이 다
   르다는 것이니, 모두 성에서 발하는 사단칠정을 소종래가 다르다는 것
   은 인정할 수 없다.

⑰ 사단의 발도 또한 절도에 맞지 않는 것이 있다. 따라서 무조건 선이라
   고 할 수 없다.3)

두 번째 서신에서는 문제 제기를 했던 첫 번째 서신의 주장을 이론
적으로 보강하고 있다. 고봉은 퇴계와의 논변에서 문제가 분명하지 않
는 것은 리기의 문제가 아니라 심성의 문제라고 하면서 자신의 입장을
보강하고 있다. 즉, 사물을 생성하는 원리는 리이고 생성시키는 것은 기
와 질이라는 것과 리의 본체는 형상이 없으니 기가 행하는 곳에서 징험
하여 알 수 있다고 한 것이다. 이에 따라서 성의 문제를 보강하고 있다.
즉, 사람과 사물이 기질을 얻어 모습을 이루는데 리가 그 속에 들어와
있는 것이 성이다. 이것이 바로 기질지성氣質之性이다. 그러니까 현상
세계상에서 말해진 성은 기질지성이며 본연지성은 천지 상에서 그 근
원이 되는 리만을 말한 것일 뿐이라는 것이다. 그러므로 고봉이 성을
논할 때 본연지성·기질지성으로 말하는 것은 사물을 논하면서 리와 기
를 나누어 말한 것과는 다른 것으로, 성을 있는 곳에 따라 분별한 것이

---

3) 『高峯集』「四七理氣往復書上」.

라고 한다. 정에 대해서도 보다 구체적으로 이론을 보강하고 있다. 즉, 본연지성과 기질지성의 관계에 비교하여 이해의 틀을 제시한다. 현상적인 성은 모두 기질지성인 것처럼 정 또한 형기에 감하여 발한 것이다. 그러므로 사단이나 칠정 모두는 같은 정으로 모두 리기를 아울러 지니고 있으며, 사단칠정이 본래는 선하지만 발하여 화和와 불화不和에서 선악이 나누어진다. 발하지 않을 때는 성이라 하고 발하면 모두 정이 된다. 그리고 소이연의 입장에서는 사단이 리의 발이라 할 수 있어도, 소종래의 입장에서는 인정할 수 없다는 내용이다.

세 번째 서신의 주요 내용(高峯答退溪再論四端七情書)

① 천지지성天地之性은 천지 상에서 총체적으로 설명한 것이요, 기질지성氣質之性은 인물人物이 품수한 것 위에서 설한 것이다. 천지지성은 하늘의 달에, 기질지성은 물속에 비친 달에 비유할 수 있다. 물속의 달을 물이라고만 하는 것은 어폐가 있다.

② 사단칠정은 리가 기질 가운데 떨어져 있는 뒤의 일이다. 즉, 기질지성에서 발한 것이다. 물속의 달이 빛나는데 그 빛이 칠정에 있어서는 어둡고 밝은 바가 있는 것에 해당하고, 사단은 단지 밝기만 한 것을 가리킨 것이다. 그런데 칠정이 어둡고 밝은 것은 물이 밝고 흐림에 기인하는 것이요, 사단 가운데도 절도에 맞지않는 것이 있음은 물결의 움직임이 있음을 면치 못한데 해당한다.

③ 주희가 "사단은 리의 발이요 칠정은 기의 발이다."라고 한 것은 대설對說이 아니고 인설因說이다. 대설이란 좌우를 말할 때와 같이 서로 상대가 되는 경우이고, 인설이란 상하를 말할 때와 같이 포섭관계에 놓여있는 경우이다. 이런 관계에 놓여있는 사단칠정은 함께 성에서 발한 것이므로 어디서 발하느냐에 따라 나눌 수 없다.

④ 사단에 기가 없는 것은 아니지만 그것이 발현할 때 천리의 본체가 순

수하게 드러나서 조금의 빠짐도 없어 마치 기를 볼 수 없는 듯한 것이
다. 비유하자면 못에 달이 비치는데 못이 맑고 고요하면 달이 더욱 밝
게 드러나 표리가 분명하게 투영되어 드러남으로서 마치 물이 없는 듯
한 것과 같은 것이니, 그래서 리에서 발한다 할 수 있는 것이다. 기가
리를 따라서 발하여 털 끝 만큼의 장애도 없는 것이 바로 리의 발이다.
그밖에 다시 리의 발을 찾는다면 아무리 찾아도 더욱 견강부회가 될
뿐이다.

⑤ 퇴계가 리발기수理發氣隨·기발리승氣發理乘을 말한 데 대하여 고봉은
그것을 "정이 발함에 있어 어떤 경우는 리가 움직이는데 기가 갖추어
지고, 어떤 경우는 기가 감응하는 데 리가 탄다.(情之發也 或理動而氣俱
或氣感而理乘)"라고 고쳐 말하는 것이 옳겠다고 본다.

⑥ 리기의 관계를 비유하자면, 해와 운무의 관계와 같다. 해는 본래 그대
로이지만 운무의 가리움에 의하여 흐리고 갬이 있는 것이니, 흐리고 맑
음은 오로지 운무에 달린 것이며 운무가 활짝 걷히면 해의 본래 모습이
완연히 드러나되 그 본래적인 모습 그대로일 뿐 더하고 보탠 것이 없
다. 이제 리기가 서로 발한다 함은 이는 곧 리의 정의情意·계탁計度·조
작造作을 인정하는 것이 되어, 리에 그러한 것이 없다는 주희의 말과
어긋난다.[4]

이 서신의 내용에는 이전에 주장한 고봉 자신의 견해를 더욱 철저하
게 고수하기 위해서 이론의 심도를 더하고 있다. 곧 기질지성은 현상
사물이 품수한 성임을 특별히 강조하면서 본연지성과의 관계를 천상의
달과 천강의 달에 비유하고 있다. 그리고 리의 무위성無爲性과 기의 유
위성有爲性을 해와 운무에 비유하여 현상론적인 리기관을 확실하게 밝
히면서 사단칠정은 리가 기질 가운데 떨어진 뒤의 일이라고 주장한다.
따라서 사단칠정이 모두 기질지성에서 발한 것이라고 하면서 본연지

---

4) 『高峯集』「四七理氣往復書下」.

성과는 서로 포섭관계에서 이해해야 한다는 인설困說을 강조하기에 이른다.

그러나 한 편에서는 이전의 견해와 다른 입장을 보이기도 한다. 즉, 퇴계의 견해를 수용하여 본래의 자기 견해를 바꾼 듯한 면도 보이고 있다는 것이다. 그렇지만 그것은 결코 퇴계의 견해와 같은 것만은 아니다.

지금까지 퇴계와 주고받은 논변 중에서 고봉의 서신 내용을 살펴보았다. 다음으로는 편지 내용을 통하여 조감된 고봉의 기본적인 성리사상을 체계적으로 정리해볼 차례이다. 글의 형식이 편지글이고 보니 상대방의 주장과 문맥에 따라 리기론理氣論·심성론心性論·수양론修養論 등이 반복과 전도 그리고 비약된 점이 있어 고봉의 성리학을 체계적으로 이해하여 정리하는 데 어려움이 없지 않다. 장을 바꿔 고봉의 심성론을 중심으로 하여 체계적으로 정리해보기로 한다.

3. 현상적 리기론

리기론은 이론체계의 형이상학적인 근거로서 성리학 전반에 있어서 대전제가 되는 것이니, 리기론에 대한 분석 검토는 심성론 연구의 문을 여는 일이 된다. 고봉은 말하고 있다. "나의 생각에는 먼저 리기 위에서 분명히 본 연후에야 심·성·정·의의 뜻이 모두 낙착되는 곳이 있어서, 사단칠정도 분별하기 어렵지 않다고 여겨진다. 후세의 여러 선생님의 이론이 자세하고 분명하지 않은 것은 아니나, 자사·맹자·정자·주희의 말씀으로 질정해 보면, 모두 취지가 다른 것 같은데 아마도 리기에 대하여 분석을 하지 못해서인 듯하다."5) 여기에서 보면 고봉도 리기를 어떻게 보느냐 하는 문제는 성리학 이해의 선결문제가 된다고 말하고 있는 것이다.6)

주희는 일찍 우주의 본체로서 리와 기 이원二元을 확정한다. 그리고 리와 기의 개념 구분을 명확히 하고 있다. 곧 리는 형이상의 도와 같은 것으로 만물을 낳는 근본으로서 우주 간의 만유는 이 리를 품수 받음으로써 비로소 성을 갖추게 된다는 것이다. 그리고 기는 형이하의 기器와 같은 것으로 만물을 낳을 때 형체를 이루는 것이니 만유는 이 기를 품수 받음으로써 비로소 형을 이루게 된다는 것이다. 따라서 현상 사물의 세계에서는 리와 기가 따로 나뉘어져 있지 않고 함께 조화되어 있으나 그 존재의 특성으로 보면 어디까지나 리는 리이고 기는 기이어서 구분이 분명하다고 하였다.7) 고봉도 주희의 설에 따라 리기론에 대한 기본 입장을 밝히고 있다.

"리는 기의 주재主宰이고 기는 리의 재료이다. 이 리와 기 둘은 본래부터 구분은 있으나 사물 상에 있어서는 서로 혼륜混淪되어 있어 나눌 수 없는 것이다. 다만 리는 약하고 기는 강하며, 리는 조짐이 없고 기는 형적이 있다. 그러므로 유행발현流行發現할 때 과過나 불급不及의 차이가 없을 수 없다."8) 여기에서 고봉은 자기 철학의 기본 입장을 분명히 밝

---

5) 『高峯集』「四七理氣往復書上」, "然鄙意以爲當於理氣上 看得分明然後心性情意 皆有著落 而四端七情不難辨矣 後來諸先生之論 非不詳且明矣 然質以思孟程朱之言 皆若異趣似於理氣上未剖判也."

6) 황의동, 『奇大升』(성균관대학교출판부, 2008), 82쪽.

7) 『朱子大全』권58 「答黃道夫」, "天地之間 有理有氣 理也者 形而上之道也 生物之本也 氣也者 形而下之器也 生物之具也 是以人物之生 必禀此理然後有性 必禀此氣然後有形 其性其形 雖不外乎一身 然其道器之間 分際甚明 不可亂也."

히면서 심성론에 대한 사유의 방향을 제시해주고 있다. 그 첫째가 리기불상리설理氣不相離說이고 둘째가 리약기강설理弱氣强說이다. 리기불상리설로는 자기 철학의 기본 입장이 현상론적 사유에 있다는 것을 밝히는 것이고, 리약기강설로는 현상사물의 세계 속에서는 무작위성無作爲性을 갖는 리는 유작위성有作爲性을 갖는 기를 타고 발현하게 되는 것이므로 기의 과불급에 따라 리의 차이가 발생하게 된다는 입장을 밝힌 것이다.

성리학에서 보면 현상 사물은 본체인 리기의 합성물이다. 본체론상의 개념으로는 리와 기가 각기 저대로의 존재 특성을 갖는 각각의 존재이지만, 현상계상의 사물들은 리와 기가 합하여 구성되는 것이므로 리와 기는 서로 분리될 수 없는 것이다. 이것을 달리 이해해 보면, 본체인 리와 기로 구성되어 이루어진 사물은 이미 리도 기도 아닌 사물일 뿐인 것이며, 구체적인 현상세계의 제3의 존재라는 의미로 이해할 수도 있다는 것이다. 그러므로 현상계 상의 리기의 관계는 서로 불가분의 관계일 수밖에 없다. 주희도 『어류語類』에서 "합하여 보면 리와 기는 하나이다.(合看卽理氣爲一)"라고 하였다.

유행 상에서도 보면, 리는 기에 의해서 실현되며 기는 리에 의하여 운행된다. 이때의 리와 기는 서로 상의적相依的인 관계인 것이다. 이와 같은 리기불상리의 관계는 현상 사물을 존재상에서 보면 불가분의 관계이며 운행 상에서 보면 상의적인 관계라는 두 가지의 의미로 이해해 볼 수 있다. 이러한 현상론 상에서는 암암리에 리보다 기의 역할이 돋보인다.

---

8) 『高峯集』「四七理氣往復書上」, "夫理氣之主宰也 氣理之材料也 二者固有分矣 而其在事物也 則固混淪而不可分開 但理弱氣强 理無朕而氣有跡 故其流行發見之際 不能無過不及之差."

리약기강설은 리에 대한 기의 제약설이다. 리에 의한 기의 작용으로 이루어지고 운행되어진 현상세계에서는 마땅히 질서정연해야할 것이며, 전혀 악의 발생이 허용될 수 없는 것인데 어찌하여 사물들은 혹 이치에 따라 질서정연하지 못하고 이치를 벗어나는 예외가 발생하게 되는가? 주희는 이 물음에 대하여 리약기강설을 내놓게 된다. "기가 비록 리에 의해서 생겨난 것이지만, 이미 생겨나왔으면 리는 그것을 관리하지 못한다. 이 리가 기에 깃들어 있더라도 일용 간의 운행은 모두 이 기로 말미암는다. 기는 강하고 리는 약할 뿐이다."9) 리가 기를 관할할 수 없다는 의미는 기가 리를 어기고 운행할 수 있다는 것이다.

성리학에서 현상 사물의 세계는 기 중심의 세계이다. 기가 원기元氣로서 본래는 같은 것이나 그 응결조작에 따라서 이루어진 사물현상은 수박粹駁의 차이가 있으므로 그 기의 제한에 따라 리의 편전便全의 차이가 발생된다. 그러나 리 자체는 사실세계에서만 제한을 받아 차이가 있을 뿐 그 본질에 있어서 만큼은 완전무결하다. 그러므로 기강리약설은 현상 사물상에서의 기의 제약설에 불과한 것이다. 따라서 기질변화氣質變化의 설이 모든 가치실현의 이론을 뒷받침하고 있는 것으로 기강리약설은 수양론의 이론적 근거가 되는 셈이다.10)

고봉이 사단칠정에 관한 논변에서 "사단칠정은 리가 기질에 타재한 뒤의 일이다."11)라고 말하고 있는 것은 사단칠정에 관한 심성론을 오직

---

9) 『朱子語類』 권43, "氣雖是理之所生 然旣生出 卽理管他不得 如這理寓於氣了 日用間運用 都由這箇氣只是氣强理弱."

10) 최영찬, 「朱子哲學에서 본 高峯의 四端七情論」, 『傳統과 現實』(고봉학술원, 1991), 104쪽.

11) 『高峯集』 「四七理氣往復書下」.

현상론의 입장에서 사유하고 있다는 자기의 기본 입장을 밝히고 있는
것이다. 그러므로 고봉의 심성론은 현상론적인 리기관에 전적으로 기초
하고 있는 것이 된다. 따라서 사단칠정을 중심으로 한 고봉의 심성론은
현상론적 리기론의 철저한 이해가 선결되어야만 가능하다고 보여진다.

고봉은 첫 번째 서신에서 "리는 기의 밖에 있는 것이 아니고 기가
지나치거나 모자람이 없이 자연 발현하는 것이 바로 리의 본체라는 것
을 알고 공력을 쏟는다면 아마도 어긋남이 없을 것이다."[12]라고 하였
다. 두 번째 서신에서는 "리는 기 속에서 기를 타고 발현함에 있어 리
는 약하고 기는 강하여 리가 기를 관섭할 수 없으므로 그 유행지제流行
之際에 있어 중절中節과 부중절不中節하게 되는 것은 당연한 일이다."[13]
라고 하였다. 세 번째 서신에서도 리와 기의 관계를 공중의 해와 운무
로 비유하고 있다.[14] 이것은 모두가 현상론적인 입장에서 리기관계를
말하고 있는 것이다.

이러한 입장에서 고봉은 리와 기가 호발상수互發相須하는 관계에 있
다는 퇴계의 리기관을 수병지원受病之原이라고 비판하였으며[15] 또 만약
리와 기가 호발상수하는 것이라면 주희가 리는 무정의無情意·무계탁無
計度·무조작無造作이라고 한 말은 틀리게 되고, 도리어 리는 유정의有情

---

12) 『高峯集』「四七理氣往復書上」, "學者須知理之不外於氣 而知無過不及自然
    發現者 乃理之本來然也 而用其力焉 則庶乎其不差矣."
13) 『高峯集』「四七理氣往復書下」.
14) 『高峯集』「四七理氣往復書下」, "譬如日之在空 其光景萬古常新 雖雲霧浮而
    其光景非有所損."
15) 『高峯集』「四七理氣往復書下」, "人之一身 理與氣合而生 故二者有發用而其
    發又相須也 互發則各有所主可知 相須則互在其中可知云云者 實乃受病之原
    不可不深察也."

意·유계탁有計度·유조작有造作이 아닐 수 없게 된다고 퇴계를 반박하였
다.16) 그러나 고봉은 기에만 동정이 있고 리에는 동정이 없다는 주희철
학을 철저히 따르면서도 "기에 동정이 있으니 그것에 실려 있는 리도
또한 동정이 있다."17)라고 주장하면서 리와 기는 인잉因仍해서 공발共發
하는 것으로 사유를 발전시켰다. 그러므로 고봉은 주희의 "사단시리지
발 칠정시기지발"을 인설(如上下)로만 이해하면서 긍정하고 있다.18) 인
잉설因仍說은 리와 기 그리고 사단과 칠정은 서로 인잉의 관계로 결합
되어 있기 때문에 대대對待로 놓을 수 없으며, 인잉因仍은 하나로부터
다른 하나가 생겨나서 그 생겨난 것이 생겨나게 하는 근거를 포괄하고
있는 관계에 있다는 의미의 관계설이다. 예를 들어 한 종자가(因) 자라
서 나무(仍)가 되었을 때, 종자와 나무를 서로 구분하여 대대로 놓을 수
없으며, 오히려 결과인 나무가 종자를 포괄하는 것과 같다.19)

　고봉은 인설에 대하여 리기와 사단칠정의 관계를 상하와 같은 것으
로 서로 인잉하는 관계라고 지극히 짧은 설명으로 그쳐버리고 말았지
만, 인설은 실제 고봉철학의 체계 속에서 보면 리기론을 비롯한 심성론
에 이르기까지 사고의 핵심을 이루는 매우 중요한 개념이다. 고봉철학
에서 보면, 현상계의 모든 사물들은 형이상의 리가 형이하의 기질 속에

---

16) 『高峯集』「四七理氣往復書下」, "朱子曰 氣則能凝結造作 理却無情意無計度
　　無造作 只此氣凝集處 理便在其中 正謂此也 今日互有發用而其發又相須 則
　　理却是有情意有計度有造作矣 又似理氣二者如兩人."

17) 『高峯集』「四七理氣往復書下」, "氣旣有動靜 則所載之理 亦安得謂之無動靜."

18) 『高峯集』「四七理氣往復書下」, "大升以爲朱子謂四端是理之發 七情是氣之
　　發者 非對說也乃因說也 蓋對說者如說左右便是對待底 因說者如說上下便是
　　因仍底."

19) 한자경, 「사단칠정론에서 인간의 性과 情」, 『철학연구』 제68집(철학연구회, 2005),
　　173쪽.

타재하여 성과 형을 이루게 된다. 그러므로 상하라는 의미는 실재 리가 기속에 타재해 있다는 리기관계를 의미한 것이다. 그리고 인잉因仍은 "그대로 따른다."는 뜻으로 인순因順의 의미와 같다. 그러므로 기가운데 떨어져 있는 리가 기를 타고 발할 때 그 기가 리에 잘 순종하면 그 발은 중절의 발이 되고 잘 순종하지 않으면 부중절한 발이 되는 것이다.[20]

주희철학에서도 보면, 현상론적 리기관계를 말할 때 "리지이理之異"나 "리절부동理絶不同"을 말하고 있다. 이 말의 본래 의미는 리가 드러나는 현상세계의 결과로서 이異나 부동不同을 뜻하는 것이다. 주희는 "리 자체는 온전하여 전혀 흠궐欠闕이 없으나 기품의 차이가 고르지 못하므로 리의 드러남에 있어서도 결국 흠궐이 있게 된다."라고 하였다. 본래는 온전한 리에 편전의 차이가 있게 되는 것은 실로 현상사물 상에서 품수된 기의 제한 여부에 달려 있다는 것을 말하고 있는 것이다. 그러므로 주희철학에서도 유행발현하고 있는 현상세계 속에서의 리기관계는 결코 대설로 설명될 수 없고 인설로 설명될 수밖에 없는 것이다. 이렇게 볼 때, 고봉은 주희철학을 올바로 이해하여 철저히 따르고 있다고 평가할 수 있다.[21]

---

20) 이상은, 「李滉의 哲學」, 『韓國哲學硏究(中)』(한국철학회편, 1978), 231쪽.
21) 최영찬, 「朱子哲學에서 본 高峯의 四端七情論」, 『傳統과 現實』(고봉학술원, 1991), 114쪽.

4. 현상적 심성론

(1) 심心

성리학에서는 성리의 문제가 가장 핵심이 된다. 왜냐하면 존재문제
나 가치문제에서 궁극적으로 귀일되는 곳은 리이며, 또 리는 본질상 성
과 서로 통하고 있기 때문이다. 그러나 엄밀한 의미에서 보면, 리는 본
체론 상의 개념이고 성은 현상론 상의 개념인 것으로 의미상 서로 다르
다고 보아야 한다. 인간은 현상론적 존재이다. 주희철학에 따라서 말한
다면 인간도 본체인 리와 기의 결합으로 이루어진 현상사물의 일종이
기 때문이다. 고봉도 "인간은 리와 기가 합하여 태어났다."[22]라고 하였
다. 그러므로 심성론은 반드시 현상론의 차원에서 논급되어져야 할 것
이다.

본체 리기와 현상 심성의 관계는 성과 리, 심과 기가 직접 관계를 가
지면서 설명되기 시작한다. 우주론에서 보면 리가 기에 의지하여 드러
나는 것처럼 심성론에서도 보면 성은 심에 의지하여 드러난다. 그러나
우주론에서 리가 기보다 우선하는 절대법칙인 것처럼 심성론에서도 성
은 심의 핵심을 이루는 본체로서 절대선인 것이다. 그리고 심성론에서
는 다시 정의 개념이 첨가되는데, 정은 심의 작용현상으로 심의 본체인
성이 외물에 의하여 드러난 결과를 가리켜 말한 것이다. 예를 들어 인仁
이 성인데 대하여 인이 외물에 드러난 결과로서의 측은지심은 정인 것
이다. 그러므로 이와 같은 성과 정도 본체 리기와 관련시켜 볼 때, 성은

---

22) 『高峯集』「四七理氣往復書下」, "人之一身 理與氣合而生."

리의 영역에 정은 기의 영역에 해당된다. 성리학에서의 심·성·정의 관계는 흡사 외연과 내포의 관계처럼 보인다. 즉, 심은 의식주체로서의 외연적 개념이라면, 성과 정은 의식주체인 심을 구성하고 있는 구체적인 내용을 가리켜 언표된 개념으로 볼 수 있는 것이다.

고봉은 심에 대하여, 본질적으로 말할 때는 "리와 기의 합이다.(心乃理氣之合)"[23]라고 하였고, 구조적으로 말할 때는 "심은 성정을 통괄한다.(心統性情)"[24]라고 하였다. 그리고 심의 역할을 말할 때는 "심은 신체의 주인이다.(心是身之主)"[25]라고 하였다.

심은 성과 정을 내포하고 있는 것으로 개념상으로는 성과 정이 합하여진 통합적 의미를 갖는다. 그러므로 심은 성과 정을 통괄하고 있는 현상적인 실제심으로 이해되어진다. 성리학에서 보면, 성의 미발이나 이발 모두는 심 중의 일이다. 그리고 정으로 발현되어 과·불급이나 무과불급의 결과 모두는 심의 일에 속한다. 주희는 "심통·성정心統性情"을 말할 때 '통'의 함의에 대하여 두 가지를 제시하였다. 즉, "통統은 겸兼과 같은 것이다."[26]라 하였고, 또 "통統은 주재主宰이다."[27]라고 말한 것이 그것이다. 고봉은 주재의 의미보다 겸의 의미에 치중한 것 같다.

심신의 관계상에서 심은 몸의 주체, 혹은 주인으로 간주된다. 이것은 인간의 존재 특징을 마음에서 찾고 있는 인간관을 드러낸 것이라고 할 수 있다. 그리고 인간의 지각·사려 등을 모두 심의 활동으로 생각하

---

23) 『高峯集』「四七理氣往復書上」.
24) 『高峯集』「四七理氣往復書上」.
25) 『高峯集』「四七理氣往復書上」, "人心未發則謂之性 已發則謂之情 此心之以統性情."
26) 『朱子語類』 권98, "心統性情 統猶兼也."
27) 『朱子語類』 권98, "統是主宰 如統百萬軍."

였다. 주희는 "인간의 일신상에서 지각운동은 심의 소위가 아닐 수 없다."[28]라고 말하면서 "능히 지각할 수 있는 것은 기의 영명靈明인 것이다."[29]라고 하였다. 심은 실심實心으로서의 능각자能覺者요, 능각자는 또 기의 영명자靈明者인 것이다. 이에 대한 고봉의 생각도 마찬가지이다. "심은 허령虛靈하여 어둡지 않는 것으로 그것이 심의 본체이다. 주희가 심을 논함에 늘 허령이나 허명虛明, 또는 신명神明이라고 했는데, 이 모두는 오로지 심의 본체를 가리켜 말한 것이다. 그런데 이 심이 허령한 것은 기이고 허령한 까닭은 리가 되는 것이다. 따라서 심을 논하면서 허령이라 한 것은 오로지 본체를 가리켜 말한 것이고 허령지각虛靈知覺이라 한 것은 본체와 작용을 겸하여 말한 것이다."[30] 심의 본체는 허령한 것이다. 이를 바탕으로 지각작용이 있게 되는데, 이러한 심의 지각작용은 기가 하지만 그렇게 되는 까닭은 리이다.[31] 그리고 이러한 심에 관한 생각은 심의 본질을 리기 합으로 파악한데서 비롯된 것이라고 할 수 있다.

(2) 성性

고봉의 심성론 중에서 가장 큰 관심이 되고 있는 분야가 바로 성과

---

28) 『晦庵集』 권24, "人之一身 知覺運用 莫非心之所爲."
29) 『朱子語類』 권5, "能覺者氣之靈."
30) 『高峯集』 「四七理氣往復書下」, "若心之爲物 則其虛靈不昧者 乃其本然之体也 朱子於論心處 每每言虛靈 或言虛明 或言神明 此皆專指心之本体而言也 未嘗以虛靈與覺者 分屬理氣也 蓋其虛靈者氣也 其所以虛靈者理也 故論心者 曰虛靈則專指体言 曰虛靈知覺則兼擧体用而言也."
31) 황의동, 『奇大升』(성균관대학교출판부, 2008), 90쪽.

정에 관한 문제이다. 지금까지의 리기론과 심에 관한 고찰은 실로 고봉
의 심성론에서 중심을 이루고 있는 성정론의 기초 작업이라고 할 수 있
다. 고봉의 심성론은 특히 정론에 해당된 사단칠정四端七情을 본연지성·
기질지성과 연결시켜 논급하면서, 거기에다가 다시 리기론으로 그 전체
를 아우르면서 사유되고 있기 때문이다. 그러므로 고봉의 심성론에 대
한 이해는 쉬워도 각론하기는 어렵다. 따라서 논술 상 중언부언의 소지
가 얼마든지 발생할 수가 있다고 보여진다.

　성리학에서는 존재론 상의 최고 개념인 태극太極이나 가치론 상의
최고 개념인 순선純善이 모두 리로 일관되고 있다. 우주 전체의 원리로
써 이 리는 각각의 사물에 이르러서는 개체의 리가 된다. 이 전체의 리
나 개체의 리는 그 본질에 있어서나 기능에 있어서는 동일하다. 주희는
"성은 다만 리인 것으로 만리의 총명이다. 이 리 역시 천지간 공공公共
의 리인 것으로서 이것을 품수하면 곧 나에게 갖추어져 있는 것이 된
다."[32]라고 하였고, 또 "만물이 품수하여 지선하지 않음이 없는 것은
성이다."[33]라고 하였다. 고봉도 말하기를 "천지에 관하여 리와 기를 분
별하면 태극은 곧 리이고 음양은 곧 기이다. 사람과 사물에 관해서 리
와 기를 분별하면 건순健順과 오상五常은 리이고 혼백魂魄과 오장五臟은
기이다."[34]라고 하였고, "성은 리의 총명總名이고, 인의예지는 성 가운
데 있는 개별적인 하나의 리이다."[35]라고 하였다. 성은 곧 초월적이면

---

32) 『朱子語類』 권117, "性只是理 萬理之總名 此理亦只是天地之間公共之理 禀
　　得來便爲我所有."
33) 『朱子語類』 권62, "萬物禀受莫非至善者性."
34) 『高峯集』 「四七理氣往復書上」, "至於就天地分理氣 則太極理也 陰陽氣也
　　就人物上分理氣 則健順五常理也 魂魄五臟氣也."
35) 『高峯集』 「四七理氣往復書上」, "性是理之總名 仁義禮智皆性中一理之名."

서 내재적인 두 가지 의미를 갖는다. 초월적 의미로서의 리는 개체로서의 인간 이전에 존재해 있으면서 개체인 인간이 마땅히 따라야 하지만 개체로서는 모두 다 실현할 수 없다는 의미이고, 내재적인 의미는 개체로서의 인간이 이와 같은 리를 소유하고 있다는 의미이다. 여기에서부터 실제로 본연지성과 기질지성의 개념이 파생되어 나오게 된 것이다.

고봉은 성의 본질, 즉 본연지성을 말할 때는 주희와 마찬가지로 항상 리와 연결시키고 있다. "천지지성은 오로지 리만 가리켜 말한 것이고 기질지성은 리와 기를 섞어서 말한 것이다."36) 인간의 본연지성은 리를 품수받은 것으로 실제 내용은 인의예지인 것이다. 이러한 본연지성은 객관적이고 보편적인 초월적 의미의 본성이다. 따라서 경험세계를 넘어선 추상적이고 이상적인 대상일 수밖에 없는 특성을 지닌다고 할 수 있다. 그러니까 본연지성은 현상적인 세계를 넘어선 차원에서 리를 기와 개념적으로 분리하여 성을 설명한 것에 불과하다. 이러한 본연지성으로는 실제적인 현상세계 속의 인간의 성을 설명하기에는 충분하지가 않다. 그러므로 성리학에서는 이러한 본연지성이 현상적인 실제의 심속에 내재하여 기의 제한을 받게 되는 내재적인 성으로서의 기질지성을 별도로 구분하여 논급하기에 이른 것이다.

고봉은 다음과 같이 말하고 있다. "이른바 기질지성은 리와 기를 섞어서 말한 것이라고 한다. 기질지성의 선은 곧 본연지성이니 별도로 하나의 성이 있는 것이 아니다."37) 이러한 사상은 "기질은 음양오행을 말

---

36) 『高峯集』「四七理氣往復書下」, "論天地之性 則專指理言 論氣質之性 則以理與氣雜而言之."

37) 『高峯集』「四七理氣往復書下」, "夫所謂氣質之性 以理與氣雜而言之者 蓋以本然之性 墮在氣質之中 故謂之雜而言之 然氣質之性之善者 乃本然之性 非

한 것이고 성은 태극 전체인 것이다. 단 기질지성을 논하면 이 전체가 기질 가운데 떨어져 있는 것으로 별도로 하나의 성이 있는 것이 아니다."[38]라고 말한 주희의 사상을 그대로 잇고 있다고 할 것이다. 기질지성은 인간이 형체를 갖고 태어난 이후 본연지성이 신체에 내재한 뒤의 성, 즉 리가 기질 가운데 떨어져 있는 것이다. 바로 이러한 기질지성이 현상적인 인간의 실제적 성인 것이다.

형이상의 태극인 리와 형이하의 기가 의미상으로는 구분되지만, 개체를 구성함에 있어서는 리와 기는 하나인 것이다. 즉, 기의 응집결과 개체가 구성됨에 있어서는 리와 기는 하나로 존재한다. 이것은 태극이 기질 안으로 떨어지는 것을 뜻하며, 그 순간 본연지성으로서의 리는 이미 개체의 기질에 의해 제한을 받게 된다. 개체가 기질에 의해 제한된 기질지성 중에서 그대로 그 안에서 유지되는 선한 측면이 바로 그 개체의 본연지성이지 기질지성 이외에 별도로 본연지성이 있지 않다는 것이다. 기질지성 안에 이미 본연지성이 내포되어 있다는 의미이다.[39] 따라서 인간의 모든 심리현상은 모두가 본연지성에 기반하되 개체의 기질에 의해 규정되는 기질지성의 발현에 불과한 것이 된다.

고봉은 이러한 본연지성과 기질지성의 관계를 천상의 달과 물에 비친 달에 비유하고 있다. "내 생각에 천지지성은 천지를 통틀어 말한 것이고 기질지성은 만물이 품수받은 것에 따라 말한 것이다. 천지의 성은

別有一性也."

38) 『晦菴集』 권61, "氣質是陰陽五行所爲 性卽太極之全体 但論氣質之性 則此全体墮在氣質之中耳 非別有一性也."

39) 한자경, 「사단칠정론에서 인간의 性과 情」, 『철학연구』 제68집(철학연구회, 2005), 177쪽.

비유하자면 하늘의 달이고, 기질지성은 비유하자면 물에 비친 달이다. …… 만약 성의 측면에서 논한다면 그것은 하늘의 달과 물에 비친 달이 하나이지만 있는 곳에 따라 분별하여 말한 것일 뿐 따로 하나의 달이 있지 않다는 것과 같다."40) 하늘에 있는 달은 온전한 달이지만 물에 비친 달은 이미 물에 의해 제한을 받는 달이다. 마찬가지로 본래 선한 본연지성이 마음속에 떨어져 있으면 이미 기에 제한을 받고 있는 본연지성이다. 이 제한을 받고 있는 본연지성이 다름 아닌 기질지성인 것이다. 본연지성과 기질지성은 하나로서 같은 것이지만 있는 곳이 다르기 때문에 달리 불리게 된 것이다. 따라서 현상론자인 고봉은 본연지성이 심속에 떨어져 있는 기질지성이야말로 현상세계의 실제 인간의 성이라는 확실한 입장을 고수하고 있다고 할 수 있다. 이러한 본성관에서 보면, 본연지성은 본질을 바꿔 기질지성이 된다는 것이 아니라 있는 곳(所在)을 바꿈에 따라 제한을 받게 된 것이 바로 기질지성인 것이다. 그러므로 결국 본연지성과 기질지성의 관계도 대대적인 관계가 아니라 서로 포괄관계인 인잉적因仍的인 관계로 해석될 수밖에 없다.

작용적 측면에서도 보면, 기질지성 속에 이미 리와 기가 함께 존재하고 있기 때문에 의미상으로는 기질지성의 작용과 함께 본연지성의 작용도 이루어진다고 볼 수 있는 것이다. 그러므로 고봉은 리기공발설理氣共發說을 주장했던 것이다. 사물 상에서 '기를 주재하는 리'와 '리의 재료가 되는 기'가 혼연히 일체가 되어 있는 것처럼, 본연지성인 리는

---

40) 『高峯集』「四七理氣往復書下」, "愚謂天地之性是就天地上總說 氣質之性是從人物禀受上說 天地之性譬則天上之月也 氣質之性譬則水中之月也 …… 若就性上論 則正如天上之月與水中之月 乃以一月隨其所在 而分別言之爾 非更別有一月也."

기질, 즉 기 속에 떨어져서 실상은 리와 기가 혼연한 하나의 성이 되어 있기 때문에 '리의 발'은 기와 함께 공발한 것이지만 기가 용사用事하지 않는 것일 뿐이다. 그리고 성리학에서 보면 성은 불활동적不活動的인 것이며 불변적인 절대성을 갖는 것이므로 성이 직접 동한다거나 발한다는 것은 불가능하다. 그러므로 '성지욕性之欲'은 엄밀한 의미에서 '심지욕心之欲'을 뜻하는 것이 된다. 주희가 말하기를 "아직 발동하지 않은 전체를 말하면 곧 성이요, 이미 발동한 묘용妙用을 말하면 곧 정인 것이다. 그러나 심이 성정을 통괄한다는 것은 다만 일물의 혼륜상태 가운데로 나아가 그 이발已發·미발未發을 가리켜 말한 것이니 성이 다른 하나이고 심이 다른 하나이며 정이 다른 하나인 것이 아니다."[41]라고 하였다.

(3) 정情

정은 현상세계의 범주에 속한 인간의 심리적 개념이다. 고봉은 정을 정리하여 다음과 같이 말하고 있다. "인심이 아직 발하지 않으면 성이라 하고, 이미 발하면 정이라고 한다. 그리고 성은 선하지 않음이 없고 정은 선과 악이 있다. 이것은 두말할 여지가 없이 진리이다."[42] 정은 인심이 발하여 나타난 심리현상으로 선악이 갖추어져 있는 것이다. 이것

---

41) 『性理大全』 권33, "以其未發而全体者言之卽性也 以其已發而妙用者言之卽情也 然心統性情 只就 渾淪一物之中 指其已發未發而爲言耳 非性是一個地頭 心是一個地頭 情又是一個地頭."

42) 『高峯集』 「四七理氣往復書上」, "蓋人心未發則謂之性 已發則謂之情 而性則無不善 情則有善惡 此乃固然之理也."

은 고봉이 "희노애락喜怒哀樂은 정이고 정의 미발未發은 성이다."[43]라고
말한 주희의 설을 그대로 받아들인 것이다. 고봉은 "성은 마음의 본체
이고 정은 마음의 작용이다."[44]라고도 하였다.

발생론적으로는 다음과 같이 설명하고 있다. "만약 정을 논한다면
본성이 기질에 떨어져 있는 연후에 인연因緣하여 발해서 정이 되므로
리기를 겸하고 선악이 있는 것이다."[45] 이와 같은 정설情說에서도 보면,
현상세계에서의 리기 관계나 본연지성·기질지성의 관계와 마찬가지로
상하관계, 즉 인잉설로 일관되게 설명하고 있음을 알 수 있다. 즉, 정에
있어서도 리와 기의 관계는 본연지성이 기질 속에 떨어져 있는 기질지
성의 발현이므로 곧 서로 포괄관계이면서 상하관계인 것이다.

작용적 측면에서 보면, 정에 있어서는 본성(리)과 기질(기)이 공동으
로 작용한 것이 된다. 고봉이 "본성이 기질에 떨어져 있으므로 말미암
아 성이 비로소 발하여 정이 된다."라고 말한 것을 보면 표현상으로는
본성이 기질 속에 떨어져 있고, 그 다음에 발하여 정이 되는 듯이 느껴
진다. 내용상으로는 기질 속에 있는 본성, 즉 기질지성이 발하여 정이
된다는 것이니, 결국은 리가 기를 타고 발한 것이 정이라는 의미로 해
석된다. 이것이 바로 '성발위정性發爲情'의 진정한 의미인 것이다. 그러
므로 순수한 리발理發은 있을 수 없다. 따라서 '성발性發'과 '리무위理無
爲'의 상충된 모순을 피할 수 있게 된다.

이러한 고봉의 관점에 따르면, 정의 영역에 있어서는 본성과 기질이

---

43) 『高峯集』「四七理氣往復書上」, "朱子曰 喜怒哀樂情也 其未發則性也."
44) 『高峯集』「四七理氣往復書上」.
45) 『高峯集』「四七理氣往復書上」, "若論其情 緣本性墮在氣質然後發而爲情 故
謂之兼理氣有善惡."

어디까지나 공동으로 작용한 것이 된다. 이러한 공동작용도 역시 대대적인 것이 아니고 상하적인 것이다. 그리고 고봉은 "(리와 기는) 사물 상에 있어서 본래 한데 엉켜 있는 것으로 나누어 갈라낼 수 없다. 다만 리는 약하고 기는 강하며, 리는 형체가 없고 기는 자취가 있으므로 그것이 작용하여 드러날 때에 지나치거나 미치지 못한 차이가 없을 수 없다."[46]라고 하여, 고봉은 리는 약하고 기는 강하다는 이론으로 정에 선악이 발생할 수 있다는 것을 설명하려 했던 것이다. 리가 약하다는 것은 리 자체가 약하다는 의미는 아니다. 다만 기의 지나치거나 모자람 때문에 리가 제대로 드러나지 못하는 경우가 발생할 수 있다는 의미이다.[47]

정의 종류에 대해서는 고봉이 다음과 같이 말하고 있다. "자사子思는 희로애락의 미발을 중中이라 하고 발하여 모두 절도에 맞는 것을 화和라고 한다. 맹자孟子는 딱하고 가엾이 여기는 마음을 인仁의 단端이라 하고, 부끄러워하고 싫어하는 마음을 의義의 단端이라 하고, 남을 위하여 양보하는 마음을 예禮의 단端이라 하고, 옳고 그름을 가리는 마음을 지智의 단端이라 한다. 이것이 바로 성과 정에 관한 이론인데, 옛 선비들이 이렇게 밝힐 데로 다 밝혔다. 그러나 내가 따져보니 자사가 말한 것은 그 전체에 걸쳐 말한 것이고, 맹자가 말한 것은 그중의 일부를 떼어낸 것이라고 생각된다."[48]

---

46) 『高峯集』「四七理氣往復書上」, "(理氣)其在事物也 則固混淪而不可分開 但理弱氣强 理無朕而氣有跡 故其流行發見之際 不能無過不及之差."

47) 최동희,「高峯의 人性論」,『高峯學論叢』제3호(고봉학술원, 1993), 199쪽.

48) 『高峯集』「四七理氣往復書上」, "子思曰 喜怒哀樂之未發謂之中 發而皆中節謂之和 孟子曰 惻隱之心仁之端 羞惡之心義之端 辭讓之心禮之端 是非之心智之端 此性情之說也 而先儒發明盡矣 然竊嘗考之子思之言所謂道其全也者 而孟子之論所謂剔撥出來者."

자사가 말한 희노애락과 맹자가 말한 측은·수오·사양·시비는 고봉이 말한 정의 전부이다. 그런데 자사가 『중용』에서 말한 희노애락은 실제 『예기』에서 말하고 있는 희·노·애·구·애·오·욕이라는 일곱 가지의 정과 동일한 의미를 갖는다. 고봉은 이것을 정의 전부인 것으로 말하고 있다. 즉, 인간이 태어날 때부터 본능적으로 가지고 있는 정의 총화이다. 그리고 인간에게 일어날 수 있는 정들을 총칭한 것이 칠정七情인 것이다. 맹자가 말한 사단은 이목구비耳目口鼻의 식생지성食色之性과 대비시켜 말한 '인간 본성'의 단서를 말한 것이다. 고봉은 경험상으로 드러난 마음이면 어느 것이나 다 정이라 하였으니 사단도 역시 정으로 파악한 것이다. 즉, 인간이 동물과 구별하도록 함으로써 인간을 인간이게끔 하는 것이 인의예지라는 의미에서 맹자는 이것을 인간의 본질적 특성, 즉 인간의 본성으로 파악하였다.[49] 그러나 이 사단은 순수히 선한 정만을 가리킨 것이다. 그래서 고봉은 이 사단을 칠정 중의 선한 일부를 떼어낸 것이라고 하였다. 고봉학에서의 정은 사단과 칠정이 전부이다. 고봉의 심성론은 이와 같은 사단칠정의 정을 본연지성·기질지성 그리고 리기와 연결시켜 사유된 심성론으로 한국 성리학 전통의 선하先河를 이루어 놓았다고 할 것이다.

사단칠정은 리가 기에 떨어진 뒤의 일, 즉 본연지성이 기질에 내재된 뒤의 기질지성에서 발생하게 된 심리현상이다. "사단과 칠정은 리가 기질에 떨어진 뒤의 일이니, 마치 물에 비친 달빛과 비슷하다. 칠정은 그 빛에 밝고 어두움이 있는 것이며 사단은 특별히 밝은 것이다. 칠정에

---

49) 윤사순, 「高峯 心性說의 理氣論的 特色」, 『高峯學論叢』 제3호(고봉학술원, 1993), 165쪽.

밝고 어두움이 있는 것은 진실로 물의 흐림 때문이고, 사단이 절도에
맞지 않는 것은 비록 빛이 밝지만 물결(波浪)의 움직임을 피하지 못하기
때문이다."50) 고봉은 기질지성을 강물에 비친 달에 비유하고 인간의 감
정도 달이 비치는 물이 일으키는 물결과 같은 것이라고 하였다. 결국
마음에서 일어나는 움직임은 모두 물의 움직임, 즉 달을 비치는 물의
움직임과 같은 것으로 보았던 것이다. 이것이 바로 기질의 작용이며 기
발인 것이다. 본연지성과 기질지성은 결코 독립적인 두 성이 아니므로
성이 발하는 정에 있어서도 본연지성의 리발과 기질지성의 기발, 사단
과 칠정이 서로 구분되지 않는 똑같은 정이라는 것이다. 다만 빛이 밝
고 어둠이 있는 것은 칠정이고 특별히 밝은 것은 사단일 뿐이며, 물의
흐림 때문에 칠정의 밝고 어두움이 있고, 빛이 밝지만 물결의 움직임을
피하지 못하기 때문에 사단이 절도에 맞지 않을 경우가 발생한다는 것
이다.

고봉은 말하고 있다. "내 생각으로는 중中에 있을 때에는 진실로 순
수한 천리이다. 이때에는 단지 성이라고 할 수 있을 뿐이지 정이라고
할 수는 없다. 만약 그것이 막 발하게 되면 곧바로 정이 되어 화와 불화
의 차이가 있게 된다. 발하기 전에는 오로지 리일 뿐이지만 이미 발하
고 나면 곧 기를 타고 움직인 것이다."51) 희로애락이 발하지 않는 중의
상태는 천리 그대로인 성이다. 그리고 막 발하게 되면 정이 된다. 이 발

50) 『高峯集』 「四七理氣往復書下」, "所謂四端七情者 乃理墮氣質以後事 恰似水
中之月光而其光也 七情則有明有暗 四端則特其明者 而七情之有明暗者 固
因水之淸濁 而四端之不中節者 則光雖明而未免有波浪之動者也."
51) 『高峯集』 「四七理氣往復書上」, "愚謂在中之時 固純是天理 然此時只可謂之
性 不可謂情 若才發則便是情而有和不和之異矣 蓋未發則專是理 旣發則便
乘氣而行也."

한 정은 화와 불화의 차이가 있게 된다. 이러한 정은 리, 즉 본연지성이 기질지성, 즉 기를 타고 움직인다는 것이다. 그러니까 고봉은 사단도 칠정과 마찬가지로 기의 작용이라는 것을 말하고 있다. 맹자의 측은지심을 들어 구체적으로 설명하고 있다. "사단 역시 형기形氣에 감感하여 발한 것이다. 어린아이가 우물에 빠지려는 일에 감하여 거기에서 인仁의 리가 감응하여 비로소 측은지심이 발생한다."[52] 측은지심도 본연지성이 내면에서 저절로 발하는 것이 아니라 우물에 빠진 아이를 봄으로써, 즉 외물에 접하여 기의 감을 통해서 발한 것이다. 이러한 견해에서 보면 칠정도 본래는 선하다고 할 수밖에 없다.[53] 칠정도 리에 따라 발하는 것이므로 사단과 다를 바 없고 사단도 발할 경우에는 기를 타고 움직이므로 칠정과 다를 바가 없다. 요컨대 사단칠정은 모두 내부에 있는 리가 기를 따라 감응한 정으로 리발이며 동시에 기발이다(共發). 그리고 정으로 발현해서 중절하면 선한 사단인 것이고, 이 사단은 칠정의 부분일 뿐이다. 또한 리가 기를 통해서 발현되고, 인간의 심성에서는 본연지성이 기질지성이니, 기질지성의 발현인 사단칠정은 사실적 발출의 유래인 소종래所從來가 따로 있는 것이 아니다. 칠정이 사단을 포괄하고 있는 것이다(七包四). 그러므로 고봉은 "칠정이 어찌 리기를 겸하고 선악이 있는 것이 아니겠으며, 사단이 어찌 칠정 가운데의 리로서 선한 것이 아니겠는가?"[54]라고 말하고 있는 것이다. 따라서 "칠정 중의 선은 곧 리의

---

52) 『高峯集』「四七理氣往復書上」, "四端亦形氣所感 赤子入井之事感 則仁之理 便應 而惻隱之心於是乎."

53) 『高峯集』「四七理氣往復書上」, "四端固皆善 而七情亦皆善也."

54) 『高峯集』「四七理氣往復書上」, "七情豈非兼理氣 有善惡 而四端者 豈非七情中理也善也哉."

발이니 사단과는 내용이 같고 이름만 다른 것이다. …… 이른바 본연지
성은 칠정 중에서 척발剔撥해서 '성의 체'를 말한 것으로, 맹자가 말한
성이 이것이고, 이른바 기질지성은 리기를 겸하여 말한 것으로 공자가
말한 '성상근性相近'이 이것이다."55) 사물에서 기를 주재하는 리와 리의
재료가 되는 기가 혼연히 일체가 되어 있는 것처럼 본연지성인 리는 기
질, 즉 기 속에 떨어져서 리와 기를 겸한 혼연한 하나의 성이 되어 있기
때문에 리의 발인 사단에서는 기가 작용하지 않았다는 점에서 순선이
고, 리와 기가 함께 발한 칠정에서는 절도에 맞으면 선이고 절도에 맞
지 않아 지나치거나 모자람이 있는 것은 악이다. 그러므로 사단의 순선
과 칠정의 선은 동일한 선천적 본연이라고 말한 것이다.56) 그리고 또
말하기를 "자사는 정에 나아가 리와 기를 겸하고 선과 악이 있는 것을
가지고 섞어서 말했으므로 정의 전체를 말한 것이고, 맹자는 정 가운데
로 나아가 오직 리에서 발하여 선한 것만 들어서 말한 것이므로 척발해
서 나온 것이라고 할 수 있다. 그러므로 사단칠정이 모두 같은 정인 것
이다."57)라고 하였다.

　이상에서 보면, 공자나 자사는 리기를 겸하고 본연지성이 기질 가운
데 떨어져 있는 기질지성이 발한 정, 즉 선악이 함께 있는 전체의 정인
칠정에 나아가 말한 것이고, 맹자는 칠정 중에서 리·본연지성·순선의

---

55) 『高峯集』「四七理氣往復書下」, "蓋七情中善者 乃理之發而與四端同實而異
　　名也 …… 所謂本性者 是剔撥出而言性之本 孟子言性是也 所謂氣質之性者
　　是兼理氣而言之 孔子所謂性相近也."

56) 전두하,「退溪와 관련시켜 본 高峯의 人性論」,『高峯論叢』제3호(고봉학술원,
　　1993), 231쪽.

57) 『高峯集』「四七理氣往復書上」, "子思就情上以兼理氣有善惡者而渾淪言之
　　故爲之道其全 孟子就情中只擧其發於理而善言之 故謂之剔撥出來 然則均是
　　情也."

부분만을 발라내어 말한 것이다. 여기에서 가볍게 스쳐버릴 수 없는 중
요한 개념이 바로 '취就', 즉 '입각하여 가리키다.'라는 개념이다. 사단
칠정이 발한 유래나 원인인 '소종래所從來'가 아니라 발하여 드러난 결
과를 가리켜(所就·所指) 말하고 있다는 점이다. 고봉은 이러한 문제에 대
하여 더욱 구체적으로 말하고 있다. "나의 생각 역시 맹자가 가리킨 것
은 기를 아울러서 가리켰다는 것은 아니다. 나의 설에서도 물론 성이
발할 때, 기가 용사用事하지 않아서 본연지성이 완수될 수 있는 것이 맹
자가 말한 사단이라는 것이다. 생각건대 사단에도 기가 없는 것은 아니
지만 그것이 드러날 때 천리의 본체가 수연粹然히 노정露呈되어 조금도
결여됨이 없으며 마치 기가 나타나지 않는 것 같은 것이다. 비유해서
말하면 달과 같으니 영공담수映空潭水가 이미 청철淸澈하여 달이 점점
밝아져서 표리表裏가 온통 투영透影되면 마치 물이 없는 것처럼 의심되
므로 이것을 리에서 발한다 할 수 있는 것이다."[58] 맹자가 말한 사단의
본래 의미는 성이 발할 때 기가 용사하지 않아서 결과적으로는 본연지
성이 완전하게 드러난 것이라고 한다. 그러니까 본래 기가 없는 것은
아니지만 정이 나타날 때 천리본체가 순수하게 노정된 것이다. 고봉은
오직 이러한 입장에서 사단이 리의 발이라는 퇴계의 주장을 받아들이
고 있다.

　'소지所指', 즉 발하여 드러난 결과를 가리킨 것으로 볼 때, '리의
발'·'본성의 발'이라고도 할 수 있다는 점에 주의를 기울여 볼 필요가

---

58) 『高峯集』「四七理氣往復書下」, "鄙意亦非以孟子所指者爲兼指氣也 鄙說固
性之乍發氣不用事 本然之性得以直遂者 正孟子所謂四端者也 盖所謂四端者
雖曰非無氣 而其於發見之際 天理本体 粹然呈露無少缺闕 恰似不見氣了 譬
如月映空潭水 旣淸澈月益明朗表裏通透 疑若無水 故可爲之發於理也."

있다. 고봉은 이 문제에 대한 결론적인 말을 분명하게 하고 있다. "기가 리에 순順하여 발해서 일호도 장애가 있지 않으면 곧 리의 발이다. 만약 이것을 벗어나서 다시 리의 발을 찾는다면 결코 얻을 수 없다."[59] 기가 리를 따라 발하는 '기순리氣順理'는 기의 작용 안에 이미 리가 있다는 것을 뜻하며, 이는 결국 기가 발할 때 리가 그 기를 타는 '리승기理乘氣'와 다를 바가 없다.[60] 리발은 결코 순수한 리 자체가 발한다는 의미는 아니다. 기를 타고 발한 것일 수밖에 없는 것이다. 굳이 리발을 말한다면 소지, 즉 발하여 드러난 결과를 가리켜 말할 수는 있어도 소종래, 즉 사실적인 발출의 유래 혹은 원천적인 발단의 근원이라는 의미에서는 말할 수 없는 것이다.

이상에서 살펴 본 정에 관한 사상도 고봉의 기본적인 입장에 따라 현상론적으로 사유된 결과라고 할 수 있다. 고봉은 현상세계를 리와 기가 서로 결합된 '리재기理在氣'의 세계로 파악하고, 그 작용에 있어서는 리약기강설理弱氣强說을 들어 심성론을 논급하고 있다. 먼저 고봉은 본연지성이 기질 가운데 떨어져 있는 것이 기질지성이고, 이 기질지성이 바로 현상 속에 실재하고 있는 인간의 성임을 주장하면서 리와 기, 본연지성과 기질지성의 관계를 인잉, 즉 상하의 포괄적 관계로 설명하고 있다. 사단과 칠정 문제도 이와 같은 인설에 적용하여 사단을 칠정에 포함시켜 하나의 정으로 파악하면서 순선의 사단에 대하여는 '소지'의 입장에서만 '리발'을 긍정하지만 '소종래'의 입장에서는 철저하게 부정

---

59) 『高峯集』「四七理氣往復書下」, "氣之順理而發 無一毫有碍者 便是理之發矣 若欲外此而更求理之發 則吾恐其揣摩摸索愈甚而愈不可得."

60) 한자경, 「사단칠정론에서 인간의 性과 情」, 『철학연구』 제68집(철학연구회, 2005), 192쪽.

하였던 것이다. 이와 같은 고봉의 심성론은 고봉철학의 기본입장인 현상론적 사유에 철저하게 일치시키고 있다고 할 것이다.

고봉은 앞에서 살펴본 바와 같은 철학의 기본적인 입장을 철저하게 고수하면서 최후로 '후설後說'과 '총론總論'을 지어 퇴계에게 보내고 역사적인 논쟁을 마무리하게 된다. 그 요점을 정리해 보면 다음과 같다.

① 맹자가 말한 사단은 정으로서 리기를 겸하고 선악이 있는 것 위에서, 리에서 발하여 선하지 않음이 없는 것을 추려서 말한 것이다. 맹자가 성선을 말하면서 사단으로 증거를 대고, 사단을 논하면서 "나에게 있는 사단을 확충시킨다."라고 한 것을 보면 리의 발이라는 것을 수긍할 수 있다.

② 칠정은 리기를 겸하고 선악이 있어 그 발한 바가 오직 기만은 아니더라도 기질의 혼잡이 있는 까닭에 기의 발이라 할 수 있다. 정자가 칠정을 논하면서 칠정의 동요를 단속하여 중中에 합치시킨다 한 것은 (리를 장애하는 기를 중심으로 하여) 악으로 흐르기 쉬움을 말한 것이니 이것을 기의 발이라고 할 수 있다.

③ 위와 같이 본다면 사단칠정을 리기로 나누어 귀속시킨 것과 사단칠정의 명의名義가 각각 소이연이 있음을 인정할 수 있다.

④ 칠정 가운데서 발하여 마땅한 조건에 맞는 것은 곧 리에서 발하여 선하지 않음이 없는 것에 해당하니 애초에 사단과 다를 것이 없다. 칠정이 비록 기에 속하지만 리가 본래 그 가운데 있으니 칠정이 발하여 절도에 맞은 것은 곧 천명으로서의 성이며, 본연의 체이니 사단과 다를 것이 없는 것이다.

⑤ 사단과 칠정의 관계는 본연지성·기질지성과 같다. 기질지성이 리와 기가 섞여 있다는 것은 본연지성이 기질 가운데 떨어져 있는 것이 기질지성이기 때문이다. 그러나 기질지성 가운데 선한 것은 바로 본연지성으로 따로 하나의 성이 있는 것은 아니다. 이틀에서 보면 칠정 가운데서 발하여 절도에 맞은 것은 사단과 같은 것으로 이름은 다르지만 내용에 있어서는 마찬가지이다.[61]

여기에서 ④·⑤는 고봉이 갖고 있는 평소의 자기 입장을 최종적으로 결론을 내려 정리하고 있는 부분이다. 즉, 칠정은 리가 기질 속에 내재되어 이루어진 기질지성이 발한 것이고 사단은 발하여진 칠정 가운데서 절도에 맞는 것으로써, 이것은 다름 아닌 천명의 성이고 본연의 체라는 것이다. 그러므로 사단은 절도에 맞은 칠정과 이름만 다른 것이지 내용은 한 가지라는 것이다. 이와 같은 생각은 사단칠정에 대한 고봉의 기본적인 사상으로 현상론에 철저하게 기초하여 사유되어진 최후의 결론이라고 할 수 있다. 리와 기, 본연지성과 기질지성, 사단과 칠정을 서로 포괄적인 인잉관계로 파악하고 일관성 있게 사유를 전개하고 있다는 것이 고봉철학의 기본이며 핵심내용이기 때문이다.

그리고 ①·②·③은 사단칠정을 리와 기에 귀속시켜 사단을 리의 발이라 하고 칠정을 기의 발이라고 하는 퇴계의 주장을 받아들이고 있는 듯한 내용이다. 그러나 언설의 내용을 자세히 들여다보면 결코 고봉은 자신의 기본 입장을 완전히 버리고 퇴계의 주장에 수긍한 것은 아닌 것 같다. 왜냐하면 고봉은 후설과 총설에서 사단이나 칠정 모두가 리기를 겸하고 선악이 있다는 기본 입장을 전제로 제시하면서 리발과 기발을 수용하고 있기 때문이다. 즉, 리가 기에 떨어져 있는 이후에 이루어진 현상 사물세계 속의 인간에 있어서는 그 실제적인 성을 곧 기질지성으로 파악되고, 기질지성의 발인 사단칠정에 있어서도 그 발단의 원두처原頭處가 리기공발理氣共發일 수밖에 없기 때문이다.

그러나 고봉은 맹자가 성선을 논하면서 "사단을 증거로 대고" "나에게 있는 사단을 확충시킨다."라고 하였으니, 이러한 점에서 사단이 리

---

61) 성태용, 「고봉 기대승의 사단칠정론」, 『四端七情論』(서광사, 1992), 192쪽.

에서 발한 것(四端理之發)이라는 퇴계의 주장을 수긍할 수 있다고 하였다. 이러한 고봉의 퇴계설에 대한 수긍은 퇴계가 의미하고 있는 '리발'을 그대로 수용한 것이라고는 볼 수 없다. 왜냐하면 '성선의 근거'인 사단은 성이 드러난 결과로서 일종의 검증요소나 자료로서 앞에서 논급했던 '소취所就'나 '소지所指'의 의미로 이해되어질 뿐, 결코 '소종래所從來'로서의 의미로 단정할 만한 의미가 뚜렷하지가 않기 때문이다. 그리고 "사단의 확충"이라는 언설도 도덕현상 속에서 사단의 실현이나 지향의 의미로 이해되어질 수 있기 때문에 역시 소취나 소지의 입장에서 리발을 긍정할 수 있는 근거가 될 수 있을지언정 리발의 소종래를 의미한 것이라고는 볼 수 없다.

고봉은 또 칠정에 대하여 말하기를, "기가 리를 장애할 수 있는 기의 혼잡이 있는 까닭(所以然)"에 정자가 칠정의 동요를 단속해야 한다고 했던 말을 들어 칠정을 기의 발(七情氣之發)이라고 한 퇴계의 주장을 받아들일 수 있다고 하였다. 여기에서는 고봉이 기의 혼잡이 있는 까닭, 즉 소이연의 의미에서 기의 발을 긍정한 것이라고 분명하게 밝히고 있다. 그러므로 소종래의 의미에서 기의 발이라는 주장을 받아들인 것이 아니다. 따라서 고봉은 자기의 기본 입장을 포기하면서 퇴계의 주장을 받아들인 것이라고는 결코 이해될 수 없는 것이다.

지금까지 살펴본 바와 같이 고봉은 퇴계의 사단칠정에 대한 근본 입장을 시인하고 받아들이고 있다고는 할 수 없다. 고봉은 사단을 말하여 "발하여 절도에 맞은 것은 곧 천명의 성이고 본연의 체이며 맹자가 말한 사단과는 내용은 같으면서 이름만 다른 것이다."[62]라고 한 처음의

---

62) 『高峯集』 「四七理氣往復書上」, "其發而中節者 乃天命之性本然之体 而與孟

생각을 끝까지 고수하고 있는 것을 보면 사단은 칠정과 그 소종래가 같은 것이다. 그러므로 사단을 리로 말한다면 "발하여 절도에 맞는 것"이고 기로 말하면 "발하여 과나 불급이 없는 것"이 된다. 이러한 의미에서 고봉은 사단의 '소지所指'를 따진다면 '발어리發於理'라고 할 수 있다고 수긍한 것이다.

칠정을 말하면서는 "자사는 리기의 묘합妙合으로 나아가 함께 섞어서 말한 것이니 정에는 진실로 리기를 겸하고 선악이 있는 것이다. 칠정이 바로 이것이다."[63]라고 하였다. 고봉은 칠정에 대해서도 자기의 입장을 철저하게 지키고 있다고 할 수 있다. 즉, 고봉이 말하고 있는 칠정은 리기를 겸하고 선악이 있는 것을 가리켜 말한 것이지 오로지 기만을 가리켜 말한 것일 수는 없는 것이다. 요컨대 고봉은 소지로 볼 때, 사단을 리의 발이라고 한 것은 인정할 수 있지만 칠정을 기의 발이라고 한 것은 인정할 수 없다고 주장한 것이다. 그리고 칠정을 소이연의 입장에서는 기의 발을 인정할 수는 있어도 소종래의 입장에서는 철저하게 부정하고 있는 것이다.

결론적으로 말한다면 고봉은 사단칠정을 소종래, 즉 원두발단原頭發端의 입장에서 보면 모두가 기질지성의 발현이기 때문에 결코 '발어리'나 '발어기'를 말할 수 없다는 기본 생각을 고수하면서 끝까지 퇴계와의 입장을 달리하였던 것이다. 다음과 같은 말이 고봉의 사상을 총체적으로 함축하고 있다. "무릇 소종래가 각기 있다 함은 그 원두발단의 다름을 말한 것이고, 그렇게 본다면 사칠은 모두 성에서 발하는 만큼 소

子所謂四端者 同實而異名也."

63) 『高峯集』「四七理氣往復書上」, "子思就理氣妙合之中 而渾淪言之 則情固兼理氣 有善惡矣 七情是也."

종래가 각각 있다고 할 수 없다는 것이다. 구태여 소종래를 말하려 한다면 사칠의 중절과 부중절에 의하여 할 수 있을 것이다."[64] 고봉은 사단칠정의 소종래는 오히려 "절도에 맞음"과 "절도에 맞지 않음"에 있다고 해야 한다고 하였다.

5. 고봉은 현상론자이다.

고봉의 심성론은 리기의 인잉적因仍的 관계구조로 사유된 현상적인 성정론이라고 할 수 있다. 고봉은 본연지성과 기질지성의 관계를 상하의 관계, 즉 포괄적인 관계로 파악하고 본연지성이 기질지성 안에 내재되어 있는 것으로 본다. 기질지성은 순선한 본연지성이 기질 가운데 떨어져 이루어진 것이므로, 아직 발하지 않는 본래의 상태에서는 선이라고 할 수 있다. 그러나 기질이 본성을 동요시킴으로써 본연의 선을 장애할 수 있기 때문에 기질지성이 발한 상태에서는 선악이 있게 된 것이다. 고봉학에서는 이와 같은 기질지성이 인간의 실제적인 성으로 설명되고 있다.

정에 관해서도 성론에 따라 기질지성이 발하여 드러난 심의 현상으로 설명되고 있다. 고봉은 현상에 드러난 심의 전체적인 현상을 사단칠정으로 설명하면서 순선인 사단을 칠정 속에 포함시켜 사유하고 있다. 기질지성이 발하여 드러난 칠정에는 리기를 겸하고 선악이 있게 된다.

---

64) 『高峯集』「四七理氣往復書上」, "夫謂之各有所從來者 謂其原頭發端之不同也 四端七情俱發於性 而謂之各有所從來可乎 若以四端七情之中節不中節者 爲各有所從來 則或庶幾也."

그러나 사단은 칠정 중의 선한 부분만 가려내어 말한 것이다. 그러므로 정이 발단하게 된 근원에서 본다면 사단은 리의 발이고 칠정은 기의 발이라고 할 수 없다. 사단칠정 모두가 리기공발이다. 사단칠정이 모두 기질지성의 발에서 이루어진 것이기 때문이다. 다만 고봉은 '소지所指'의 관점에서는 사단을 리의 발이라고 할 수 있고 '소이연所以然'의 관점에서는 칠정을 기의 발이라고 할 수 있다고 한다.

이러한 심성론은 결국 고봉의 현상론적인 리기관에 기초하고 있는 것이다. 고봉은 리기불상리의 관점에서 선악이 가능한 현상세계의 전개를 리약기강설로 해명하고 있다. 리기불리관이나 리약기강설로 리기의 관계나 특성을 파악하고 있는 리기관은 현상론 상에서 논급될 수밖에 없는 논리적 구조이기 때문에, 여기에 기초하고 있는 고봉의 심성론은 철저하게 현상론적으로 사유된 결과라 할 수 있을 것이다.

참고문헌

1. 『高峯集』
2. 『朱子語類』
3. 『朱子大全』
4. 『性理大全』
5. 『晦庵集』
6. 민족과사상연구회, 『四端七情論』, 서광사, 1992.
7. 전통과현실편집위원회, 『高峯學論叢』, 전통과현실 제3호, 1993.
8. 崔根德, 『韓國儒學思想研究』, 철학과현실사, 1992.
9. 황의동, 『기대승』, 성균관대학교출판부, 2008.
10. 최영찬, 「朱子哲學에서 본 高峯의 四端七情論」, 『傳統과 現實』, 1991.
11. 鄭炳連, 『高峯의 思惟構造와 哲學思想』, 전통과현실 제11호, 2000.
12. 한자경, 「사단칠정론에서 인간의 性과 情」, 『철학연구』 제68집, 2005.

제6장 화담花潭과 율곡栗谷의 자연관

1. 세계의 근원을 묻는 두 학자

세계 전체를 궁극적인 원리나 원인에 의해서 파악하려는 사색은 철학에서 기본적이고 중요한 분야의 하나로서 오랜 역사를 가지고 있다. 그러므로 철학자들의 시선은 언제나 세계의 근원성과 전체성에로 향해 왔다. 따라서 철학체계에 있어서도 보편성과 포괄성이 가장 중요시되므로 철학을 학적 특성에 따라 보편학 혹은 근본학이라고도 한다.

철학자들은 세계에 대한 포괄적인 이해와 설명을 끊임없이 시도해왔다. 즉 철학자들은 산발적이고 개별적인 경험들을 누적하여 하나의 통일된 근원과 이치를 찾아내고, 그것으로 아직 경험되지 않은 미래까지를 포괄하는 이론체계를 수립해 왔다. 개체인 나의 존재는 전체의 세계를 벗어나 존재할 수 없고 또 개체와 개체 사이도 서로 무관할 수 없는 불가분의 관계 속에 처해 있다. 복잡한 현실과 현상 속에서 세계를 체계적으로 이해하고 설명하려는 시도는 결국 객관세계와 우리 자신을 보다 깊이 있고 명료하게 이해하려는데 목적이 있다. 그러므로 세계에 대한 체계적인 이해는 우리의 삶을 정돈하고 단순화시켜 생활의 편리를 도모하는 일인 것이다. 그것은 곧 우연의 늪 속에서 더듬거리며 살아가는 막연한 일상이 아니라 확신(지혜)의 빛으로 미래를 밝혀 만족한 삶을 기대하는 자연스러운 지적 작업이기 때문이다. 체계적인 세계관과 인생관을 가져야 할 이유와 필요성이 여기에 있으며, 그리고 이러한 지적 욕구를 인간 본유적인 것으로 인정함으로써 인간을 형이상학적 존재라고도 부르게 된다. 세계관을 세우는 일은 현상세계에 대한 근원을 밝히고 개체들에 대한 보편을 추구하는 본체론적 사유에서부터 시작된다. 보편을 추구하고 본원을 밝히는 일은 철학적 사유의 기초이면서 출발점이며 나아가 철학체계의 방향을 결정하는 이정표이다.

화담과 율곡의 철학은 당시의 학풍인 송학宋學, 즉 성리학性理學 계열에 속한다. 송학, 즉 성리학이 이전의 유학과 다른 점은 평면적인 사유구조(횡적 사유구조)가 수직적인 사유구조(종적 사유구조)로 바뀌었다는 점이다. 즉 이전의 유학에서는 음양이분적陰陽二分論的 현상파악의 사고방식이었다면 성리학에서는 리기이원론적理氣二元論的 본질파악의 사고방식으로 바뀌었다는 것이다.[1] 그러니까 송학, 즉 성리학은 세계의 본원을 구명하는 본체론을 출발점으로 하는 형이상학의 성격이 두드러지게 드러나는 철학적 특성을 갖는다. 이러한 형이상학적 사유구조는 하나의 물상적 자연을 직접 현상으로 파악하지 않고 그 현상의 본질 내지는 원인(所以然)을 추구하여 세계 전체를 본질과 현상, 본원과 사물이라는 복합구조 속에서 이해하고 설명해 들어가는 사유구조를 말한 것이다.

이 장에서는 화담과 율곡을 비교하여 각 철학의 특징을 밝혀봄으로써 그들 철학 상의 공통점과 차이점을 이해하고 철학적 사유의 가치를 드러내는데 목적을 두고 있다.

---

2. 화담과 율곡의 시대와 대응자세

화담과 율곡은 고려 말에 들어온 주희학을 중심으로 한 송학의 학풍이 성행하여 조선조에 이르러서는 관학官學이 되었고 나아가 일상생활의 규범이 될 정도의 절정기에 활약했던 학자들이다. 이 두 학자는 특히 이상적 성격이 강한 리를 중요시한 성리학의 분위기 속에서 현실성이 강한 기에 더욱 관심을 갖고 사색하였다는 점이 특기할 만한 공통점이라 할 수 있다.

고려조에 송학이 들어온 백년 후 조선조 학계에서는 많은 곡절을 겪게 된다. 즉 연산·중종·인종 삼조 50년 동안 무오사화(1498)·갑자사화(1504)·기유사화(1519)·을사사화(1545) 등 4대 사화가 연이어 일어나 유생들은 관직에 나아가는 것을 꺼려하고, 인격이 높을수록 산림에 묻혀 도학과 덕행을 닦는 것으로 본분을 삼았다. 이에 사류士類는 은연 중에 산림유山林儒와 묘당유廟堂儒로 나뉘고 훌륭한 인물들이 많이 야野에 은거하며 정치를 외면하였다. 이러한 선비들의 정치에 대한 무관심은 정권에 대한 막대한 위협이 아닐 수 없었다. 이러한 상황을 성찰하고 선조초宣祖初에 정책을 바꾸어 사화의 피해자를 풀어주고 기절氣節을 추앙하는 한편 산림의 청유淸流들을 대거 기용하여 높이 평가하는 이른바 사풍士風을 진작한 것이다.

이러한 시기에 조정으로부터 여러 차례 벼슬을 내린 일이 있으나 끝내 받아들이지 않고 처사處士로서 일생을 바친 순수한 산림유山林儒의 대표자 한 사람이 화담花潭 서경덕徐敬德(1489~1546)이다. 그리고 이와는 대조적으로 과업출신科業出身으로 재상의 자리까지 올라 정계에서

활약한 묘당유의 대표적인 한 사람이 율곡栗谷 이이李珥(1536~1584)이
다.[2] 이렇게 대조를 보인 두 학자의 현실대응 자세는 물론 연령차에 따
른 시대상황을 고려해 볼 수도 있겠으나 본래 타고난 기질상의 차이에
따라 평소 갖고 살아온 신념과 포부가 서로 같지 않았기 때문이다. 두
학자의 신념과 포부에 대하여 직접 술회하고 있는 것을 살펴보자.

　화담은 만년에 쓴 「술회述懷」라는 시에서 평소 살아온 신념과 포부
를 밝히고 있다. 곧 젊어서 공부할 때는 벼슬도 하려고 했고 경세의 뜻
을 품기도 했으나 부귀에 다툼이 따라 행하기가 어려움을 알고서 초야
에 머무르니 마음이 편하다고 피력하면서 헛되이 백년 인생 보내는 것
을 면하게 되었다고 말하고 있다.[3] 화담은 이렇게 은둔의 즐거움과 위
기지학爲己之學(자기 자신의 인격도야에 충실한 학문)의 만족을 노래하였다.
또 당시 높은 관직에 있었던 치재恥齋 홍인우洪仁祐가 화담에게 관직에
나갈 것을 권유하자 화담은 다음과 같이 답변하고 거절했다고 한다.
"한 평생 오직 성현의 책만 읽었을 뿐 세상에서 좋아하는 과거공부는
하지 않았다. 또한 벼슬이 있은들 이로울 것도 없다. 내 나이 50대에 이
르기까지 도시와 떨어져 지내서 내 뜻은 바로 이곳에 있을 뿐 감히 바
랄 것이 없다."[4]

　이토록 화담에게 여러 차례의 벼슬 기회가 주어졌음에도 이를 물리
치고 시골에서 은둔선비로서 일생을 보낸 것은 그 원인이 당시 시대적

---

2) 金忠烈, 「徐敬德과 曺植의 學行」, 『한국사상』(한국사상연구회, 1976), 254쪽.
3) 『花潭集』 권1, "讀書當日志經綸 晩歲還甘顔氏貧 富貴有爭難下手 林泉無禁
可安身 採山釣水堪充腹 詠月吟風足暢神 學到不疑知快活 免敎虛作百年人."
4) 『花潭集』 권1, "平生只讀聖賢書 不習時尙擧業 再不利於有司 年至知命 久隔
城市 志氣在此 無敢望 無敢望."

분위기의 영향도 있었겠지만 태생의 본바탕이 자연을 즐기며 유유자적하는 장자적 성품에 있었다고 할 수 있다. 그렇다고 안심입명安心立命의 은둔주의만이 그의 삶 전체의 모습은 아니었다. 그는 백의처사白衣處士로서 임금에게 직접 상소를 올려 당시의 사회적 폐단을 시정코자 했고, 그의 상소 내용은 구구절절 나라와 백성을 위한 간곡한 건의였으며 사태의 심각성을 표현하는 데는 조금도 주저함이 없었다.

율곡이 활약했던 시기는 연산군의 집정 이후에서 임진왜란이 발발하기 이전이었다. 이때의 정치적 상황은 정권쟁탈로 붕당의 조짐이 드러나고 토지제도의 문란으로 경제가 걱정인데다 학계마저 공리공담으로 일관하며 사류들은 한적한 산림에서 진리탐구에 안주하면서 나라 일에는 무관심한 상황이었고, 대외적으로는 외침의 불안이 날로 심각해지고 있는 분위기였다. 이러한 어수선하고 걱정스러운 시대였지만 율곡의 세상에 대한 대응자세는 화담과 대조를 이루고 있다. 즉 율곡은 적극적인 수기修己·치인治人·입언立言(敎育)에 일관함으로서 대동세계 건설에 매진하였다.

율곡은 "이른바 진유眞儒란 나아가서는 도를 행하여 백성들로 하여금 태평을 누리게 하고, 물러나서는 만세의 교육을 드리워 학자로 하여금 큰 꿈을 깨우치게 하는 것이다."[5]라는 실학적인 자세를 갖고 현실문제에 대한 투철한 신념으로 난세에 임했던 것이다. 그는 결코 수기로 자기 자신만의 안위를 취하는 소극적인 인품은 아니었다. 그는 정계·학계, 그리고 현실사회 속에서 퇴락과 부패에 대한 개조와 개혁을 주장하고 몸소 실천하여 기울어져 가는 현실을 바로잡아 성리학적인 이상세

---

5) 『東湖問答』.

계를 세워 나가려고 노력하였다. 학문적으로는 공리공담을 물리치고 실리實理·실사實事·실정實情·실학實學을 주장하였으며, 정치적으로는 정당파쟁政黨派爭을 규합하여 성왕정치를 내세워 덕치를 실현하려고 노력하였다.[6] 율곡의 이러한 현실대응 자세는 서경덕과 큰 차이를 보이고 있으나 한 때 금강산에 들어가 현실을 잊고 불교의 도리에 심취해보려고 했던 점에서 보면 일면 화담과 통하는 기질도 있어 보인다.

3. 화담의 자연관

(1) 우주의 근원은 기氣이다

화담은 원리기原理氣·리기설理氣說·태허설太虛說·귀신생사론鬼神生死論 등 네 편의 단편 논저에서 자기 철학의 요점을 간명하게 밝히고 있다. 이 논저들은 화담이 56세 되던 해 병을 얻고 심각함을 느끼게 되자 남들이 아직 해명하지 못한 것을 전하려는 뜻으로 간신히 베개에 의지하여 남기게 된 논저이다.

이들 논저에서 화담은 이 세계의 근원을 기로 파악하는 기일원론氣一元論 철학을 전개하고 있다. 화담의 이러한 기철학은 화담이 최후에 도달한 결론이라기보다는 어렸을 때부터 사물관찰을 통해 형성된 이후 일관하여 사유해온 결정이라고 볼 수 있다. 화담은 어려서부터 생활주변의 사물 현상들을 주의 깊게 관찰하고 그 배후를 이루고 있는 이치를

---

6) 한국철학회, 『韓國哲學史』中(동명사, 1987), 236쪽 참조.

찾아 들어가는 학문태도를 습관적으로 갖고 있었다. 눈앞에 보이는 사물을 사물 그 자체로만 경험하고 마는 상식적 자세가 아니다. 눈앞에 보이는 사물을 통해 그 사물을 훨씬 넘어서 있는 근원의 세계를 알아내기 위해 파고 들어가는 철학적 자세가 일찍부터 형성되었던 것이다. 소년시절 종달새를 관찰했다는 일화에서 화담의 타고난 철학적 소질을 충분히 짐작할 수 있다.

소년시절 어느 해 봄철 들녘에서 새끼 종달새가 알에서 나와 하루가 다르게 걷고 뛰고 하다가 급기야는 공중으로 비상하는 현상을 바라보고는 그 이치를 골똘히 생각하였다. 그는 끼니를 위해서 들에 나가 나물을 캐야 했는데 매일 저녁 늦게 집으로 돌아오면서도 광주리에는 나물을 제대로 채우지 못하였다. 며칠 후 이상하게 여긴 그의 부모는 그 까닭을 물었다. 그는 대답하기를 나물을 캐면서 보니 새 한 마리가 날아가는데 하루는 한 치쯤 날더니 그 이튿날은 두 치를 떠오르고 그 다음날은 세 치를 떠올라 점차로 높이 날아 올라간 광경을 보면서 이치를 생각하다가 끝내 알지도 못하고 번번이 귀가조차 늦게 되었다고 말하였다.[7] 이 일화에서 보면 화담이 알고자 한 것은 종달새가 아니었다. 종달새가 걷고 뛰고 날고 더 높이 나는 변화 속에서 그 궁극의 이치를 알고 싶어 한 것이다. 그러니까 화담은 소년시절부터 사물관찰을 통해 이 세계의 근원을 파악하려는 사유가 시작된 것이다. 이러한 사유를 통해 형성된 것이 곧 기철학이다. 화담은 또 「무현금명無絃琴銘」이라는 시

---

7) 『花潭集』권2 「遺事」, “花潭家甚貧 兒時 父母使於春後 采蔬田間 每日必遲歸家亦不盈筐 父母怪而問其故 對曰當采蔬時 有鳥飛 飛今日去地一寸 明日去地二寸 又明日去地三寸 漸次向上而飛 某觀此鳥所爲 竊思其理而不能得 是以每致遲歸.”

에서 사물관찰을 통한 형이상학적 사유의 모습을 더욱 분명하게 보여
주고 있다.

"거문고에 줄이 없으면 체는 두고 용을 없앤 것이지만 사실은 용을
없앤 것이 아니라 고요함이 움직임을 머금고 있다. 소리를 통해 듣는
것은 소리 없는 것을 듣느니만 못하고 형체를 통해 즐기는 것은 형체
없는 것을 즐기는 것만 같지 못하다. 형체 없음을 즐기므로 그 오묘함
을 체득하는 것이다. 밖으로는 유에서 체득하고 안에서는 무에서 깨우
치게 된다. 살펴야 할 것은 마음 안에서 체득한 것이니 어찌 줄이 있어
야 할 것으로만 생각하는가?"8) 여기에서 소리와 형체는 현상의 세계이
다. 그리고 소리 없는 소리, 형체 없는 형체는 본원의 세계를 형상화한
것이다. 본원의 세계는 오묘한 세계이다. 줄 없는 거문고에서 거문고 소
리를 듣는다는 것은 본원의 세계에 대한 깨달음을 비유한 것이다. 이와
같이 화담의 철학에서는 유에 대한 경험세계를 통해 무에 대한 본원의
세계를 깨달아가는 방법을 제시하고 있다. 유는 구체적인 경험적 사물
의 세계이지만 무는 아직 구체화되지 않는 무형무성無形無聲의 초경험
적인 본체의 세계이다. 이와 같이 유를 통하여 기를 깨달아 가는 학문
방법이 바로 본체인 담일청허湛一淸虛의 기에 접근해가는 화담 특유의
방법론이라 할 것이다. 화담은 또 이와 같은 기에 대하여 부채와 바람
의 관계를 들어 보다 구체적으로 설명하고 있다.

"부채는 능히 바람을 일으키긴 하지만 부채가 능히 바람을 낳을 수
는 없다. 바람이 쉴 때는 태허太虛의 상태가 고요하고 어떤 자취도 볼

---

8) 『花潭集』권2 「無絃琴銘」, "琴而無絃 存體去用 非誠去用 靜其含動 聽之聲
上 不若聽之於無聲 樂之形上 不若樂之無形 樂之於無形 乃得其徼 聽之於無
聲 乃得其妙 外得於有 內會於無 顔得趣乎其中 奚有事於絃上工夫."

수 없다. 그러나 부채로 조금 휘저으면 바람이 곧 일어나니 바람이 기이다. 그 바람이 고요하고 맑을 때는 그 모이고 흩어지는 모습을 보지 못할 뿐이다. 기가 어찌 허공을 떠날 수가 있겠는가?"[9] 바람은 부채가 만들어낸 것이 아니라 공간에 충만 되어 있는 기에 충격을 주어 기를 흩날리게 하는 것이라고 설명한다. 바람이 없는 고요한 상태를 그는 허한 공간이 아니라 움직이지 않는 기의 충만 된 존재 상태로 보았다.[10]

화담은 만물 존재의 근원을 기로 보면서 부채와 바람의 관계를 비유하여 설명하고 있다. 이와 같이 화담 철학은 이 우주의 연원이며 만물 존재의 본체를 유일한 기로 파악하는 기철학이다.

(2) 기의 본래상태는 태허太虛이다.

화담은 바람이 기가 흩날리는 상태에서 발생하는 것이라고 하였다. 바람은 현상이다. 따라서 바람과 같은 우주 만물 모두는 기의 작용과 변화 상태에서 이루어진 것으로 파악된다. 이토록 화담은 기에 의해서 이루어진 구체적인 사물 현상을 바라보면서 보이지 않는 근원으로서의 기를 사유하였다. 세계는 가시적인 경험적 사물세계와 비가시적인 본원·본연의 세계가 있다고 할 수 있다. 그러나 화담은 이 두 세계를 본질이 서로 다른 별개의 세계가 아니라 하나의 본체인 기로 일관되어 있는 통일된 세계로 이해하고 있다. 다만 하나인 기를 본래의 상태와 그

---

9) 『花潭集』 권1 「謝金安國慕齋惠扇」, "扇所以能鼓風 而非扇能生風也 當風息太虛靜冷冷地 不見野馬塵埃之起 然扇纔揮風使鼓 風者氣也 到那風靜澹然之頃 持未見其聚散之形爾 氣何嘗離空得."

10) 한국철학회, 『韓國哲學史』 中(동명사, 1987), 174쪽 참조.

리고 작용과 변화하고 있는 현상의 상태로 구분하여 사유한 것일 뿐이다. 화담의 기철학에서 보면, 본체와 현상은 존재상태에 따른 차이나 구분에 불과한 것이다.

화담은 본원의 기를 태허라고 말하고 있다. "태허는 담연하여 형체가 없다. 그리하여 선천이라 부른다. …… 담연허정湛然虛靜함은 기의 원형이다."[11] 담연하다는 것은 남은 공간이 없이 꽉 차있는 상태를 말한 것이다. 꽉 차있기 때문에 어떤 가시적인 형태를 가질 수 없다. 아무런 운동변화가 없는 허정한 상태만이 지속되고 있을 뿐이다. 이러한 담연허정한 상태가 바로 태허, 즉 기의 원형인 것이다. 화담은 또 "허는 기의 연원이다."[12]라고 하였으며, "허는 곧 기이다."[13]라고 하였다. 화담철학에서는 허를 기라고 말하지만 이것은 기의 본래상태가 허라는 것이며, 본래의 기 상태인 허에다 다시 연원이나 본원 또는 본체의 의미를 부여하여 태허라고 한 것이다. 태허가 기의 원형이며 연원임을 밝히고 있는 보다 구체적인 설명을 살펴보자.

"태허는 공간적으로는 밖이 없을 만큼 크고(其大無外) 시간적으로는 시원이 없을 만큼 요원하여(其先無始) 그 유래를 고구하기가 어렵다."[14] 태허는 시공을 초월해 있다는 점에서 절대적이고 유래를 고구할 수 없다는 점에서 궁극적인 존재이다. 절대적이고 궁극적인 존재는 본체라는 의미일 수밖에 없다. 그러니까 태허일기太虛一氣는 우주만물의 원형이고

---

11) 『花潭集』권2 「原理氣」, "太虛 湛然無形 號之曰 先天……其湛然虛靜 氣之原也."
12) 『花潭集』권2 「原理氣」, "虛者 氣之淵也."
13) 『花潭集』권2 「太虛說」, "虛卽氣."
14) 『花潭集』권2 「原理氣」, "太虛……其大無外 其先無始 其來不可究."

연원이며 본체이다. 그리고 또 말하기를 "그것은 꽉 차 공간이 없을 만큼 무궁하고 충일하여 전혀 빈 곳이 없어 털끝 하나라도 용납할 수가 없다. 그러나 끌어내고자 하나 허하고 잡고자 하나 무이다. 하지만 실재한 것이므로 무라고 말할 수는 없다. 이러한 상태에서는 소리도 없어 들을 수가 없고 냄새도 없어 맡을 수도 없다."[15) 여기에서는 태허일기의 존재 상태를 보다 구체적으로 설명하고 있다. 즉 기로 꽉 차있어 조금의 공간도 없는 허정의 상태가 태허라는 것이다. 이러한 태허는 감각을 초월해 있는 상태로서 실재 잡히지도 않고 들을 수도 없으며 냄새도 없어 맡을 수도 없는 경지의 세계이다. 그러나 없는 것이 아니고 실재하고 있으니 이것은 현상의 세계를 훨씬 넘어 있는 본체의 세계일 수밖에 없다.

다음의 글에서는 태허가 본체임을 체용론體用論으로 직접 설명하고 있다. "태허는 허하면서도 허하지 않는 것이다. 허는 곧 기이다. 허는 무궁하고 무한한 것이니 기 또한 무궁하고 무한하다. 이미 허라고 말했으면서 이를 또 기라고 말할 수가 있는가? 이것은 말하자면 허정함이 곧 기의 본체이고 모였다 흩어짐(聚散)은 기의 작용이라는 것이다. 허가 허하지 않다는 것을 알면 무라고 말할 수가 없다."[16) 태허는 기의 본래 형태이기 때문에 허는 실제 본연인 기의 존재태存在態를 가리켜 말한 것이다. 실재의 허는 허가 아니라 기의 본래적 존재상태이다. 따라서 허가 허하지 아니함을 안다면 무라고 말할 수 없다는 것이다.

---

15) 『花潭集』 권2 「原理氣」, "彌漫無外之遠 逼塞充實 無有空闕 無一毫不容間也 然把之則虛 執之則無 然而却實 不得謂之無也 到此田地 無聲可耳 無臭可接."
16) 『花潭集』 권2 「太虛說」, "太虛 虛而不虛 虛卽氣 虛無窮無外 氣亦無窮無外 旣 曰虛 安得謂之氣 曰虛靜卽氣之體 聚散其用也 知虛之不爲虛 則不得謂之無."

요컨대 태허는 기의 본연이니 무가 아니라 유의 궁극적인 경지이다. 화담은 이것을 체용론에 입각하여 태허가 본체임을 분명히 밝히면서 비어있는 듯 고요한 기의 원형이 체이고 모이고 흩어짐은 기의 작용이라고 하였다. 그리고 태허와 취산聚散은 서로 본질이 다른 존재로 말한 것이 아니라 이 우주의 실상인 기의 본연실체와 현상의 관계로서 체와 용에 불과한 것임을 밝힌 것이다. 그러므로 태허는 달리 취산이라는 동적 속성을 지닌 허정의 실체라고 할 수 있다.

송항룡은 태허에 대해서 다음과 같이 말하고 있다. "태허 개념은 허와 기가 완전 동일개념이라는 의미이기 보다는 기를 설명·인식·파악해 들어가는 과정에서 문제되는, 그리하여 단순히 기라고 할 때의 개념과는 다른 특수개념의 의미성을 지닌다고 하지 않을 수 없다. 때문에 화담에게서 선천 즉 태허는 그대로 기의 세계를 의미한다기 보다는 기와 우리 인식능력의 한계성 속에서 그냥 기라고 할 때와는 다른 허즉기虛卽氣로서의 의미성을 지닌다."[17]고 하였다. 여기에서는 태허일기를 인식론적 과정에서 문제되는 개념이라고 하였으나 본체로서의 태허일기를 부정한 것은 아니다.

화담은 이러한 기의 본체관으로 노자의 무와 불교의 적멸을 비판하였다. 즉 노자의 유는 무에서 생긴다는 사상에 대해 허가 곧 기임을 모르고 하는 말이라고 비판하였으며,[18] 불교에서는 적멸을 주장하는데 이것은 리기의 근원을 알지 못한 것이고, 또 진리로서의 도를 모르는 처사라고 비판하고 있다.[19] 그러나 말하기를 "세상에는 세 가지 도가 있

---

17) 송항룡, 『동양인의 철학적 사고와 그 삶의 세계』(명문당, 1991), 280쪽.
18) 『花潭集』 권2 「太虛說」, "老氏曰 有生於無 不知虛卽氣."
19) 『花潭集』 권2 「太虛說」, "佛氏言寂滅 是不識理氣之源 又烏得知道."

는데 유학이 가장 훌륭하고 불학이 그 다음이고 신선술이 그 다음이다. 배움에 있어서도 그러하다."[20]라고 한 것을 보면 화담은 도가와 불가에 대한 완전 부정적인 태도는 아니었던 것 같다.

(3) 태허일기의 작용은 취산聚散이다.

화담은 태허일기의 작용을 음양동정으로 말하고 있다. "일은 이를 낳는다. 이란 무엇을 말하는 것일까? 그것은 음양이요 동정이다."[21]라고 하면서 태허일기의 음양동정 작용은 『주역』의 "한 번 음하고 한 번 양하게 하는 것이 도이다."라는 것과 같다고 말하고 있다.[22] 그리고 "개벽開闢할 수 있고 동정할 수 있고 생극生克할 수 있는 근본을 이름하자면 태극이라고 할 수 있다."[23]라고도 말하고 있다. 이러한 언설들을 보면 화담은 태허일기를 『주역』의 태극과 일치시키고 일기의 작용을 일음일양하는 『주역』의 도와 연결시켜 설명하고 있다. 화담은 태허일기로부터 음양으로 분화하고 동정의 운동변화를 통하여 만물이 생성소멸되는 과정을 설명하고 있으니 태허일기의 음양동정 작용은 과정이고 그 결과는 현상사물의 세계라고 할 수 있다. 이러한 세계가 곧 화담이 말하고 있는 후천의 세계이다. 화담은 "일기가 어느 계기에 분화되어 음양이기로 나뉘고, 그 후 천지·일월·성신 및 수화 같은 자연물이 생성

20) 『花潭集』 권2 「太虛說」, "天下有三道 儒最上 佛次之 仙又次之 學之亦然."
21) 『花潭集』 권2 「太虛說」, "一生二 二者何謂也 陰陽也 動靜也."
22) 『花潭集』 권2 「原理氣」, "動靜之不能不相禪 而用事之機自爾 所謂一陰一陽之謂道是也."
23) 『花潭集』 권2 「原理氣」, "原其所以能闔闢 能動靜 能生克者 而名之日太極."

되는 것은 모두 기의 작용에 의한 결합이며 이러한 기의 취합으로 형성
된 만물의 세계를 후천이라고 칭한다."24)라고 하였다.

화담은 이러한 후천세계에 대한 설명으로 특별히 기의 취산개념을
사용하고 있다. 그는 "허정한 태허일기는 기의 체이고 취산은 그 용이
다."25) 허정한 태허일기와 취산작용은 일기의 체용관계이다. 이 관계를
기에 입각해서 본다면 태허일기는 담연·허정한 기의 원형이고 연원이
며 본체이다. 그리고 취산작용은 현상세계의 사물변화이다. 그러므로
담일태허의 본체와 취산변화의 사물세계는 기의 두 가지 존재양태라고
할 수 있으며 본질적으로 상이한 별개의 존재라고는 말할 수 없다. 이
에 대한 구체적인 설명들은 여러 곳에서 찾아볼 수 있다. 그 중 일례를
들어보면 "나도 역시 사생死生과 인귀人鬼는 기의 취산이라고 말할 따
름이다. 취산이 있고 유무가 없는 것은 기의 본체가 그러하기 때문이다.
기는 담일淡一하고 청허하여 바깥이 없는 허에 가득 차 있다. 기가 모여
큰 것은 천지가 되고 작은 것은 만물이 된다. 취산의 기세가 은미한 것
과 뚜렷한 것이 있고 시간상 길고 짧은 것이 있다. 태극으로부터 모이
고 흩어진 기의 대소에 따라 사물 상에도 크고 작은 것이 있다."26)라고
한 것이다.

화담철학의 가장 두드러진 특징은 생성론이 아니고 변화론이다. 화
담이 말하고 있는 세계는 미만彌漫하여 밖이 없는 본래적인 태허일기와

---

24) 『花潭集』 권2 「原理氣」, "其在地爲水火焉 是謂之後天 乃用事者也."
25) 『花潭集』 권2 「太虛說」, "虛靜卽氣之體 聚散其用也."
26) 『花潭集』 권2 「太虛說」, "吾亦曰死生人鬼 只是氣之聚散而已 有聚散而無有
無 氣之本體然矣 氣之淡一淸虛者 彌漫無外之虛 聚之大者爲天地 聚之小者
爲萬物 聚散之勢 有微著久速耳 大小之聚散於太虛 以大小有殊."

취산변화하고 있는 현상 사물세계이다. 그러므로 화담은 "취산만이 있고 유무가 없는 것은 기의 본체가 그러하기 때문이다."라고 한다. 취산은 변화의 상태이고 유무는 생성의 상태이다. 따라서 이미 본래적으로 존유해 있는 담일청허한 태허일기에서 취산의 기세가 은미한 것도 있고 뚜렷한 것도 있으며 오래간 것도 있고 오래가지 못한 것이 있다. 그리고 기의 취산이 크고 작음이 있는 것에 따라 사물에도 크고 작은 것이 있게 된다는 것이다. 이러한 사물현상은 본체인 기가 모이고 흩어지는 결과라고 할 수 있다.

이러한 취산의 원인에 대한 문제로는 기 자체의 자기원인설을 제시하고 있다. "문득 약동하고 홀연히 열리기도 하는데 도대체 무엇이 그렇게 시키는 것인가? 제 스스로 그렇게 할 수 있을 뿐이고(自能爾) 제 스스로 그렇게 하지 않을 수 없는 것이다.(自不得不爾)"[27]라고 하면서 "기에는 동정과 합벽闔闢 등의 작용이 없을 수 없는데 어떤 연고에 의해서인가? 그 기틀이 그러할 뿐이다.(機自爾)"[28]라고 하였다. 화담은 기의 취산작용이 기 자체의 속성인 자기원인적인 동력인을 갖고 있기 때문이라고 한다. 곧 기의 기틀이 스스로 그러할 뿐인 것이다. 이것은 바로 『주역』의 <감이수통感而遂通>이나 『중용』의 <도자도道自道>, 주돈이의 <태극동이생양太極動而生陽>과 같은 경우라고 말하면서 이 모두를 도나 태극의 자율적인 자기변화의 역동성으로 해석하고 있다. 화담철학의 특성을 보다 분명하게 파악하기 위해서는 기의 취산에 따라 이루어진 사물과 태허일기의 관계와 특성을 분석 검토해 보아야 한다.

---

27) 『花潭集』 권2 「原理氣」, "倏爾躍 忽爾闢 孰使之乎 自能爾也 亦自不得不爾."
28) 『花潭集』 권2 「原理氣」, "不能無動靜 無闔闢 其何故哉 機自爾."

화담이 파악하고 있는 세계는 기일원의 세계이다. 그러나 이 기일원의 존재형태에 따라 선천과 후천의 세계로 설명되고 있다. 선천의 세계는 담일청허한 태허의 세계이다. 태허는 기의 원형이요 기의 연원이다. 즉 본래의 세계를 말한 것이다. 본래의 태허세계는 시공을 초월해서 존재하므로 편재적이고 무한적인 존재성을 갖는다. 그러므로 경험의 한계를 넘어서 존재해 있으므로 허하고 무한한 세계이다. 그러나 실상은 허도 아니고 무도 아니다. 다만 경험의 한계를 넘어서 존재할 따름이다. 그러니까 기 이외의 어떤 다른 허를 말한 것이 아니라 공간적인 극대성과 시간적인 영원성을 갖는 원기의 존재양태를 표상한 것이다.

후천의 세계는 태허일기의 자율적인 역동성에 의하여 특정한 기의 취산 즉 모이고 흩어짐에 따라 이루어진 구체적인 사물의 세계이다. 화담은 이 세계를 음양·동정·생극·천지·일월·성신 등 사물현상들로 설명하고 있다. 후천세계는 기의 취산작용에 의해서 이루어진 사물들의 세계로서 공간상에서는 크고 작게 존재해 있고 시간상에서는 길고 짧게 존재해 있는 현상의 세계이다. 이와 같이 사물의 세계는 시공적 제한의 존재형태를 취한다.

화담철학에서의 선천과 후천의 세계는 엄밀하게 말하여 본질이 다른 두 세계가 아니라 존재양태가 다른 두 세계일 따름이다. 태허의 세계는 기가 극대한 양태라고도 할 수 있다. 극대의 기세계는 시공을 초월해 존재하므로 대소도 선후도 생사도 있을 수 없다. 이와 같은 세계는 기의 원형의 세계요 연원의 세계이니 선천의 세계이다. 사물의 세계는 기가 크고 작게, 길고 짧게 모였다가 흩어진 세계이다. 이 세계는 시공 속에 존재하여 크거나 작게, 길거나 짧게 존재하는 경험세계 속의 존재양태라고 할 수 있다. 그러므로 태허와 사물의 존재는 동일한 기의 서로 다른 존재양태인 것이다.

태극은 극대의 세계요 사물은 상대적 대소의 세계라고 할 수 있다. 그러므로 결국 태극과 사물은 동일한 태허일기의 서로 다른 존재양태 다. 송항룡은 경험의 한계성을 지적하여 사물은 정태靜態로만 파악되는 착각된 경험의 대상이라고 한다. 그러므로 착각된 경험 속의 사물을 통하여 실대상實對象을 찾아야 한다는 것이다. 이러한 실대상이 화담학에 서는 기라는 것이다. 실유적인 면에서는 기와 사물이 다른 것은 아니지 만 인식론 상에서는 기와 사물이 다르다. 화담의 궁극적인 관심은 사물이 아니라 사물의 변화에 있다고 한다. 그리고 실상은 변화자變化者가 아니라 변화 그 자체이며 자연물이 아니라 자연 그 자체라는 것이다. 따라서 변자變者는 정태이고 경험대상이지만 변은 동태이고 경험의 대상이 될 수 없다고 한다. 이와 같은 기를 인식했을 때 사물은 사물이 아니고 지금까지의 사물의 의미가 사라져 사물도 기로 파악된다는 것이다.

한편 송항룡은 화담의 기철학이 기를 자연현상(변화)의 그 자체적 실상으로 파악하는 철저한 실상론의 입장에 서있다고 주장하고, 기를 자연현상의 요인이나 근원으로 파악하는 생성론과 다르다고 설명한다. 즉 화담의 기철학은 일반 성리학에서 말하고 있는 리기의 생성론적 규정 속에서 소연所然과 소이연所以然의 관계 즉 현상의 원인적 실체(근원적 요소)를 찾으려는 철학적 성격과는 다른, 기를 자연현상의 변화 그 자체적 실상으로 파악하는 철학적 특성을 갖는다고 주장하고 있다.[29] 나는

---

29) 송항룡, 『동양인의 철학적 사고와 그 삶의 세계』(명문당, 1991), 275~293쪽 참조.

이러한 주장을 전적으로 긍정하면서 다만 실상론을 변화론으로 바꿔 부르고 싶다. 왜냐하면 실상론의 의미보다 변화론의 의미가 생성론의 의미와 보다 명료하게 대비를 이루어 이해될 수 있다고 생각하기 때문이다.

(4) 기가 취산하는 법칙이 리理이다.

화담이 파악하고 있는 세계는 하나의 기세계이다. 기이외의 어떤 다른 것도 있을 수 없기 때문이다. 리도 역시 기를 떠나서 존재할 수 없는 것으로 파악하고 있다. 당시 학계를 지배했던 정주학에서는 리와 기를 각각 독립된 본체로 인정하고 리선기후·리수기졸理帥氣卒의 형이상학을 주장하였다. 그러나 화담은 기 밖에 리가 따로 독립하여 실재한다는 당시의 학문을 부정하고 이른바 기외무리론氣外無理論을 주장하였다.

화담은 당시의 리기설에 대하여 비판을 가하였다. 즉 화담은 주周·장張·정程·주朱 네 선생의 리기론에 미진한 점이 있다는 것을 말하고 특별히 <리기설>이라는 단독 논문을 저술하여 독자적인 리기론을 주장하였다.30) 화담은 자신의 태허일기론이 정주학에서의 리기이원론과 다른 철학임을 밝히고 있다. 화담학에서는 리가 기보다 근본적인 것일 수도 없고 중요한 실체인 것도 아니다. 리는 기를 떠나 논의될 수도 없으며 사유될 수도 없다. 화담은 다음과 같이 말하고 있다. "기외에 별도의 리는 없다. 리라는 것은 기의 주재이다. 이른바 주재라는 것은 외부로부

---

30)『花潭集』권3「遺事」, "朴淳曰 敬德常曰 學者用工之方 已經四先生 無所不言 只理氣之說 有所未盡 故不得不明辨云."

터 와서 무엇을 주재한다는 것이 아니라 기의 작용(用事)을 가리키는 것이다. 곧 기가 작용함에 있어 작용하게 되는 까닭의 올바름을 잃지 않게 하는 것을 주재라 한다."31)는 것이다. 그러므로 리는 기의 속성으로 내재적인 법칙으로서의 의미를 갖는다. 그러니까 리는 기에 대한 주재성이 아니라 기 자체의 주재능력인 것이다. 리는 기의 용사用事에 지나지 않는 것이다. 곧 기 작용에 있어 올바름을 잃지 않게 하는 기 자체가 갖고 있는 내재적인 법칙성에 불과한 것이다.

"리는 기보다 앞서 존재할 수 없다. 기에는 시원이 없으니 리 역시 시원이 있을 수 없다. 만약 리가 기보다 앞선 것이라면 곧 기에 시원이 있는 것이 된다."32) 여기에서는 기에 앞서 있는 리를 부정하고 있다. 화담의 세계는 기일원의 세계이다. 만약 정주학에서처럼 리가 기에 앞서 있게 되면 기의 시원이 별도로 존재해야 하는 것이므로 모순되지 않을 수 없다. 그러므로 리의 기에 대한 선재성을 부정하지 않을 수 없다. 따라서 리는 자연적으로 기의 내재적 속성으로 설명할 수밖에 없게 된다. 다만 화담이 정주학에서의 리선기후를 소박한 실재론적으로 이해하고 있다는 점은 아쉬움으로 남는다.

기의 취산작용에는 <기자이> 즉, 기 자체에 자율적인 동력인을 속성으로 내함하고 있다. 이와 같은 자율기제로서의 기는 그 자체 안에 따르지 않으면 안 되는 필연적인 법칙으로서의 리를 고려하지 않을 수 없다.33) 이러한 필연적인 법칙이 화담철학에서는 리이다. 결국 화담철

---

31) 『花潭集』 권2 「理氣說」, "氣外無理 理者 氣之宰也 所謂宰 非自外來而宰之 指其氣之用事也 能不失所以然之正者 而謂之宰."
32) 『花潭集』 권2 「理氣說」, "理不先於氣 氣無始 理固無始 若曰理先於氣 則是 氣有始也."

학에서는 리가 기와 독립되어 존재하는 실체로 인정되지 않는다. 리는
기의 작용 상에서 미묘한 법칙성이며 이것은 또 기의 속성에 불과한 것
이다. 그렇다고 리의 존재성을 완전히 부정한 것도 아니다. "리 하나만
으로는 허하고 기 하나만으로는 거칠다. 리와 기가 결합하니 묘하고 묘
해진다."[34] 리의 법칙과 기의 실체가 상호 불가분의 관계에서 맞물려
작용하고 기능을 발휘하므로 그 미묘한 작용은 "움직임과 고요함이 서
로 번가르지 않을 수 없고 작용의 기틀은 스스로 그러할 뿐"[35]이라는
역동적인 우주자연이 전개되는 것으로 생각하였다.[36]

　　화담의 기철학에서는 『주역』의 태극도 음양 두 기와 분리해서 생각
할 수 없는 것으로 말하고 있다. 화담은 "역이란 음양의 변화를 가리키
는 것으로, 음양은 두 가지의 기이며 일음과 일양은 태일이다. 둘이므로
변하고 하나이므로 미묘하다. 변화 밖에 따로 미묘함이 있는 것이 아니
고 두 가지의 기가 무한히 생성하고 변화하기를 그치지 않는 까닭이 바
로 태극의 묘妙이다. 만일 변화를 떠나서 달리 미묘함을 말한다면 그것
은 역리易理를 알지 못한 자이다."[37]라고 하였다. 여기에서도 보면 화담
은 태극의 리는 기와 독립되어 선재하는 실체로서 인정하지 않고 있다.
리는 기의 작용에 있어서 미묘한 법칙일 뿐이다. 이러한 화담의 철학은
성격상 완전한 형이상학이 될 수 없다. 본원인 기에서 현상의 사물로

---

33) 한국철학회, 『韓國哲學史』 中(동명사, 1987), 192쪽 참조.
34) 『花潭集』 권2 「原理氣」, "理之一其虛 氣之一其粗 合之則妙乎妙."
35) 『花潭集』 권2 「原理氣」, "動靜之不能不相禪 而用事之機自爾."
36) 한국철학회, 『韓國哲學史』 中(동명사, 1987), 194쪽 참조.
37) 『花潭集』 권2 「理氣說」, "易者陰陽之變 陰陽二氣也 一陰一陽者太一也 二故
　　化 一故妙 非化之外別有所謂妙者 二氣之所以能生生化化而不已者 卽其太
　　極之妙 若外化而語妙 非知易者也."

변화해가는 우주론적 변화 그 자체를 세계의 실상으로 이해하고 있기 때문에 화담철학은 앞에서 말한 바와 같은 수평적 사고의 범주에 속해 있다고 볼 수 있다.

4. 율곡의 자연관

(1) 우주의 본체는 리와 기이다.

율곡은 주희철학을 충실히 계승하고 있다. 주희는 일찍 "천지간에 리도 있고 기도 있다."[38]는 입장을 분명히 하면서 리기이원론을 체계적으로 완성시켰다. 율곡도 "리는 태극이고 기는 음양이다."[39]라고 하여 리기와 태극음양 관계를 밝히고 리기이원에 대한 견해를 다음과 같이 말하였다.

"성현의 말씀에도 미진한 것이 있다. 오직 태극이 음양을 낳았다고만 말하고, 음양이 본래부터 존재한 것으로 생겨난 때(始生之時)가 있는 것이 아니라고는 말하지 않았기 때문이다. 그러므로 글자만 보고 해석한 사람들은 기가 아직 생기기 전에 리만 있을 뿐이라고 말하니 이것이야말로 진정 병통이 아닐 수 없다. 또 어떤 의론에서는 태허담일청허지기太虛澹一淸虛之氣가 음양을 낳은 것이라고 말하고 있으니 이 또한 한쪽에 치우쳐 음양이 본래부터 있는 것임을 알지 못하는 것이니 하나의 병통이 아닐 수 없다."[40] 율곡은 리기이원이 본유한 것이라는 자기의 입

---

38) 『朱子大全』「答黃道夫」, "天地之間 有理有氣."

39) 『栗谷全書』 권20 「聖學輯要」.

장을 분명히 밝히기 위하여 성현의 미진처를 비판하고 있다. <태극생
양의太極生兩儀>는 역전에 나오는 말이므로 공자의 미진처이고 <태허
일기생음양太虛一氣生陰陽>설은 화담의 미진처다. 율곡의 입장에서 보
면 태극은 리이고 음양은 기이다. 그러나 공자나 화담의 설은 마치 음
양이 태극이나 태허일기에서 생겨나온 것으로 말하고 있으니 이것이
병통이라는 것이다. 만약 그렇다면 기가 리나 태허일기에서 생겨나온
것이 되기 때문에 율곡의 생각과 근본적으로 다르기 때문이다.

　태극이 리라는 점에는 크게 문제되지 않았다. 그러나 음양이 본체로
서의 기인가 하는 점에서는 논란이 되어 왔다. 이러한 문제에 대하여
율곡은 음양이 본체인 기와 차원을 달리한 어떤 존재가 아니라 음양이
바로 기라는 입장을 분명히 하면서 자기의 리기이원의 관점을 주장하
고 있다. 율곡이 화담의 담일청허일기관을 비판하고 있는 것을 보면 더
욱 분명해진다.

　"지금 만일 담일적연澹一寂然의 기가 음양을 낳는다고 하면 음양은
존유의 시작이 있는 것이 되니, 시작이 있으면 곧 끝이 있을 것이다. 그
렇다면 음양의 기機가 그친지 오래일 것이니 합당하지 않다. 담일적연
澹一寂然의 기는 음인가 양인가? 만약 음이라고 한다면 음 이전에 양이
있지 않을까? 또 만약 양이라고 하면 양 이전에 음이 있지 않을까? 어
찌 기의 처음을 말할 수 있겠는가? 이른바 충막무짐沖漠無朕한 것은 리
를 말한 것이다. 리에서 기를 구하면 충막무짐하나 만상이 질서정연하

---

40) 『栗谷全書』「答朴和叔」, "聖賢之說 果有未盡處 以但言太極生兩儀 而不言
　　陰陽本有 非有始生之時故也 是故緣文生解者 曰氣之未生也 只有理而已 此
　　固一病也 又有一種議論 曰太虛澹一淸虛 乃生陰陽 此亦落於一邊 不知陰陽
　　之本有也 亦一病也."

고, 기에서 리를 구하면 한번 음하고 한번 양하는 것을 도라고 하는 것
이다. 언어상 이와 같으나 실제로는 리만 독립되어 기 없이 충막한 때
란 없는 것이다."⁴¹⁾ 율곡은 여기에서 음양 이전에 담일적연의 원기元氣
가 있어 우주의 본원이 되고 거기에서 다시 음양이 나온다는 화담의 주
장을 비판하고 있다. 즉 율곡은 음양이 바로 기이며, 또 그 기에는 더
이상 근원되는 것이 없으니 그 처음을 말할 수 없다는 것이다. 그리고
실제로는 기 없이 리만 있을 수 없다는 것을 역설하여 리와 기는 동시
에 존재하는 실체라는 것을 주장한 것이다.

　리와 기의 특성에 관한 율곡의 견해도 주희의 입장과 같다. 율곡은
먼저 "리는 형이상자이고 기는 형이하자이다."⁴²⁾라고 하여 주희와 견해
를 같이하고 있다. 주희는 "리란 형이상의 도로서 물을 생하는 근본(원
리)이고, 기는 형이하의 기器로서 물을 생하는 자구資具(材料)이다."⁴³⁾라
고 하였다. 다만 율곡은 형상과 형하를 무형과 유형, 무위와 유위로 설
명하고 있다. 즉 "무형무위(理)하면서 유형유위(氣)의 주재가 되는 것은
리이고 유형유위하면서 무형무위의 그릇이 되는 것은 기이다."⁴⁴⁾라고
하였다. 율곡학에서 리는 형이상자인 도로서 무형무위, 즉 형상을 초월

---

41) 『栗谷全書』 「答朴和叔」, "今若曰 澹一寂然之氣 乃生陰陽則是陰陽有始也
　有始則有終矣 然則陰陽之機其息也久矣 其可乎 且澹一之氣是陰陽耶 若是
　陰則陰前又是陽 若是陽則陽前又是陰 安得謂氣之始乎 且所謂沖漠無朕者
　指理而言 就理上求氣 則沖漠無朕而萬象森然 就氣上求理 則一陰一陽之謂
　道 言雖如此 實無理獨立 而沖漠無陰陽之時也."
42) 『栗谷全書』 권10 「答成浩原」, "理形而上者也 氣形而下者也."
43) 『朱子大全』 「答黃道夫」, "理也者 形而上之道也 生物之本也 氣也者 形而下
　之器也 生物之具也."
44) 『栗谷全書』 「答安應休」, "無形無爲 而爲有形有爲之主者 理也 有形有爲 而
　爲無形無爲之器者 氣也."

해 있는 원리성으로 만물을 생하는 근본이며 주재자이다. 주재는 사역
使役의 의미라기보다는 준순遵順의 의미에 가깝다. 그리고 기는 형이하
자인 기器로서 유형유위, 즉 형상적 존재로서 구체적인 사물구성의 질
료성으로 만물을 생하는 자료이며 리가 담길 수 있는 그릇으로 비유된
다. 따라서 리기의 특성은 시간과 공간상 선후·본말의 유무나 보편성과
특수성에 대한 통국通局으로 설명되기도 한다. 즉 "기에 본말이 있고 리
에는 본말이 없다."[45]라든가 "리에는 본말도 없고 선후도 없다. ……
기에는 본말이 있고 선후가 있다."[46]라고 하면서 그 이유를 리는 무형
이고 기는 유형이기 때문이라고 한다. 이와 같은 리기의 특성에 관한
구체적인 주장이 바로 리통기국理通氣局說이다.

　율곡철학에서 본체리기의 특성이나 역할 등은 리와 기의 상호관계에
관한 사유 속에서 더욱 분명해지며 보다 포괄적으로 이해될 수 있다.
율곡철학에서는 리나 기가 완전 독립하여 따로 존재할 수 없는 것이며,
또 완전 독립시켜 이해할 수 없다는 것 자체가 대 전제가 되는 기본 특
성이라고 할 수 있다. 왜냐하면 율곡철학은 현실적인 사물세계나 도덕
세계의 문제해결이 궁극목적이며, 특히 율곡철학에서 사유되고 있는 주
내용이 현상론에 지향되고 있기 때문이다.

　율곡철학에서 리와 기의 가장 기본이 되는 관계특성은 기발리승氣發
理乘이다. "리는 무위하고 기는 유위한 관계이니, 기는 작용하고 리는
거기에 내재하여 주재한다."[47]라고 하여 리와 기의 관계를 승과 발의

---

45) 『栗谷全書』「語錄」上, "氣有本末 理無本末."
46) 『栗谷全書』권10「答成浩原」, "理者無本末也 無先後也 …… 氣者 有本末也
　　有先後也."
47) 『栗谷全書』권20「聖學輯要」, "理無爲而氣有爲 故氣發而理乘."

관계로 설명하고 있다. 즉 발과 승의 관계는 작용과 주재의 관계이며, 소연所然과 소이연所以然의 관계이고, 세계의 변화현상과 그 원리의 관계이다. 율곡은 "발하는 것은 기이고 발하게 된 까닭은 리이다."[48]라고 하여 작용과 작용원리의 관계로 기와 리의 관계를 말하고, 그러한 주장의 근거를 기의 가변성과 리의 불변성[49]에 두고 있다. 그리고 기발리승의 필연적인 관계성을 근저根柢와 의착처依著處로 말하고 있다. 즉 "리는 기의 주재요 기는 리의 탈것이다. 리가 아니면 기가 근거할 바가 없고 기가 아니면 리가 의지할 곳이 없다."[50] 율곡은 리와 기의 관계를 주재자와 피주재자의 관계로서 리는 기 작용의 근거이고 기는 리의 소재처(의지처)라고 하여 서로 불가분의 필연적 관계로 말하고 있다.

요컨대 율곡은 리와 기의 기본적인 관계를 설명하면서 리는 기의 본·근저·주재·소이연으로, 기는 리의 의지처·피주재자·발자發者 즉, 실현자로 말하고 있다. 그러므로 리는 존재의 본질적인 내용으로 본래성이라면 기는 그 본래성이 구체화되고 실현될 수 있는 현실성이라고도 할 수 있다.[51] 율곡은 자기 철학의 독자성을 "리통기국理通氣局", "리기지묘理氣之妙", "기발리승일도氣發理乘一途", "리선기후理先氣後" 등의 설을 중점적으로 논설하면서 드러내고, 또 이러한 논설을 통하여 특히 현상주의·현실주의자로서의 자기의 입장을 분명히 하고 있다.

---

48) 『栗谷全書』 권10 「答成浩原」, "大抵發之者 氣也 所以發者 理也."

49) 『栗谷全書』 권10 「答成浩原」, "理無變而氣有變."

50) 『栗谷全書』 권10 「答成浩原」, "理者 氣之主宰也 氣者 理之所乘也 非理則氣無所根柢 非氣則理無所依著."

51) 황의동, 『율곡사상의 체계적 이해』(서광사, 1998), 143~148쪽 참조.

(2) 리에는 주통성周通性이 있고 기에는 편국성偏局性이 있다.

리와 기의 특성에 관한 율곡의 독자적인 주장의 하나가 리통기국설理通氣局說이다. 이것은 리의 통성과 기의 국성에 대한 설로서 통성은 사물현상에 두루 동일하게 통하는 보편성의 의미에서 주통성이라고 할 수 있고, 국성은 각 사물마다 특정의 사물로 규정되는 특수성의 의미에서 편국성이라고 할 수 있다.

주희가 일찍이 "사람이나 사물이 비록 기품氣禀의 차이가 있지만 리는 같지 않은 바가 없다."[52], "만물의 일원을 논하면 곧 리는 같고 기는 다르다."[53]라고 하여 리동기이설理同氣異說을 설한 바 있다. 그러나 율곡의 리통기국설은 본체론에 치중하여 논급한 주희의 설과는 달리 오히려 현상론에 더 중점을 두고 체계적이고 명쾌하게 리와 기의 관계특성을 설함으로써 한국 성리학의 특성으로 드러나게 하였다.[54]

앞에서 살펴 본 바와 같이 리는 무형무위하고 기는 유형유위한 존재성을 갖는다. 따라서 리는 참치부제參差不齊한 기 가운데 공통적으로 승재乘宰하는 것이므로 보편성을 갖는다. 그러나 기는 참치부제하여 개별적으로 한정국한되는 것이므로 특수성을 갖는다. 이러한 리와 기의 특수성을 율곡은 리는 통하고 기는 국하다는 설로서 리통기국理通氣局이라고한 것이다.

율곡은 리통과 기국의 관계를 물과 그릇, 공기와 병의 관계로 비유하

---

52) 『大學或問』, "人物雖有氣禀之異 而理則未嘗不同."
53) 『朱子文集』 권46, "論萬物之一原 則理同而氣異."
54) 崔英攢, 『朱子哲學에 있어서 孔・孟 天人觀의 承受와 展開』(박사학위논문), 232쪽 참조.

고 있다. 즉 "물은 네모난 그릇이나 원통의 그릇을 따르고, 공기는 크고
작은 병을 따른다."55) 물은 리에 비유한 것이고 그릇은 기에 비유한 것
이다. 네모난 그릇에 담긴 물이나 원통 그릇에 담긴 물의 본질은 차이
가 없다. 물자체의 본래성은 차이가 없다는 것이다. 그러나 그릇의 모양
에 따라 차이가 생긴다. 그릇의 모양은 현실성이다. 따라서 그릇 모양의
현실성에 따라 방형의 물이 되거나 원형의 물이 된다는 것이다. 여기에
서는 기국을 더 강조하면서 설명하고 있다.

또 말하기를 "방형의 그릇이나 원형의 그릇은 서로 다르다. 그러나
그릇 속의 물은 차이가 없다. 큰 병과 작은 병은 서로 다르다. 그러나
병 속의 공기는 차이가 없이 같다."56) 방형이나 원형의 그릇은 서로 다
르지만 그 속에 든 물은 그 본래성이 같다는 것이다. 그리고 크고 작은
병은 서로 다르지만 그 속에 담긴 공기는 그 본래성이 같다는 것이다.
이것은 리통을 강조하는 설명이다.

한편 율곡은 본체와 유행 관계에서 리통과 기국을 논구하고 있다. 즉
"기의 일체인 것은 리의 통 때문이고, 리의 만수인 것은 기의 국 때문
이다. 본체 중에 유행이 갖추어져 있고, 유행 가운데 본체가 보존되어
있다."57) 본체와 유행의 상즉불리相卽不離 관계를 말하고 있다. 본체에
는 공통성과 보편성이 있고 유행에는 다양성과 특수성이 있다. 그러므
로 다양한 현상 속에는 공통적인 본체성이 내재되어 있고, 공통적인 본

---

55) 『栗谷全書』 권10 「答成浩原」, "水逐方圓器 空隨小大瓶."
56) 『栗谷全書』 권10 「答成浩原」, "方圓之器不同 而器中之水一也 大小之瓶不同
而瓶中之空一也."
57) 『栗谷全書』 권10 「答成浩原」, "氣之一體者 理之通故也 理之萬殊者 氣之局
故也 本體中 流行具焉 流行中 本體存焉."

체 속에는 다양하게 현상화 될 수 있는 가변성이 내포되어 있다는 것이다. 이러한 상관관계는 리의 특성과 기의 특성의 상호 영향관계 때문이다. 곧 기의 다양성에 일치된 점이 있게 되는 것은 기에 리의 주통성이 상관되어 있기 때문이고, 리의 공통성이 다양하게 현상화 되는 것은 기의 편국성이 상관되어 있기 때문이다.

그러나 율곡은 본체와 유행의 양 측면을 종합하여 리통기국을 사유해야 한다고 말하고 있다. "리통기국은 본체 상에서 설해야 하나 역시 본체를 떠나서 따로 유행을 구해서도 안 된다. 사람의 성이 사물의 성이 아님은 기의 국이요, 사람의 리가 곧 물의 리임은 리의 통이다."[58] 참치부제한 현상계는 리와 기의 합으로 이루어진 세계이다. 리의 측면에서 보면 본질상으로 다를 바 없으나 현상, 즉 유행에서 보면 본래와 달리 나타날 수밖에 없다. 왜냐하면 기품에 따른 기국의 제한을 이미 받고 표출되기 때문이다. 이와 같이 현상사물 상에서 기국의 제한을 받은 리를 율곡은 성으로 파악하였다. 그러므로 성은 본질상 리와 같지만 현상으로서는 달라질 수밖에 없다. 마치 본래는 둥근 달인 것이 반달로 드러난 것과 같다. 본래 반달이어서가 아니라 무엇이 한 쪽을 가려서 반달로 드러난 것이기 때문이다. 그러므로 율곡학에서 보면 기품에 청정淸淨과 오예汚穢가 있음에 따라 유행의 리, 즉 성에도 선악이 있게 된다는 것이다. 그러나 리에 본래부터 선악이 있는 것은 아니다. 이것이 바로 리를 절대선으로 파악하고 있는 주리파와 다른 점이다. 인물성동이人物性同異의 문제도 분명해진다. 즉 기국의 입장에서는 인성과 물성

---

58) 『栗谷全書』권10 「答成浩原」, "理通氣局 要自本體上說出 亦不可離了本體別
求流行也 人之性非物之性者 氣之局也 人之理卽物之理者 理之通也."

이 다를 수밖에 없고 리통의 입장에서는 인성과 물성이 같을 수밖에 없다.

율곡은 리를 다시 체와 용으로 나누고 리일과 분수를 리와 성으로 연결시켜 자기 철학의 독창성을 드러내고 있다. "본연은 리일이고 유행은 분수이다."59) "일본一本의 리는 리의 체이고, 만수의 리는 리의 용이다."60) 율곡의 이와 같은 주장은 리에 대하여 본체와 현상의 양 측면을 종합하여 사고한 결과라고 할 수 있다. 즉 리의 체는 통체일태극統體一太極으로 리의 일一이고, 리의 용은 각구일태극各具一太極으로 리의 분수이다. 그러나 율곡학에서도 리는 본래 조작될 수 없는 것이므로 유행, 즉 리의 분수가 조작적인 것이 될 수 없다.

율곡학에서 리의 체용분리體用分離도 결국은 리기의 관계에서 이해되어야 한다. 리와 기는 원불상리元不相離, 즉 리기는 원초적으로 서로 떨어질 수 없는 관계이다. 따라서 기 유행과 리 유행도 역시 원불상리의 관계일 수밖에 없다. 그러므로 리의 유행이나 분수가 리 자체적인 것이 아니고 기의 유행과 분수를 따라 리가 피동적으로 유행되어 분수가 이루어지게 된 것이다. 이러한 점이 바로 현상론적 리기철학으로서의 율곡학의 특징이라 하겠다. 율곡학에서는 현상계를 떠난 리기본체는 무의미한 것이 되기 때문이다. 그러면서도 본체인 리는 원두본연源頭本然으로 만물에 공통이니 곧 리통이고, 유행인 성은 개체적 본연으로 각 사물의 특수이니 곧 기국이라는 관념을 분명히 하기 위하여 본체와 유행의 관계를 리의 측면과 기의 측면에서 다음과 같이 설명하고 있다.

---

59) 『栗谷全書』 권9 「答成浩原」, "本然者 理之一也 流行者 分之殊也."
60) 『栗谷全書』 권12 「答安應休」, "一本之理 理之體 萬殊之理 理之用."

"리는 비록 하나이지만 이미 기를 타게 되면 그 나누어짐이 만수(萬殊)이다. …… 그러므로 참치부제함은 기의 소위所爲이다. 그러나 비록 기의 소위라 할지라도 반드시 리가 있어 주재로 되는 것이니 그 참치부제한 소이는 역시 리가 마땅히 이와 같아야 한다. 리가 이와 같지 않은데 기만 홀로 이와 같은 것은 아니다."[61] 참치부제의 소위가 기이지만 그 소이는 리라는 것을 강조하고 있기 때문에 원두본연元頭本然인 리의 측면에서 설명한 것이다. "비록 리일이라고 할지라도 인성은 물성이 아니고 견성은 우성이 아닌 것이니 이것이 이른바 각일기성各一其性이다."[62] 인성·물성·견성·우성 등의 각일기성을 강조하고 있으니 개별적 본연의 리, 즉 성의 측면에서 설명하고 있으므로 결코 기와 무관하지 않다.

요컨대 리는 형질과 무관하므로 리통이고, 리가 형질 가운데 있게 되면 물성이 되어 각각 다르게 나타나니 그 원인이 바로 기국이다. 그러나 율곡철학에서는 결코 리통과 기국이 서로 독립될 수 없는 관계이니 결국 현상론적 사유로 귀착될 수밖에 없다.

(3) 세계는 리기의 묘합체妙合體이다.

주희는 리와 기의 관계를 부잡과 불리로 설명했다. 부잡에 대해서는

---

61) 『栗谷全書』 권10 「答成浩原」, "理雖一而旣乘於氣 則其分萬殊 …… 然則參差不齊 氣之所爲也 雖曰氣之所爲 而必有理爲之主宰 則其所以參差不齊者 亦理當如此 非理不如此 氣獨如此也."

62) 『栗谷全書』 권10 「答成浩原」, "雖曰一理 而人之性非物之性 犬之性非牛之性 此所謂各一其性者也."

"리와 기는 서로 다른 둘이다.",[63] "리의 입장에서 보면 곧 물이 있기 전에 물의 리가 있다."[64]라고 하였다. 이 말은 리와 기가 서로 다른 존재특성을 갖는 본체이원이라는 뜻으로 본체론 상에서 하는 말이다. 불리에 대해서는 "사물 상에서 보면 리와 기는 혼륜渾淪되어 있어 서로 나뉠 수 없다.",[65] "기가 운행하면 리도 역시 운행하게 된다. 둘은 항상 의존관계에 있으니 서로 떨어질 수가 없다."[66]라고 하였다. 이 말은 리와 기가 서로 의존관계에서 함께 존재할 수밖에 없다는 뜻으로 현상론 상에서 하는 말이다.

율곡은 주희가 리기의 부잡 불리의 관계를 본체론과 현상론으로 나누어 설명한 것과는 달리 모두를 현상론의 입장에서 파악 논구함으로써 자기철학의 독자적인 특성을 드러내고 있다. 율곡철학은 인과론적 사유체계가 아니라 순환론적 사유체계이다. 따라서 리기나 태극음양 관계가 모두 순환관계로 파악됨으로써 시간적인 선후관계가 부정된다. 특히 율곡이 리기관계를 순환론적으로 천착하여 독자적으로 논급하고 있는 주장이 바로 <리기지묘理氣之妙>설이다.[67]

율곡철학에서는 우주자연과 인간존재 일체를 리기의 묘합체로 인식하고, 초월적인 존재나 가치 모두를 현상 속으로 끌어내려 논구함으로써 성리학에 대한 실학적 지평을 열었다고 할 수 있다. 무형무위의 리와 유형유위의 기는 현상 속에서 함께 묘합을 이루면서 각자의 기능을

63) 『朱子文集』 권46, "理與氣決是二物."
64) 『朱子文集』 권2, "若在理上看 則雖未有物而已有物之理."
65) 『朱子文集』 권46, "在物上看 則二物渾淪不可分開."
66) 『朱子文集』 권94, "氣行則理亦行 二者常相依 而未常離也."
67) 송석구, 「율곡 이이선생 사상의 整解」, 『율곡학보』 14호(율곡학회, 2000), 19~20쪽 참조.

충분히 발휘한다고 보는 견해가 사유 성격상 현상론적이기 때문이다. 리기지묘에 대한 율곡의 논급을 직접 살펴보자.

"천하에 어찌 리 밖의 기가 있겠는가? 리기지묘는 보기도 어렵고 또한 말하기도 어렵다. 리의 근원은 하나일 뿐이요, 기의 근원도 하나일 뿐이다. 기의 유행이 참치부제하므로 리 또한 유행에서 참치부제하다. 기는 리를 떠날 수 없고 리는 기를 떠날 수 없다. 이와 같으므로 리와 기는 하나인 것이다."[68] 여기에서 보면 먼저 리의 근원과 기의 근원을 말하면서 본체이원을 제시하고, 기의 유행에 따라 리 유행이 이루어짐을 밝혀 현상적으로 리와 기는 하나로 존재할 수밖에 없음을 말하고 있다.

또 말하기를 "리와 기는 하나이면서 둘이고 둘이면서 하나이다. 리와 기는 혼연하여 사이가 없어서 원래 떨어지지 않는 까닭에 두 가지 것이라고 할 수 없다. 그러므로 정자는 말하기를 기器 역시 도道이고 도 역시 기라고 하였다. 또한 양자는 비록 떨어지지 않을지라도 혼연한 가운데 실제로는 섞이지 않아서 한 가지 것이라고도 할 수 없다. 그러므로 주희가 말하기를 리는 스스로 리이고 기는 스스로 기이므로 서로 섞이지 않는다고 하였다. 이 두 말을 합하여 깊이 생각해 보면 리기지묘를 볼 수 있을 것이다."[69] 리기가 하나라는 것은 현상을 말한 것이고 둘이라는 것은 본체를 말한 것이다. 하나이면서 둘이고 둘이면서 하나

---

68) 『栗谷全書』 권10 「答成浩原」, "天下安有理外之氣耶 理氣之妙 難見亦難說 夫理之源一而已矣 氣之源亦一而已矣 氣之流行而參差不齊 理亦流行而參差 不齊 氣不離理 理不離氣 夫如是則理氣一也."

69) 『栗谷全書』 권20 「聖學輯要」2, "理氣一而二 二而一者也 理氣渾然無間 元不 相離 不可指爲二物 故程子曰 器亦道 道亦器 雖不相離 而渾然之中 實不相 離 不可指爲一物 故朱子曰 理自理 氣自氣 不相挾雜 合二說而玩索 則理氣 之妙 庶乎見之矣."

라는 말은 현상 속에 본체성이 내포되어 있고, 본체 속에 현상성이 내재되어 있다는 의미이다. 따라서 리와 기는 현상 속에 함께 존재하면서 각각의 기능과 역할을 방해받지 않고 수행한다는 뜻을 밝힌 것이다. 이것이 다름 아닌 리기지묘이다. 다시 정자와 주희의 말을 인용하여 설명하고 있다. 기器는 현상 사물세계이고 도道는 본체의 세계이다. 그러므로 정자가 기 역시 도이고, 도 역시 기라고 한 말은 바로 현상이 본체이고 본체가 곧 현상이라는 뜻이다. 즉 본체와 현상이 분리될 수 없다는 의미이다. 그렇다고 리와 기는 저대로의 존재특성과 역할이 없다고 할 수도 없으니 주희는 리는 스스로 리이고 기는 스스로 기가 되어 서로 섞이지 않는다고 하였다. 율곡은 이러한 정자의 말과 주희의 말을 잘 종합하여 음미해보면 리기지묘의 진정한 의미를 알 수 있다고 하였다. 리기지묘는 바로 리기불상리의 관계와 불상잡의 관계가 현상 가운데에서 실제로 융합되어 존재하고 있는 상태를 말하고 있다.

　리기지묘는 현상 속에서 본체를 파악하는 사유체계 속에서 이해되어야 한다. 그러므로 율곡은 "형상이 있는 것 가운데 형상이 없는 것이 있다."[70]라고 하였고 "무가 묘유妙有를 품고 있고 유가 진무眞無를 드러낸다."[71]라고 하였다. 한편 율곡이 말하고 있는 리기묘합은 단순한 구조적인 합만을 의미한 것은 아니다. "형기 안에 모든 이치가 갖추어져 있고 지극히 현저한 가운데 은미함이 있다."[72]라고 한 것을 보면 이 세계는 반드시 리의 주재에 따라 기의 현실성이 발휘될 때 온전한 존재의 성립이 가능할 수 있다는 것을 알 수 있다. 인간의 도덕적 행위에

---

70)『栗谷全書』「理氣詠呈牛溪道兄」, "無形在有形."
71)『栗谷全書』「理氣分殊賦」, "無涵妙有 有著眞無."
72)『栗谷全書』「孔孟言性道軍旅疑」, "具衆理於形氣之內 存在隱於至費之中."

있어서도 마찬가지이다. 황의동은 이러한 리기지묘설이 율곡사상의 핵심을 이루고 있다고 주장하면서 다각도에서 체계적으로 분석 검토하고 있다.[73]

리기지묘설과 연관하여 논급되고 있는 철학적 문제의 하나가 기발리승일도설氣發理乘一途說이다. 기발리승은 존재 자체를 표현하는 것으로 리기지묘의 다른 이름이다. 이 우주와 사물과 인간이 모두 기발리승의 존재라는 것이다. 일체 만유는 리와 기의 묘합체인데 그 리와 기가 합해있는 묘妙를 발과 승으로 달리 표현한 것이다. 여기에서 발은 가변성으로서 국한·한정의 뜻을 갖고, 승은 주재로서 내재 관통의 뜻을 내포하는 말인데, 발하는 기에 리가 탄다고 할 때 승은 단순한 의미가 아니라 기의 동정작용을 주재하는 리의 근저적 의미를 갖는다.[74] 이러한 기발이승의 철학도 율곡철학의 특징 중의 하나다. 특히 퇴계가 사단과 칠정을 설명하면서 리발과 기발로 나누어 설명한 것을 율곡은 기발리승일도설로 대응하면서 비판했던 일은 한국철학사적 획기적인 논쟁이라 할 것이다.

한편 율곡학에서는 리와 기의 역할과 기능을 소이연所以然과 소연所然, 추뉴樞紐·근저根柢와 의착처依著處로 보면서 일관되게 리선기후를 주장하고 있는 점도 특징 중의 하나가 아닐 수 없다. 특히 리를 소이연으로 파악하고 본원에서 뿐만 아니라 현상사물 세계에서도 리선기후로 파악하고 있는 점이 주희와는 다르다.

---

73) 황의동, 『율곡사상의 체계적 이해』(서광사, 1998), 186~193쪽.
74) 황의동, 『율곡사상의 체계적 이해』(서광사, 1998), 183쪽.

5. 두 철학자는 현상주의자이다.

화담은 산림유로서 은둔의 즐거움과 위기지학에 만족하면서 당시 사회의 모순과 폐단을 청유淸流의 모범적인 실천으로 대응하였고, 율곡은 묘당유로서 현실의 퇴락과 부패에 대한 개조와 개혁을 주장하며 평천하를 위한 진유眞儒로서의 모범을 몸소 실천하였다. 현실에 대한 은둔과 참여의 대응방법은 서로 다르면서도 당시 사회를 걱정하고 대동사회 건설의 간절한 염원은 두 학자 모두 일치하였다. 그리고 그들은 이상적 성향이 강한 리를 중요시한 당시의 성리학적 분위기 속에서도 현실성이 강한 기에 치중하여 사색하였던 점 역시 특기할 만한 공통점으로 보여진다.

화담은 본원과 현상을 모두 기일원의 세계로 파악하고, 본원을 태허일기라고 하였으며 태허일기의 취산작용에 따라 현상 사물의 세계가 전개된 것으로 보았다. 담일청허한 태허는 기의 원형이고 연원이며 본래의 세계로서 시공을 초월하여 존재하는 편재성과 무한성을 갖는다. 그러므로 공간적으로는 극대하고 시간적으로는 영원한 존재양태의 세계이다. 이러한 세계를 화담은 선천이라고 하였다. 그리고 이러한 태허일기가 자율적인 역동성 즉 취산작용으로 이루어진 현상 사물의 세계를 후천이라고 하였다.

화담학에서는 본원과 현상이 본질적으로 서로 다른 별개의 세계가 아니다. 기의 두 가지 존재양태에 불과하다. 기의 대소·장단 등의 취산에 따라 현상 사물도 대소·장단 등으로 존재할 뿐이다. 이러한 철학체계에서는 리가 실체로 독립될 수 없다. 리는 다만 태허일기 작용의 미묘한 법칙일 뿐이다. 그러므로 화담철학은 일반 성리학에서 말한 리와 기를 소연과 소이연의 관계, 즉 현상과 원인적 실체로 구분하려는 견해와는 달리 기를 자연현상의 변화 그 자체적 실상으로 파악하는 철학적 특징을 갖는다. 이러한 화담의 세계관에서는 세계를 양적 변화의 세계로만 이해되며, 서로 본질이 다른 리와 기의 실체 관계로서 선후나 묘합을 상정할 공간이 없다. 따라서 화담철학은 수평적 사고에 의한 우주론적 특성을 갖는다고 보여진다.

율곡학에서는 우선 본체와 현상을 엄격하게 구분하고, 본체를 리기 이원으로 규정하면서 현상을 리기의 묘합체로 설명한다. 그리고 리도 체용으로 구분하여 리일과 분수를 리와 성으로 설명함으로써 입체적인 이원론 구조를 전개시키고 있다. 리는 기의 근저·주재·소이연으로서 주통성을 갖고 있으며, 기는 리의 의지처·실현자로서 편국성을 갖는다. 그리고 일본一本의 리는 리의 체이고 만수萬殊의 리는 리의 용이다. 그러므로 율곡철학에서는 본체인 리와 기는 물론이고 일본의 리와 만수의 리, 즉 성은 본질적으로 차이가 있다. 이것을 리통기국으로 설명한다.

리의 체용분리도 리기원불상리理氣元不相離 관계에서 이해되어야 한다. 리기는 원초적으로 떨어질 수 없다는 사유가 율곡학의 기본 특징이다. 따라서 기 유행과 리 유행 역시 원불상리元不相離의 관계이다. 그러므로 기품의 차이에 따라 유행의 리인 성에도 선악 등의 차이가 있게된다. 특히 율곡은 리기묘합설을 강조하여 리기의 부잡·불리의 관계를 모두 현상론 속에서 사유함으로써 자기철학의 독자성을 드러내고 있다. 이러한 리기묘합설과 연관하여 이 세계는 반드시 리의 주재에 따라 기

의 현실성이 발휘될 때 온전한 존재가 가능할 수 있다는 내용의 기발리
승일도설과 본체세계와 현상세계를 통틀어 리를 소이연으로 파악하여
리선기후설로 일관하여 설명하고 있다는 점 또한 율곡학의 특징이다.
이러한 율곡학의 사유체계는 수직적 사고에 의한 형이상학의 온전한
틀을 갖추고 있다고 보여진다. 다만 본체를 현상계 속에서 이해하고 있
다는 점이 율곡학의 특징이며, 그러므로 율곡은 화담과 같이 현실주의
자 혹은 현상주의자로서의 면모를 명확히 보여주고 있다고 할 수 있다.

참고문헌

1. 『花潭集』
2. 『朱子大全』
3. 『大學或問』
4. 『朱子文集』
5. 『栗谷全書』
6. 『東湖問答』
7. 宋恒龍, 『동양인의 철학적 사고와 그 삶의 세계』, 명문당, 1991.
8. 金忠烈, 「서경덕과 조식의 학행」, 『한국사상』, 열암 박종홍박사 추모특집호 : 한국사상의 과제 14, 1976.
9. 韓國哲學會, 『韓國哲學史』, 동명사, 1987.
10. 黃義東, 『율곡사상의 체계적 이해』, 서광사, 1998.
11. 崔英攢, 「朱子哲學에 있어서 孔·孟 天人觀의 承受와 展開」, 박사학위논문, 1991.
12. 송석구, 「율곡 이이선생 사상의 整解」, 『율곡학보』 14호, 2000.

제7장 우암光庵의 도학道學과 자연관

1. 한국도학의 큰 봉우리

유학은 살맛나는 좋은 세상을 만들어가는 학문이다. 유학에서는 이러한 좋은 세상을 대동세계라고 한다. 『예기』의 「예운편」에서는 대동세계를 다음과 같이 묘사하고 있다. "대도大道가 실행되면 천하는 천하 사람들 모두가 함께 공유하여 현명하고 유능한 사람을 선택해서 나라 일을 맡길 뿐만 아니라, 사람마다 신의를 지키고 서로 힘을 합하여 화목하게 지낸다. 그러므로 백성들은 오로지 자기 어버이만을 공경하거나 자기 자식만을 사랑하는 것이 아니라, 노인들에게는 세상을 떠날 때까지 아무런 걱정 없이 행복하게 여생을 누리도록 하며, 청·장년들에게는 일자리를 주어 안정된 사회를 만들고, 어린이들에게는 마음 놓고 자라게 하고, 과부·고아·독신·홀아비·불구자들을 불쌍히 여겨 그들 모두가 편안하게 양육받게 한다. 그리고 남자들은 각각 자기 직분을 다하고, 여자들은 모두가 자기 가정을 갖도록 한다. 재화가 미개발되어 땅에 버려진 상태로 있음을 싫어하는가 하면 반드시 자기의 소유로만 깊숙이 감추어 두려고 하지 않고, 자기의 온갖 노력을 아끼지 않되 반드시 자신만을 위해서 노력하지 않는다. 이것이 대동의 세계이다."[1]

---

1) 『禮記』「禮運」, "大道之行也 天下爲公 選賢與能 講信修睦 故人不獨親其親

이러한 대동세계의 내용을 정리해 보면, 오늘날 우리가 갈구하며 목표로 하고 있는 살기좋은 복지국가와 다름이 없다. 즉, 도덕적으로 완성된 인격과 능력을 갖춘 정치지도자와 행정공무원들이 나라의 살림을 맡아 복지가 원만하게 이루어진 국가사회, 도의가 실현되어 서로 믿고 화목이 이루어진 화평한 사회, 어린아이들이 마음 놓고 자유롭게 자랄 수 있는 아름다운 사회, 청·장년들이 고루 일자리를 갖고 아무런 불만이 없는 안정된 사회, 외롭고 고독한 사람들이 소외받지 않고 즐거운 삶을 영위하도록 따뜻한 마음으로 감싸 안은 사회, 남녀 간의 관계에 질서가 있고 순수한 사랑의 만남이 조성된 사회, 낭비하지 않으며 이기적이지 않고 근면성실하며 검소하고 순박한 사람들이 모여 사는 오붓한 사회, 이러한 사회가 곧 대동의 세계이며 오늘날에도 여전히 이상으로 하는 아름다운 세상이다.

이러한 세상은 천도와 천명을 올바르게 인식하고 개인적으로는 인격을 완성하고 국가 사회적으로는 사랑과 정의가 실현되어 평화롭게 인류가 공존할 수 있는 세상이다. 세상은 곧 사람들이 모여서 가꾸고 일구는 국가사회이다. 그러므로 좋은 세상이 되기 위해서는 사람들이 먼저 좋은 사람이 되어야 한다. 좋은 사람은 지성과 인격을 갖추고 사회에 도의와 정의를 실천하는 사람이다. 따라서 학문하는 일과 실천하는 일은 어느 하나 소홀히 할 수 없는 중요한 일이다. 학문하는 일은 참과 거짓을 밝히는 일, 즉 자연과 인간의 본질과 속성을 올바르게 인식하는 지적 작업이다. 그리고 실천하는 일은 우주자연과 인간의 존재에 대한 올바른

不獨子其子 使老有所終 壯有所用 幼有所長 務寡孤獨廢疾者 皆有所養 男有分女有歸 貨惡其棄於地也 不必藏於己 力惡其不出於身也 不必爲己 是故謀閉而不興 盜竊亂賊而不作 故外戶而不閉 是謂大同."

인식을 바탕으로 하여 개인이나 국가사회에 마땅히 행해야 할 바의 도의를 실현시키는 일이다. 유학은 이 두 가지 일을 학문의 영역으로 하여 <도학道學>으로 발전시켰던 것이다.

도학은 공자와 맹자의 인도정신을 계승하여 성리학을 보완한 실천유학으로서의 송대유학을 말한다.[2] 흔히 도학의 대표적인 인물을 중심으로 하여 정주학, 혹은 주자학이라고도 한다. 도학의 기본정신으로서 정통론은 엄격한 도통론道統論과 이단배척의 벽이단론闢異端論을 포함하고 있다. 도학의 전통에서는 의리론義理論이 중추를 이루고 있다. 도학자로서의 선비가 살아가는 구체적인 행동준칙에는 강상론綱常論의 규범에 따르는 의리가 존중되고 구체적인 질서는 화이론華夷論의 춘추대의春秋大義가 존중된다. 도학의 의리론에서는 절의를 존중하고 선비정신을 실현하여 엄격한 출처 의리를 지키는 것이 특별히 중시된다. 이러한 도학은 철저한 이념체계와 강직한 신념을 통하여 송대 이후와 조선 사회에서 사회 이념의 주체적 역할을 담당하였다.[3]

고려 말 성리학이 전래된 이후 이성계의 혁명을 계기로 하여 조선 유학은 도덕적 의리를 앞세운 의리학파義理學派와 경제적 실리를 앞세운 사공학파事功學派로 나뉘어진다. 의리학파는 정몽주·길재가 중심이 되고 사공학파는 정도전·권근이 중심이 되었다. 한국 도학의 특징을 이루게 된 것은 정몽주 계열의 의리학파를 정통으로 하여 발전되었다는 데 있다. 좋은 세상은 물질적인 풍요보다 정신적이고 도덕적인 요소가 더 우선적이며 근본적인 바탕이 되어야 한다는 것을 감안한다면, 조선

---

2) 오석원, 「尤庵 宋時烈의 春秋義理思想」, 『유학연구』17(충남대학교유학연구소, 2008), 37쪽.

3) 儒敎事典編纂委員會, 『儒敎大事典』(博英社, 1990) 참조.

성리학의 주류가 의리학파로 흐르게 되었다는 것은 당연하고도 다행스
러운 일이라고 생각된다.

한국 유학사에서 이와 같은 의리적 전통은 수양대군의 불의에 맞서
싸웠던 사육신과 생육신의 절의로 이어졌고, 50여년에 걸친 사화시대에
희생된 조광조를 비롯한 기유명현, 그리고 을사사화 때 수난을 당한 수
많은 사류들의 죽음과 희생으로 이어졌다. 또 16세기 퇴·율 시대를 지
나 임진왜란과 의병봉기로 나라를 위하여 목숨을 바쳤던 수많은 의병
들의 충절은 고결한 의리정신의 발로이며, 17세기 청의 침략을 맞아 척
화斥和의 기치와 북벌의리北伐義理를 내걸었던 송시열·김상헌과 삼학사
등은 절의정신의 현창이 아닐 수 없다. 그리고 19세기 한말의 위기 속
에서 도학적 전통을 지키고 서학에 맞서는가 하면, 일본의 침략 앞에
분연히 항거했던 항일 독립운동은 한국 도학의 의리전통과 맥락을 같
이하여 이해하지 않을 수 없다.[4]

우암 송시열은 이러한 한국 도학사의 의리적 전통에 우뚝 서있는 큰
봉우리이다. 율곡·사계의 적전으로 기호학파·율곡학파의 중심인물이며,
동국십팔현(東國18賢)의 한 사람이다. 우암의 학문적 특징은 역시 의리적
측면에 있다. 우암은 "국가가 숭상하고 장려해야 할 것은 오직 도학과
절의이다."[5]라고 하면서 의리를 숭상하고 사리私利를 버리는 상의지세
尙義之世를 염원하였다. 시대의 상황에 따라서 일의 완급이 다를 수 있
다. 우암이 살았던 17세기는 리기심성에 대한 이론적인 문제보다는 의

---

 4) 黃義東, 「우암 송시열의 생애와 사상 ; 우암의 의리사상과 현대적 의미」, 『한국사
    상과 문화』 23(한국사상문화학회, 2004) 참조.
 5) 『宋子大全』 附錄 권6, 年譜, 42年己酉先生63歲條, "先生又進曰 國家之所崇
    獎 惟在道學與節義."

리의 실천이 더욱 절실했던 시기로서, 우암 역시 시대적 요구에 따라 그에 부응하는 논리와 실천에 온 힘을 기울였던 것이다.[6] 우암도 조선조 다른 유학자들과 마찬가지로 주자학을 중심으로 하는 성리학의 지식을 쌓았던 것은 사실이다. 그러나 그는 이른바 추상적이며 공리공론을 일삼는 이론 성리학의 차원에서만 안주하지 않고 공자와 맹자의 중심철학인 심법학心法學과 도학道學을 충실하게 계승하고, 조선조에 있어서 경세학經世學의 대표자인 조광조·이이·김장생으로 전승되는 도학과 예학을 계승하여 정직철학(直哲學)과 심법학心法學을 발전시켰다. 그리고 그는 또 수암 권상하, 남당 한원진, 화서 이항로, 면암 최익현, 외암 유인석 등으로 이어지는 의리학파를 여는 지붕이 되었다.[7]

2. 의리義理의 현자

우암은 12세에 "주희는 후세의 공자요, 율곡은 후세의 주희이니 주희를 배우려면 마땅히 율곡으로부터 배워야 한다."[8]라고 한 부친의 가르침을 받고 평생토록 공자-맹자-주희-율곡을 존숭하며 공자의 의리사상과 주희의 도학을 충실하게 익히고 철저하게 실천하였던 현자였다.

우암은 주희를 지극히 존숭하여 이르기를 "주희가 나온 뒤에 의리義理가 크게 갖추어져 여온이 없다. 후학은 마땅히 주희를 존신하여 뜻을

---

6) 黃義東, 「우암 송시열의 생애와 사상 ; 우암의 의리사상과 현대적 의미」, 『한국사상과 문화』 23(한국사상문화학회, 2004) 참조.

7) 韓國哲學會, 『韓國哲學史』 中(동명사, 1987), 363쪽 참조.

8) 『宋子大全』 附錄 권13, 年譜, 12歲條, 참조.

지극히 하고 밝힌다면 성현이 되는 것은 이에서 벗어나지 않게 된다."9)
라고 하였다. 우암은 오직 주희를 존신하면서 의리를 삶의 표준으로 삼
고 출처와 진퇴에 있어서 항상 의리를 근거로 하여 행동하였으며, 스스
로 이르기를 "모든 일은 마땅히 의리에서 보아야 한다. 의리가 편안하
면 우리의 이해利害는 돌아볼 것이 없다."10)라고 하였던 것이다.

우암의 학문은 문인 권상하가 평가한 바와 같이 "군유를 집대성한
백대의 사종(集群儒之大成 百代之師宗)"이지만 우암에 대한 후학들의 평가
는 주로 의리를 앞세우고 있다. 즉, 남당南塘은 "학문은 주희를 조종으
로 삼고 의리는 춘추정신을 붙들었으며, 앞선 성인들의 도를 호위하고
이단과 사설을 물리쳤으며, 천지를 위해서는 바로 심법을 세우고 백성
을 위해서는 정도를 세웠으니, 그 덕업의 성대함은 그와 더불어 견줄
바가 없다."11)라고 하였다. 한말의 학자인 간재는 정암의 재지材志, 퇴
계의 덕학德學, 율곡의 리기理氣, 사계의 예교禮敎, 우암의 의리義理라고
평하고 있다.12) 그리고 김창협은 "우옹이 평생 잡고 지킨 것은 그 대강
이 네 가지가 있으니, 편파적이고 음탕한 말을 막아 삼성三聖을 계승하
는 것, 절의를 숭상하여 동주東周를 높이는 것, 징토懲討를 엄격하게 하
여 윤기倫紀를 부식扶植하는 것, 향원鄕愿을 미워하여 정경正經을 돌이키

---

9) 『宋子大全』附錄 권13, 墓表(門人權尙夏), "朱子之後 義理大備 靡有餘蘊 後
　學只當尊信朱子 極意講明爲聖爲賢 不外於是."
10) 『宋子大全』권28, 書, 答金由善, "大槪凡事 當觀義理 理義所安 吾之利害 旣
　不可顧."
11) 『宋子大全』附錄, 권19, 記述雜錄, "學宗考亭 義秉春秋 閑先聖 去詖淫 爲天
　地立心 爲生民立道 事業之盛 又莫與幷也."
12) 『艮齋集』권16, 五賢粹言序, "愚嘗妄謂以靜菴之材志 有退溪之德學 契栗谷
　之理氣 循沙溪之禮敎 立尤庵之義理 則其於爲人 可謂幾乎聖者矣."

는 것이다."[13]라고 말하고 있다. 이러한 우암에 대한 평가는 모두가 의리적인 측면을 들추어 우암학의 특징으로 삼고 있다고 볼 수 있다.

우암의 파란만장했던 의리적인 삶은 무엇보다도 가학의 영향이 크다고 할 수 있다. 그의 부친인 송갑조宋甲祚는 평소 절의를 중시하여 사마시司馬試에 합격한 미미한 신분으로 이이첨李爾瞻 등 권간權奸에 의하여 유폐된 인목대비에게 홀로 나아가 예를 갖춤으로써 유적儒籍에서 삭탈된 적이 있다. 그리고 병자호란 때 순절한 종형 송시영, 정묘호란 때 전사한 큰형 송시희 등의 한은 우암으로 하여금 절의적인 삶을 살아가는 데 큰 영향으로 작용했으리라고 충분히 짐작하고도 남음이 있다.

우암에게 의리적 삶의 구체적인 계기가 된 것은 병자호란과 효종과의 만남이다. 우암은 나이 21세 때(인조5년 1627년) 정묘호란, 30세 때(인조14년 1636년) 병자호란의 엄청난 치욕을 당하였다. 소중화小中華로 자처하며 유교문화국을 긍지로 삼았던 조선이 야만족인 청淸의 침략을 당하여 마침내 인조가 남한산성 삼전도에서 굴욕적인 항복을 하게 되자, 당시 유학자들은 쓰라린 아픔과 통한의 슬픔을 참을 수 없었고, 따라서 청년 유학자 우암에게도 씻을 수 없는 마음의 상처가 되었던 것이다. 이러한 울분의 상황 속에서 우암은 효종과 군신관계를 맺고 북벌의리의 각오가 구체화되었다고 할 수 있다.

우암과 효종의 인연은 각별했다. 우암이 29세 때(인조13년 1635년) 봉림대군의 사전師傅으로 임명되어 특별한 인연을 맺게 된 것이다. 1637년 병자호란으로 강화도가 함락되고 조선은 청나라에 굴욕적인 항복을

---

13) 『宋子大全』 附錄, 권19, 記述雜錄, 金昌協, "朱子之訓 有關於世道 而爲尤翁平生所執守者 其大綱有四焉 曰距詖淫以承三聖也 曰崇節義以尊東周也 曰嚴懲討以扶倫紀也 曰惡鄕愿以反正經也."

하자 뒤이어 삼학사三學士와 척화파斥和派의 대표자인 김상헌이 청나라
에 잡혀갔다. 그리고 봉림대군도 인질로 심양에 끌려가 곤욕을 당하고
돌아왔다. 1649년에 인조가 죽고 효종이 그 뒤를 이어 왕위에 오르면서
효종은 우암을 비롯해 김상헌·김집·송준길·권사·이유태 등 산림들을
초치하여 국정을 함께 도모하고자 하였다. 우암은 벼슬을 사양하고 기
축봉사己丑封事를 올려 시국의 정확한 인식과 대책을 수립할 것을 효종
에게 청했다. 이어서 1657년에는 18개조의 시무책時務策으로 정유봉사
丁酉封事를 올리고, 그 이듬해인 1658년(효종9)에 효종은 우암에게 털옷
한 벌을 하사하며 "그대는 내 뜻을 모르겠는가? 만주벌판을 함께 달리
자는 것이니라."라고 하였다. 이때 우암은 효종과 북벌의 대사를 은밀
히 기약했던 것이다. 이어 1659년(효종10년) 3월 11일에는 효종과 당시
이조판서였던 우암이 희정당熙政堂에서 독대獨對하였다. 이것이 유명한
희정당악대설화熙政堂幄對說話이다. 이 독대에서 효종은 우암에게 북벌
의 신념과 의지를 밝혔다고 한다. 그 이후로 우암은 효종의 뜻을 받들
어 존왕양이尊王攘夷의 의리사업을 자신의 임무로 삼았다고 한다.[14] 우
암의 북벌의리는 1659년 효종의 갑작스러운 죽음으로 수포로 돌아가게
되었지만 우암의 의리적 삶에는 병자호란과 효종과의 만남이 구체적인
계기가 되었던 것이다.[15]

우암의 의리적 삶에는 조헌·김상헌·안방준의 존숭이 현실참여에의
전환점이 되었다고 할 수 있다. 우암이 평소 높이고 우러렀던 조헌은

---

14) 『宋子大全』 附錄, 권19, 記述雜錄, 金昌協, "先生又當孝廟盛際 毅然以尊攘
之事爲己任".
15) 黃義東, 「우암 송시열의 생애와 사상 ; 우암의 의리사상과 현대적 의미」, 『한국사
상과 문화』 23(한국사상문화학회, 2004) 참조.

김장생과 더불어 율곡 문하를 대표할 뿐 아니라 임진왜란을 당해 몸소 의병장이 되어 금산 전투에서 장렬하게 순절한 의사였다. 그리고 호남의 산림유를 대표했던 안방준은 임진왜란 때 수많은 의병장들의 역사적인 사실과 충절의 전말을 후세에 남기고자 힘써 노력하였다. 우암은 전라도 보성으로 안방준을 찾아가 배알하고 적극적인 현실참여에의 길로 나아갔던 것이다. 특히 우암이 김상헌을 찾아가 스승으로 모시게 된 일은 적극적인 현실참여를 모색하게 된 전환점이 되었다. 우암은 김상헌이 심양에서 억류되었다가 풀려난 직후 양주의 석실촌(지금의 경기도 남양주시 와부읍 덕소리)으로 찾아가 그의 제자가 되기를 청하였고, 그 이후로 시세時勢와 출처出處의 의리에 대하여 그와 긴밀히 상의하며, 세사世事에 대하여 소극적인 태도를 보였던 병자호란 직후와 다른 면모를 보여주었다. 대청복수론對淸復讐論으로부터 전개되는 우암의 세도정치사상은 김상헌의 척화론에서 직접 영향을 받은 것이다. 우암이 특별한 연고가 없는 김상헌을 찾아가 스승으로 받든 것은 김상헌의 척화론을 계승하고자 했던 우암의 결연한 의지를 잘 말해주고 있다. 우암은 그를 대의大義의 종주宗主라고 칭송하였고 그가 죽을 때 3개월 동안이나 심상을 입고 묘표와 묘지문 쓰기도 하였다.[16] 우암은 이와 같이 의리에 대한 투철한 의지를 평생 동안 마음과 몸에 각인하면서 철저하게 의리로 살다가 의리로 생을 마감하였으니 가히 의리의 현자라고 불러도 과언이 아니라고 생각된다.

---

16) 黃義東, 「우암 송시열의 생애와 사상 ; 우암의 의리사상과 현대적 의미」, 『한국사상과 문화』 23(한국사상문화학회, 2004) 참조.

3. 의리義理는 천리天理이고 천리는 정직(直)이다.

우암은 인륜을 의리로 이해하고 매우 중요시 하였다. 우암이 말하기를 "삼강오상은 천지의 경의經義요 사람이 사람 되고 나라가 나라 되는 까닭이다. 그 중에서 가장 크고 절실한 것이 있는데 이른바 인仁은 부자보다 큰 것이 없고 의義는 군신보다 큰 것이 없다."[17]라고 하였다. 사람이 사람 되고 나라가 나라 되는 기본을 삼강오상이라 하고 그 중에서도 부자와 군신 간의 의리를 특히 강조하였다. 또 말하기를 "대륜大倫이란 부자·군신·부부의 윤리질서를 말하고 대법大法이란 부자·군신·부부 간에 행할 바의 의리이다. 이 세 가지 중에 한 가지라도 밝지 못하고 행할 바에 한 가지라도 미진한 바가 있으면 중국이 이적에 빠지고 인류가 금수로 변하게 되므로 성인이 사람을 가르치는 데 이보다 먼저 할 것이 없다."[18]라고 하였다. 대륜은 부자·군신·부부의 관계요 대법은 부자·군신·부부 간에 행할 바의 의리이니, 대륜과 대법이 문화인류가 되는 절대적인 기준임을 밝히고 있다. 이 또한 인류의 차원에서 의리의 중요성을 강조한 것이라 하겠다. 우암은 "출처出處의 도리는 단지 의리를 보는 것이 최상이라 하고, 형세形勢나 화복禍福을 위하여 굽히는 바를 면치 못하면 바람이 부는 데로 풀이 움직이는 것과 같다는 꾸지람을 면하기 어렵다."[19]라고 하였으니, 이는 공자가 "군자는 이 세상에서 어

---

17) 『宋子大全』 권5, 丁酉封事, "夫之綱五常 天之經 地之義 人所以爲人 國所以爲國者也 方其中又有最大而尤切者 所謂仁莫大於父子 義莫大於君臣 是也."

18) 『宋子大全』 附錄, 권6, 年譜, 42세63歲條, "所謂大倫者 父子君臣夫婦也 所謂大法者 所以行乎三者之間者也 斯三者一有不明 而所以行乎三者之間者也 一有未盡 則中國淪於夷狄 人類入於禽獸 故聖人之所以自爲與所以敎人者 蓋莫不以是爲先也."

떤 일을 처리할 때 꼭 해야 할 것도 없고 꼭 하지 않아야 할 것도 없다. 오직 의를 따를 뿐이다."[20]라고 말한 바와 그 뜻을 같이하고 있다.

우암은 이利와 대비하여 의義를 설명하고 있다. "의가 이를 이기면 치세治世가 되고 이가 의를 이기면 난세亂世가 된다. …… 오직 전하께서는 의를 숭상하고 이를 버리는 것으로 최우선을 삼아야 합니다. …… 『대학』에서 이利로써 이利를 삼지 말고 의義로써 이를 삼아야 한다고 하였습니다."[21] 치세의 기본을 의에다 두고 난세의 원인을 이가 의를 어기는 결과라고 하였다. 그러므로 곧 의는 최상의 이가 되는 것이다. 여기에서 말하고 있는 이는 개인적인 사사로운 이기적 행위를 말하고 있는 것은 당연하다. 우암은 주희의 말을 인용하여 의와 이의 구별을 천리와 인욕으로 설명하고 있다. "의란 천리의 공公이요 이란 인욕의 사私됨이다. 천리를 좇으면 이익을 구하지 않아도 이롭지 아니함이 없고, 인욕을 좇으면 이익을 구해도 얻지 못하고 그 자신을 해침이 따를 뿐이다."[22] 의는 천리의 공이고 이는 사사로운 인욕이다. 천리를 따르면 이익을 구하지 않아도 이롭지 아니함이 없는 것이니 최대의 이익이 아닐 수 없다. 인욕을 따르면 결국에는 이익을 구하지도 못하고 도리어 피해를 자초한 것이 된다. 의는 인위적으로 하는 억지 행위가 아니고

---

19) 『宋子大全』 권28, 答金由善, "蓋聞出處之道 只看義理者上也 不免爲形勢禍福所撓 則難免風吹草動之譏矣."

20) 『論語』 「里仁」, "君子之於天下也 無適也 無莫也 義之與比."

21) 『宋子大全』 권5, 己丑封事小註, "臣又按 先儒有言 義勝利者爲治世 利克義者亂世 …… 唯在殿下尙義 棄利以先之也 …… 大學曰不以利爲利 以義爲利."

22) 『宋子大全』 권19, 歲正陳戒請有羅良佐疏, "義者 天理之公也 利者 人欲之私也 循天理 則不求利而自無不利 徇人欲 則求利未得而害已隨之."

자연적이고 순리적인 행위이기 때문이다. 의는 단순히 인간이 마땅히 행해야 하는 행위 그 자체만으로 그쳐버린 것이 아니라 궁극적으로는 천도나 천리에 통하는 전 우주적인 존재원리나 당위법칙인 것이다. 우암은 이러한 의리사상을 정직철학正直哲學으로 승화시키고 있다.

우암의 학문은 특히 정직을 강조하고 있는 정직철학에 또 하나의 특징이 있다고 할 수 있다. 그의 정직철학은 공자·맹자·주희·이이로 이어지는 도학정신에 뿌리를 두고 있으며, 그 중에서도 주희와 이이의 학문과 사상을 존숭하고 계승하는 데 의의가 있다. 우암은 스승 사계 김장생으로부터 다음과 같은 가르침을 받았다. "내 평생에 행한 바가 불선不善함이 있으면 다른 사람에게 고하지 않음이 없었고, 비록 펴서 밖에 드러나지 않았어도 진실로 불선함이 있으면 다른 사람에게 말하지 않음이 없었으니, 너는 이 마음을 체득하라. 이 직直한 자는 진실로 주희가 공자의 '사람이 살아갈 수 있는 것은 정직 때문이다. 정직하지 않는 사람이 살아가는 것은 요행으로 죽음을 모면하고 있는 것이다.'라고 한 것과 맹자가 '스스로 반성하여 의롭다면 천만 인의 앞이라 할지라도 나는 겁내지 않고 갈 것이다.'라고 한 것, 그리고 호연지기浩然之氣를 논하여 '그것을 정직으로 기르면 해가 없으니 곧 천지 사이에 가득차리라.'라고 한 것에서 받은 것이다. 주희가 공자와 맹자의 도통을 이은 것은 오직 이 직 한 글자뿐이리라."23) 김장생은 율곡의 제자이다. 멀리로는 공자와 맹자·주희요, 가까이로는 율곡과 사계의 도통적인 정직철학이

---

23) 『宋子大全』 권136, 雜著4, "吾平生所爲雖有不善 未嘗不以告人 雖發於心 而未見於外者 苟有不善 未嘗不以語人 汝須體此心此一直字 朱子實有所受 孔子曰 人之生也直 岡之生也幸而免 孟子曰 自反而縮雖千萬人吾往 其論浩然之氣 曰以直養而無害 則塞乎天地之間 朱子之實承 孔孟之統者 唯一字而已."

우암에게 전해진 것이다. 정직(直)은 생生의 본질이며 근거이다. 살아갈 수 있는 유일한 길이 정직이며 정직 아니고는 살아갈 수 있는 다른 길이 없다는 것을 가르친 것이다.

우암은 스승의 가르침인 '직直' 한 글자를 마음에 깊이 새겨 종신토록 힘써 행함으로써 정직철학의 일가를 열었다. 그러므로 그는 임종에 이르러서도 그의 손자에게 "직直 한 글자야말로 공자·맹자·주희 삼성의 동일규同一揆이다."[24)라고 유훈으로 남겼던 것이다. 그러고 보면 우암의 정직철학은 관념과 추상, 그리고 답습으로 이루어진 산물이 아니라 평생 실천하여 체득한 인생체험의 철학이었다.

우암의 정직철학을 정리해 보면, 첫째 사욕이 정진淨盡된 진실무망眞實無妄한 생生의 순수성과 정대성正大性이다. "직이 아니면 생의 도를 잃게 되어 죽음을 면치 못한다."[25)라고 하였으니 직이야말로 생명의 근원이고 살아갈 수 있는 길이다. 둘째, 직은 우주만유와 인간의 본질이며 존재의 양태이다. 우암이 말하기를 "하늘은 높고 땅은 낮으며 음이 내려가고 양이 올라가는 것은 역시 리의 직이 아닌 것이 없다. 직의 도는 돌아보건 데 위대함이 아니겠는가? 그러니 학자가 종사할 것은 반드시 그 가깝고 지극히 긴요한 것으로 할 것이다. 삶에 또한 경敬으로써 마음을 곧게 할 것(敬以直內)과 정직으로 기氣를 기르는 것(以直養氣)을 우선으로 할 것이다. 그런 뒤에 내 마음이 정직하고 내 몸이 정직하고 내 일이 정직하며, 이로부터 정직하지 않음이 없는 데까지 이르게 되어 인생에 정직의 리를 지니지 않음이 없게 된다."[26)라고 하였다. 우주만유

---

24) 『宋子大全』 권11, 年譜, 83歲條, "此直一字是孔孟朱三聖同一揆也."
25) 『宋子大全』 권135, 雜著, 字說, "不直則失其以生之道 而不免於死矣."
26) 『宋子大全』 권135, 雜著, 字說, "天尊地卑 陰降陽昇 亦無非理之所直也 直之

의 생성과 변화의 원리 자체가 정직이다. 이것이 곧 <리직理直>이다. 자연법칙에 추호의 거짓이나 사사로움이 없는 그 자체가 바로 진실무망의 실리實理인 것이다. 그러므로 가장 위대한 것이라 할 수 있다. 이러한 리직이 우리 인간에 내재된 것이 바로 인간의 정직이다. 곧 주체화된 자연실리自然實理가 그대로 드러나 실현되는 것이야말로 인간의 곧음, 즉 참된 삶의 길이 아닐 수 없다. 우암은 인간의 마음에 내재된 리직을 실현하기 위해서는 <경이직내敬以直內>와 <이직양기以直養氣>의 방법으로 수양할 것을 강조하고 있다. 즉, 경으로 마음을 곧게 하고, 정직으로 호연지기를 길러내는 것이다. 의리로 마음과 신체를 아우르는 정직은 다름 아닌 <리기지묘>의 자연법칙이 인간에게서 실현되는 구체적인 도덕 실상이라고 이해된다.

셋째, 정직은 도의道義이다. 그리고 도의와 기는 불가분의 관계를 갖는다. 우암은 말하고 있다. "직으로써 기른다는 것은 도의로써 기르는 것을 말한다."[27] 이것은 맹자의 <배의여도配義與道>의 직과 같은 의미를 지닌다. 이어서 말하기를 "대개 이 기는 처음에 도의를 좇아서 생기고, 이것을 기르는 것이 이미 이루어지면 이 기는 다시 도의를 부조扶助하니, 비유하자면 마치 초목이 처음 뿌리에서 나오지만 그 가지와 잎이 무성하게 되면 그 진액이 도리어 뿌리로 흘러가 그 뿌리 또한 심장深長하는 것과 같다."[28] 도의는 기의 근거이자 생성하게 하는 바탕이다. 기

道 顧不大歟, 然而學者之所從者 必以其近而至要者 生蓋亦以敬以直內 以直養氣者爲先哉 然後自吾心直而吾躬直 吾事直以至於無所不直 而以無負生直之理矣."

27) 『宋子大全』권14, 語錄, 李喜朝錄, "以直養氣 直旣道義."

28) 『宋子大全』권14, 語錄, 李喜朝錄, "旣道義養成此氣之後 則又便扶助此道義 正如草木始生于根 而及其枝葉暢茂 則其津液反流于其根 而其根亦以深長."

는 도의를 심장시키는 자양분이 된다. 이러한 도의와 기의 관계는 리기의 관계와 직접 연결된다. 이러한 리기관계를 이상익은 리와 기의 상호주재相互主宰로 이해하고 있다.29)

우암철학을 이론적으로 더욱 심화시키고 철학적으로 확고하게 근거지우고 있는 것은 도학사상이라고 할 수 있다. 우암은 의義를 성性이 심心에 갖추어진 것30)이라고 하면서 의는 인심에 근거한 것이고 천리의 자연에 근본하는 것으로 설명하고 있다.31) 의는 인심에 갖추어진 천리이다. 그러므로 의는 심에 근거하고 천리자연에 근본한 것이다. 그런가하면 주희는 "의는 직의直義이다."32)라고 하였으니, 직이 굴곡 없는 자연성 그대로를 뜻한다면, 의는 직의요 직의는 성리性理인 것이고 나아가 천리가 된다. 우암에 의하면 "의란 본심이 마땅히 할 바로 스스로 그칠 수 없는 것이다. 무엇을 위하는 바가 있어서 하는 것이 아니라 하나라도 어떤 목적을 갖고 하는 바가 있으면 모두 인욕의 사사로움이지 천리가 아니다."33) 의는 보상을 바라지 않는 행위다. 오직 인간의 도덕적 본질이 그렇게 되어 있는 필연적인 사명일뿐이다. 그러므로 하지 않을 수 없을 뿐만 아니라 사사로운 목적을 가질 수 있는 행위가 아니다. 공자는 이것을 <지명知命>이라고 하였다. <의이방외義以方外>라고 하는 말도 의가 밖으로 나타난 것을 가리켜 말한 것이지 의가 본래 밖에

---

29) 이상익, 「尤庵 宋時烈에 있어서 理와 氣의 相互主宰 문제」, 『한국사상과 문화』 (한국사상문화학회, 2004).

30) 『宋子大全』 권130, 浩然章質疑, "蓋義者 性之具於心者."

31) 『宋子大全』 권140, 記, "義者 根於人心 本於天理之自然."

32) 『宋子大全』 권130, 朱先生語, "義亦是直義."

33) 『宋子大全』 권140, 記, "義也者 本心之所當爲 而不能自已 非有所爲而爲之 也 一有所爲 則皆人欲之私 而非天理之所存矣."

있다는 것이 아니다.34)

리와 의는 별개의 것이 아니라 결국 하나이다. 리 그대로를 실현할 때 그것이 바로 의라고 할 수 있다. 리가 체라면 의는 용이니 곧 하나이다. 이러한 관점에서 의는 리를 좇는 것이요,35) 의리는 행하는 것이다.36) 주희는 "리는 사물의 당연한 도리요 의는 일의 합의처合宜處이다."37)라고 하였고, 우암은 주희의 말을 인용하면서 "도의道義를 구별해서 말하면 도는 체요 의는 용이다. 마치 부모의 자慈와 자식의 효孝는 의요 자효의 소이는 도이다."38)라고 하였다.39)

이와 같은 우암의 사상을 철학적으로 더욱 심화시키고 있는 것이 리기심성론이다. 도학은 리기의 자연법칙으로 인간의 성리를 구명해내고, 구명된 인간의 본질을 통하여 공맹의 인도정신을 확고하게 재정립하고 있는 성리학이다. 그러므로 리기심성론은 도학의 실천을 위한 철학적 근거를 밝히기 위한 형이상학이다.

우암은 리기관계에 관하여 다음과 같이 말하고 있다. "리와 기는 다만 하나이면서 둘이고, 둘이면서 하나인 것이다. 리를 좇아 말한 것이 있고 기를 좇아 말한 것이 있으며, 원두源頭를 좇아 말한 것이 있고 유행流行을 좇아 말한 것이 있다. 대개 리와 기는 혼융무간混融無間하되 리

---

34) 『宋子大全』拾遺, 권9, 經筵講義, "義以方外 此則指其義之形於外者言也 非義之本在外也."

35) 『荀子』「義兵」, "義者 循理."

36) 『荀子』「大略」, "義理也 故行."

37) 『宋子大全』권28, 答金由善, "蓋聞出處之道 只看義理者上也."

38) 『宋子大全』권130, 朱先生語, "道義別而言之 則道是體義是用 如父慈子孝是義 所以慈孝是道."

39) 黃義東, 「우암 송시열의 생애와 사상 ; 우암의 의리사상과 현대적 의미」, 『한국사상과 문화』23(한국사상문화학회, 2004) 참조.

는 스스로 리이고 기는 스스로 기라 이르니 또한 일찍이 협잡俠雜하지
않는다. 그러므로 그 리에 동정動靜이 있다고 말한 것은 리가 기를 주재
하는 것을 따라 말한 것이다. 그 리에 동정이 없다고 말한 것은 기가
리를 운용하는 것을 따라 말한 것이다. 그 선후가 있다고 말한 것은 리
기의 원두로서 말한 것이고 그 선후가 없다고 말한 것은 리기의 유행을
따라 말한 것이다."⁴⁰⁾ 이와 같은 우암의 말을 정리하면, 첫째 리가 기를
주재하니 리에도 동정이 있다는 관점이다. 이것은 기의 동정에 이미 리
의 원리가 침투·내재되어 있으므로 리의 제한권 내에서 기가 동정하게
된다는 것이다. 이 입장에서 보면 기의 동정은 타의적 동정이고 리는
원리로서의 제한적(主宰) 역할이 된다. 둘째, 기가 리를 운용하니 리에
동정이 없다는 관점이다. 이것은 리가 기에 내재하여 기의 용사에 따르
므로 리에 동정이 있는 것이 아니라 기가 동정한다는 것이다. 이 입장
에서 보면 기의 동정은 자의적 동정이고 리는 현상적 실재가 된다. 셋
째, 리기에 선후가 있다는 것은 원두처源頭處를 좇아 말한 것이라는 관
점이다. 이것은 본체론적 리기의 특성에 따라 파악한다면 리선기후이
니, 이것은 바로 논리적 선후를 말한 것이다. 넷째, 리기에 선후가 없다
는 것은 유행처流行處를 따라 말한 것이라는 관점이다. 이것은 현상론적
리기관계를 말한 것이니 현상 사물의 존재와 변화현상에는 리기가 공
존할 뿐인 것이니 리기에 선후가 있을 수 없다는 것이다. 이와 같은 우
암의 관점은 주희와 이이의 리기관을 철저하게 따르고 있다고 보여진

---

40) 『宋子大全』 附錄, 권19, "理氣只是一而二. 二而一者也. 有從理而言者 有從氣
　　而言者 有從源頭而言者 有從流行而言者 蓋理氣混融無間 而理自理氣自氣
　　又未嘗俠雜 故其言有理有動靜者 從理之主氣而言也 其言理無動靜者 從氣
　　之運理而言也 其言有先後者 理氣源頭而言也 其言無先後者 從理氣流行而
　　言也."

다. 그러나 우암의 리기관은 현상론적인 입장에서 리기관계를 이해하고
있다는 것이 특징적이다. 그것은 이이의 리기묘합과 기발리승일도설에
철저하게 기초하고 있으며 주희의 리기관을 현상론의 입장에서 파악한
것이다.

우암학에서 보면 인간의 심이 곧 도이고, 심에 이미 사물의 이치가
갖추어져 있으므로 심의 도학이 성립된다. 우암은 심을 특히 중요시 한
다. 그것은 심이 의리를 실천하는 직접적인 주체가 되는 것이라고 생각
했기 때문이다. 그러나 그가 지적한 대로 자연은 무심無心하지만 인간
은 욕심이 있기 때문에 주객이 합일된 인도를 잃어버리는 경우가 생긴
다. 그러므로 그는 심이 곧 도의 상태, 즉 주객합일된 상태의 유지와 함
양에 중요한 의미를 부여하고 있다.[41] 우암은 심을 기라는 입장에서(心
是氣) 심을 기器라고도 해석하면서 마음의 허명성虛明性과 대응성對應性
에 주목하고 있다.[42] "심은 그릇과 같고 성은 그 속의 물과 같다. 정은
물이 스스로 그릇 가운데서 사출瀉出하는 것과 같다. 다만 허령虛靈만을
말하고 성정性情을 말하지 않으면 곧 이것은 물 없는 빈 그릇이 된다.
다만 성정만을 말하고 허령을 말하지 않으면 곧 이것은 물이 담길 허가
없는 것이 된다. 이 세 가지에서 하나라도 빠지면 끝내 도의를 이루지
못하니 이른바 명덕明德을 얻었다고 할 수 없다고 하겠다."[43] 마음은

---

41) 『宋子大全』 권136, 雜著, 「一陰一陽之謂道」, "以天地而言之 則道爲道 而陰
   陽爲陰陽 以人而言之 則心爲道 而事物爲陰陽也……自心而言 則事物具於
   心 自事物而言 則此心在事物 然則君子之學 豈有以加於養心乎 然而天地無
   心 而人有欲 是以天地之陰陽不息 而人之動靜失矣 故天道人心 有時而不相
   似矣."

42) 韓國哲學會, 『韓國哲學史』 中(동명사, 1987), 372쪽.

43) 『宋子大全』 권104, 答金直卿仲固, "心如器 性如其中之水 情如水之自器中瀉
   出者也 只言虛靈而不言性情 則是無水空器也 只言性情 而不言虛靈 則是水

그릇과 같기 때문에 무엇을 담을 수도 있고 또 그 무엇에 대하여 대응할 수도 있다. 마음의 허명성과 대응성에 중점을 두기 때문에 마음의 도학적 기초를 확실하게 다졌다고 할 수 있다. 그리고 그는 심·성·정 세 가지를 포괄하는 것을 명덕이라 함으로써 심·성·정의 리를 의리로 승화시켰다. 그는 마음의 허명성과 대응성을 마음의 체와 용으로 구분하여 말하고 있다. "마음에 진체眞體와 실용實用이 있다. 체는 거울의 맑음과 같고 용은 능히 비추는 것과 같다."44) 마음의 진체는 허명이고 마음의 실용은 대응이다.45) 우암은 또 도의 진체인 태극이 무궁하듯이 마음의 진체도 무궁하다 하여 마음의 중요성을 강조하고 있다. "도체는 무궁하다. 그런데 마음이 도체를 함유하고 있다. 그러므로 심체心體도 무궁하다. 그러므로 도는 태극이고 마음도 태극이다."46) 주희나 이이의 천인합일사상과 일치하고 있다. 다만 우암은 특히 마음에 사상의 중심을 두고 도학을 전개하고 있는 것이 특징이라고 할 수 있다.

이상에서 살펴본 우암의 의리사상은 리학적 리기론의 체계에서 소이연지리所以然之理로서의 도에 기초하고 있으면서도 소당연지리所當然之理로서의 의에 대한 적극적인 관심을 보이고 있다. 기가 배제된 리는 관념과 이상으로 흐르기 쉽다. 그러나 소당연지리로서의 의는 기를 통해 현실성과 실천성을 지님으로써 죽은 의리가 아니라 살아있는 의리로 드러날 수 있다. 우암의 의리가 강한 실천성을 가지게 된 것은 이러

無盛貯之處也 是三者欠一 則終成義不得 豈得謂之明德乎."

44) 『宋子大全』 권90, 書, 答李汝九, "心有眞體實用 體如鑑之明 用如能照."

45) 韓國哲學會, 『韓國哲學史』 中(동명사, 1987), 373쪽.

46) 『宋子大全』 권131, 雜著, "道體無窮 而心涵此道 故心體亦無窮 故道謂太極 心爲太極."

한 그의 성리학적 기반에서 유래한 것이라고 볼 수 있다.[47)]

4. 의리의 실천이 도학의 현실대응이다.

우암은 의리의 실천을 매우 강조하고 있다. 우암은 직접 의리실천의 중요성을 다음과 같이 말하고 있다. "학문은 남음이 있는데 절의가 부족한 사람이 있는가 하면, 학문은 부족한데 절의가 남은 사람이 있으니, 학문은 남는데 절의가 부족한 사람보다는 오히려 학문은 부족한데 절의가 남는 사람이 낫다. 명현名賢과 진유眞儒의 차이가 학문에 있지 않고 절의에 있다."[48)] 우암은 마침내 의리의 실천은 도학의 생명이고 나라존립의 뿌리라고 생각하여 "도학이 쇠퇴하면 절의節義가 사라지고, 절의가 없어지면 나라가 망한다."[49)]라고 하였다. 우암의 의리실천은 북벌의리北伐義理와 이학異學에 대한 배척이 대표적이라 할 수 있다.

우암의 북벌의리실천은 춘추의리사상春秋義理思想에 기초하고 있다. 불의를 물리치고 정의를 실천하는 의리사상이 개인적인 차원을 넘어서 국가 사회적 차원으로 확대된 것이 공자의 춘추의리사상이다. <춘추>는 역사 속에 나타난 구체적인 사건들에 대하여 시비是非·정사正邪·선악善惡을 분별하고 인의仁義를 바탕으로 한 인간의 대의를 표명하고 있

---

47) 黃義東, 「우암 송시열의 생애와 사상 ; 우암의 의리사상과 현대적 의미」, 『한국사상과 문화』 23(한국사상문화학회, 2004), 466쪽.

48) 『隱峰全書』 권10, 牛山答問, "主人曰 有學問有餘而節義不足者 有學問不足而節義有餘者 與其學問有餘而節義不足 不若學問不足而節義有餘者 名賢眞儒之異 不在於學問 而在於節義而已."

49) 『宋子大全』 권171, 滄洲書院廟庭碑, "夫道學衰而節義亡 節義亡而國隨之."

기 때문에 의리실천의 표준이 되었다. 춘추의리사상에는 대의명분에 의하여 시비와 선악 등을 변별하는 비판사상과 인성仁性을 바탕으로 한 왕도사상에 의한 대일통사상大一統思想이 들어있다. 그리고 대일통사상에는 존왕론尊王論·존주론尊周論·화이론華夷論이 포함된다.

왕도는 덕치와 인정을 실현시키는 정치로서 폭력과 무력에 의한 패도정치와 대립되고 왕자는 인의의 도덕성을 완비한 통치자로서 이기적인 목적을 위하여 백성들을 이용하고 괴롭힌 패자와 상반된다. 구체적으로 덕치와 인정의 모범이 된 나라가 주나라이며, 요·순·우·탕·문·무의 성왕들을 이어 왕도의 문물제도를 완비한 인물이 주나라의 주공周公이다. 그러므로 주나라를 높이는 존주론이나 성왕들을 우러르는 존왕론은 실로 덕치와 인정이 실현되는 도의국가나 도의민족을 숭앙하는 사상인 것이다. 그리고 춘추대일통의 이념은 도의가 실현되는 대동세계의 이상이니 인도의 아름다운 문화를 구현하는 중화中華와 미개와 야만의 수준에 머물러 있는 이적夷狄을 구분하여, 중화를 높이고(尊中華) 이적을 물리친다는(攘夷狄) 사상이 화이론이다. 그러므로 그 실제 내용은 도의를 따르고 야만을 배척하는 사상인 것이다. 이와 같은 화이론에 대하여 우암은 "춘추의 법은 중국이 이도夷道를 쓰면 이적이 된다."[50]라고 하였으니 화이론의 참 의미를 정확하게 인식하고 있음을 알 수 있다.

우암은 우리나라인 조선도 아름다운 문물제도가 실현되고 있으니 중화의 나라임을 자부하면서 다음과 같이 말하고 있다. "중원사람들은 우리나라를 동이라고 했는데 비록 명칭은 아름답지 못하나 문제는 문물이 왕성하게 일어났느냐의 여부에 있을 뿐이다. 맹자가 말하기를 순은

---

50) 『宋子大全』 程書分類 권4, "春秋之法 中國用夷道則夷之."

동이지인東夷之人이라고 하고 문왕은 서이지인西夷之人이라고 하였으니 진실로 사람됨이 성인이나 현인이 된다면 공맹의 추나라와 노나라가 아니라고 걱정할 필요가 없다."51) 이 글 속에서 보면 우암이 우리 민족에 대한 문화민족으로서의 자긍심을 얼마나 갖고 있었는지를 알 수 있다.

주희는 당시 금金이라는 이적이 침략하여 남쪽으로 쫓겨 간 치욕을 당하였을 때 춘추의리사상의 비판정신에 따라서 척화론斥和論과 복수론復讐論을 주장하였다. 그리고 1162년에 효종이 즉위하자 정사를 닦고 이적을 물리치자는(修政事攘夷狄) 내용의 임오봉사를 올려 화의를 반대하였다. 의리에 투철하고 또 주희를 추종했던 우암은 우리나라에 대한 청나라의 무도한 침략을 좌시할 수 없었던 것이다.

우암이 처했던 17세기는 명과 청이 교체되는 혼란이 극심했던 시기이며, 특히 병자호란으로 우리나라가 청나라의 무도한 침략과 굴욕을 당한 시기로 단순히 국가의 위기에 그치는 것이 아니라 인의의 왕도가 무너지고 무력에 의한 패도가 지배하는 야만세상이었다. 우암은 이에 대하여 도저히 참아낼 수가 없었던 것이다. 그리하여 우암은 공자의 춘추대의사상과 맹자의 벽이단, 그리고 주희의 춘추의리사상을 계승하여 숭명배청론崇明排淸論과 북벌론北伐論을 강력하게 주장하게 되었다. 그 내용이 기축봉사와 정유봉사에 잘 나타나 있다. 여기에서 한 구절만 보면 "공자가 춘추를 지어 대일통大一統의 의리를 후세에 밝혀서 무릇 혈기 있는 부류들은 모두 중국을 당연히 높이고 이적을 더럽게 여겨야 할 것을 알지 못하는 사람이 없습니다."52) 우암의 북벌론은 궁극적으로는

---

51) 『宋子大全』 附錄, 雜錄, "中原人指我東爲東夷 號名雖不雅 亦在作興之如何耳 孟子曰 舜東夷之人也 文王西夷之人也 苟爲聖人賢人 則我東不患不爲鄒魯矣."
52) 『宋子大全』 권5, 己丑封事, "孔子作春秋 以明大一統之義於天下後世 凡有血

인도에 근거한 왕도의 실천을 통하여 대일통사회, 즉 인류가 평화공존하는 대동사회를 이루는데 궁극 목적이 있다고 하겠다.[53]

우암은 이학異學에 대한 배척 역시 철저하였다. 모든 사물에는 빛과 그림자가 있듯이 우암의 이학에 대한 배척이 그림자라면 그 그림자를 드리운 빛은 철저한 주자학의 신봉이라 할 것이다. 우암이 얼마나 주자학을 높였는지는 <양현전심록兩賢傳心錄> 서문에 쓰여진 정조의 글을 보면 알 수 있다. "송의 주희가 공자의 뒤를 이어 대일통의 의리를 두루 밝히니 아! 공자의 심법이 이때에 이르러서야 전해질 수 있었다. 주자가 세상을 떠나자 교화가 쇠퇴하고 도술道術이 어두워지니 다시 옛날과 같아졌다. …… 그러나 천도가 순환하는 이치에 따라 국운이 밝아지는 시기에 이르러 조선에서 우암 송선생이 태어나자 인륜이 밝아지고 천리가 확립되었다. 그가 주장한 것은 주희의 대의요 그가 강론한 것은 주희의 대도이니 주희가 죽은 뒤에 주희가 다시 태어난 것이다."[54] 우암은 "주희·율옹의 도가 우리 동방에서 없어지지만 않게 된다면 비록 만 번을 죽더라도 한이 없겠다."[55]라고 하면서 정학正學 수호의 결연한 의지를 천명하였다. 이와 같은 주자학의 수호는 바로 이학異學에 대한 철저한 배척으로 나타난다. 그 구체적인 실천이 바로 윤휴에 대한 혹독

氣之類 莫不知中國之當尊 夷狄之可醜矣."

53) 오석원, 「尤庵 宋時烈의 春秋義理思想」, 『유학연구』 17(충남대학교유학연구소, 2008), 43쪽 참조.

54) 『弘齋全書』 권179, 群書標記, "宋朱夫子奮起於洙泗之後 倡明大一統之義 嗚呼孔夫子之心法 至是而有傳矣 朱夫子旣沒聲敎之衰 道術之晦 又復一如前矣……天道有循環之理 邦運居休明之期 有明朝鮮尤庵宋先生出 而人倫明天理立 所秉者 朱夫子之大義也 所講者 朱夫子之大道也 朱夫子去而朱夫子生也."

55) 『宋子大全』 권72, 答李澤之, "苟使朱子栗翁之道 不泯於吾東 則雖滅死萬萬無恨矣."

한 비판이다.

우암은 윤휴尹鑴가 독자적으로 경전 해석을 하여 주희를 모욕하고 공자까지도 욕되게 하였으니 오도吾道의 큰 적이라고 비판하면서 "윤휴가 주희를 공척攻斥한 것은 사문斯文의 난적亂賊이다."56)라고 하였고, 또 "하늘이 공자를 이어서 주희를 낳은 것은 만세의 도통을 위해서라고 생각한다. 주희 이후로 어느 한 이치도 드러나지 않는 것이 없으며, 어느 한 책도 밝혀지지 않는 것이 없다. 그런데 윤휴가 어떻게 자신의 독자적인 견해를 내세워 온 힘을 다하여 주희를 비판한단 말인가? 이는 실로 사문의 난신적자이다."57)라고 하였다.

우암의 이학에 대한 배척은 윤휴가 끝이 아니다. 우암의 이학에 대한 배척은 윤휴에게 우호적인 생각을 갖고 동조한다 하여 윤선거尹宣擧와 윤증尹拯 부자에게까지 이르게 된 것이다. 우암은 "만약 윤휴를 좌우에서 돕는 자가 있다면 춘추의 법에 따라 난신적자는 먼저 그 당여黨與를 다스린다."58)라고 하고, 또 "무리를 돕는 자는 춘추의 법에 따라 마땅히 먼저 죄를 받아야 한다."라고 하면서 윤휴를 동조한 윤선거나 윤증을 벽이단론闢異端論에 입각하여 공척攻斥했던 것이다.59)

---

56) 『宋子大全』 권68, 答朴和叔, "鑴攻斥朱子 則是斯文亂賊也."

57) 『宋子大全』 권78, 答韓汝碩, "愚以爲天之繼孔子而生朱子 實爲萬世之道統也 自朱子以後 無一理不顯 無一書不明 鑴何敢自立其見 而排斥之不有餘力耶 是實斯文之亂賊也."

58) 『宋子大全』 附錄 권13, 墓表, "如有助鑴而左右者 則曰 春秋之法 亂臣賊子 先治其黨與也".

59) 黃義東, 「우암 송시열의 생애와 사상 ; 우암의 의리사상과 현대적 의미」, 『한국사상과 문화』 23(한국사상문화학회, 2004) 참조.

참고문헌

1. 『宋子大全』
2. 『禮記』
3. 『論語』
4. 『荀子』
5. 『隱峰全書』
6. 『弘齋全書』
7. 『艮齋集』
8. 유교사전편찬위원회, 『유교대사전』, 박영사, 1990.
9. 韓國哲學會, 『韓國哲學史』, 동명사, 2007.
10. 黃義東,「우암 송시열의 생애와 사상 ; 우암의 의리사상과 현대적 의미」『한국사상과 문화』23, 2004.
11. 오석원,「尤庵 宋時烈의 春秋義理思想」,『儒學研究』17, 2008.
12. 이상익,「尤庵 宋時烈에 있어서 理와 氣의 相互主宰 문제」,『한국사상과 문화』23, 2004.

제8장 간재艮齋의 출처관과 자연관

1. 유학儒學의 출처관

인간은 누구나 과거와 현재, 그리고 미래를 산다. 과거에 축적된 경험과 지식으로 오늘을 판단하고 결정하면서 살고, 또 오늘의 상황 속에서 새로운 미래를 구상하면서 살아가고 있다. 이러한 인생의 전 과정은 그 특성에 따라 '현실참여'·'현실비판' 그리고 '현실초월(떠남)'의 자세로 압축해볼 수 있다. 이것은 세상에 임하는 출처의 자세라고도 할 수 있는 것으로 전 생애를 통하여 일괄적일 수도 없으며 연속적일 수도 없다. 변화무상한 현실 속에서 상황 상황에 따라 그 출처관도 수시로 발생하고 변화될 수 있기 때문이다. 우리 인간은 현재 처해있는 삶의 현장 속에서 과거의 경험과 지식으로 형성된 신념을 가지고 현실을 긍정하면서 참여하기도 하고 부정하면서 비판하기도 한다. 이러한 현실참여와 현실비판의 신념과 자세는 인간의 적극적인 삶의 모습이다. 다만 현실에 대한 긍정적이거나 부정적인 대응자세, 즉 출처관이 다를 뿐이다. 그러나 아름다운 세상과 안락한 삶을 위한 충정에 있어서는 일치한다.

이러한 인생의 모습을 정치현실에 적용해 보면, 현실참여의 자세는 제도권 속에서 권력을 잡고 정책을 집행하는 관료생활로 나타난다. 현실비판의 자세는 제도권 밖에서 권력에 대응하여 정책이나 집행을 비

판하거나 포부를 유세遊說하는 야인野人이나 사림士林의 생활로 나타난
다. 이러한 입장은 현실에 대한 일말의 기대와 희망 속에서 이상을 실
현하려는 의지가 표출된 적극적인 삶의 모습이다. 다만 어려운 여건 속
에서 감내해내야 하는 고뇌와 고난의 부담이 수반된다. 현실초월의 자
세는 현실의 부조리와 무질서가 당장 회복할 길이 보이지 않는 절망상
태가 극에 달한 상황에 대응하는 자세이다. 당면의 현실 속에서는 부정
과 부패, 부조리와 무질서, 패륜과 망국적인 양상이 절정에 달하여 도저
히 어떤 가능성과 희망을 기대할 수 없는 상황이다. 이러한 경우에는
현실을 버리고 떠나 미래를 준비할 수밖에 없다. 그러기 때문에 둔세遁
世의 생활로 나타난다. 목숨을 지키면서 미래의 힘이 될 진리와 재원을
가벼이 여기거나 헛되이 낭비하지 않고 잘 간직하고 길러내며 묵묵히
때를 기다리면서 미래를 기약하는 자세이다. 이러한 자세에도 소극적이
기는 하나 나라와 백성을 걱정하며 질서와 안녕을 염원하고 갈망하는
심정은 오히려 더 간절할 것이다. 그리고 기필코 달성하려는 집념과 열
정, 와신상담의 각고刻苦 또한 지대할 것이다.

인류의 사표인 공자도 그의 일생을 보면 앞에서 말한 세 가지 자세
의 인생을 분명하고 확고하게 실천하면서 일생을 마감하였다. 공자는
현실정치에 적극 참여하는 것이야 말로 올바른 세상을 만드는 첩경임
을 믿고 있었다. "정치는 다른 것이 아니라 올바름을 실천하는 것"[1]이
라는 신념을 갖고 "진실로 자기 몸가짐이 바르다면 정치를 하는 것이
무슨 어려운 문제가 되겠는가?"[2]라고 정치에 대한 확신을 말하였다.

---

1) 『論語』「顔淵」, "政 正也."
2) 『論語』「子路」, "苟正其身矣 於從政乎何有."

공자는 구체적으로 덕의 정치를 주장하였다. "정치를 하는데 있어서 어찌 살인(폭정)을 할 필요가 있겠는가? 위정자가 선을 행하려 하면 백성들도 저절로 선하게 된다. 군자의 덕이 바람과 같다면 소인의 덕은 풀과 같은 것이다. 풀 위에 바람이 불면 풀은 반드시 바람에 따라 쓰러지기 마련이다."3) 공자는 덕으로 이끌어 질서가 서고 화평이 이루어진 이상사회를 덕화德化와 교화教化의 정치로 달성하려는 포부를 갖고 있었다. 그러므로 공자는 국가와 백성의 질서와 안녕을 위하여 현실참여 곧 정치참여 의지를 분명하게 갖고 있었다. "자공이 말하였다. 아름다운 옥이 여기에 있는데, 이것을 궤 속에 넣어 감추어 두시겠습니까? 좋은 상인을 찾아 파시겠습니까? 공자는 즉시 대답하였다. 팔아야지! 팔아야지! 나는 상인을 기다리는 사람이다."4) 정치인으로서의 자기의 능력을 옥으로 비유하여 질문한 자공에게 좋은 상인을 만나 팔아야 한다고 공자는 즉답하였다. 좋은 사회를 위하여 필요하다면 적극 정치에 참여할 수 있다는 공자의 뜻이 담겨있는 내용이다. 실제로 공자는 젊은 나이에 위리委吏와 승전리乘田吏라는 낮은 벼슬로부터 시작하여 51세에 중도재中都宰, 53세에 사공司空, 54세에 사구司寇, 55세에 대사구大司寇 오늘날로 말하면 대법원장에 해당되는 높은 벼슬자리에까지 올랐다. 공자가 이러한 나라 일을 맡았던 때에는 창고가 넘쳐흐르고 가축이 번창하였으며 공평하고 정당한 판결과 집행이 이루어져 법질서가 바로 세워졌다고 한다.

---

3) 『論語』「顏淵」, "子爲政焉用殺 子欲善而民善矣 君子之德風 小人之德草 草上之風必偃."
4) 『論語』「子罕」, "子貢曰 有美玉於斯 韞匵而藏諸 求善賈而沽諸 子曰 沽之哉 沽之哉 我待賈者也."

공자가 취한 현실비판의 자세는 공자의 생 전부라고 해도 과언이 아니다. 관직생활을 할 때나 관직을 떠나 있을 때, 관계의 친소를 가리지 않고 현실비판에 대한 시선은 엄격하고 날카로웠다. 공자는 당시의 정치상황에 대하여 냉철한 비판을 서슴치 않았다. "천하에 도가 세워져 있으면 예악과 정벌이 천자로부터 나오고, 천하에 도가 세워져 있지 않으면 예악정벌이 제후로부터 나온다. …… 천하에 도가 세워져 있으면 정권이 대부들에게 있지 아니하고 천하에 도가 세워져 있으면 서민들이 논란하지 않는다."[5] 질서 잡힌 정치는 천자를 따라 일사분란하다. 도가 행해진 예악정벌은 천자로부터 이루어진 질서이기 때문이다. 무질서한 정치는 제후 이하에 따라 중구난방이다. 도가 행해지지 않는 예악정벌은 제후 이하에서 저대로의 탐욕에 의해 이루어진 무질서이기 때문이다. 이러한 정치관에 따라 하극상下剋上의 전횡을 보인 삼환씨三桓氏에 대한 공자의 날카롭고 혹독한 비판은 그 실례의 하나라 할 수 있다. 당시 세력이 지대했던 계씨季氏집안 계평자季平子의 참상僭上에 대한 비판이다. 천자의 묘정廟庭에서나 출 수 있는 64명이 8줄로 늘어서 추는 춤을 대부의 신분으로 자기의 사묘私廟로 가서 추게 함으로써 천자를 능멸하는 무질서에 대한 혹독한 비판이다. "팔일무를 자기 묘정에서 추게 하다니. 이것을 보고 참아 넘길 수 있다면 그 무엇을 참아 넘길 수 없겠는가!"[6] 이 이외에도 논어 전반의 내용을 모두 현실비판으로 이해하여도 무방하리라 생각된다. 모두 실천해야 할 진리의 말씀이지만 실천하기가 그리 쉽지 않으며 또 실천한 자가 결코 많지가 않기 때문이

---

5)『論語』「季氏」, "天下有道 則禮樂征伐 自天子出 天下無道 則禮樂征伐 自諸侯出 …… 天下有道 則政不在大夫 天下有道 則庶人不議."

6)『論語』「八佾」, "孔子謂季氏 八佾舞於庭 是可忍孰不可忍也."

다. 마침내 삼환씨가 힘을 합쳐 당시 임금인 소공昭公을 쫓아낸 뒤 계씨의 세도는 더욱 강해졌다. 공자는 그러한 귀족들의 권력투쟁과 거기에 기생하여 자기의 안위만을 위한 가련可憐한 관리들에 대해 크게 실망하고 노나라에서의 정치 꿈을 단념하고 주유천하周遊天下의 길을 떠난다. 여러 제후들을 만나 회담할 때 했던 공자의 발언들은 대부분 비판적 언설이라고 할 수 있다.

현실초월의 자세는 공자에게 평소 준비된 비장의 신념이었던 것 같다. 공자가 가장 신임하며 사랑을 아끼지 않는 제자 자로에게 한 말을 보면 알 수 있다. "도가 행해지지 않아 뗏목을 타고 바다 가운데로 들어간다 해도 나를 따를 사람은 유由일 것이다."[7] 물론 제자의 의리와 용기를 칭찬한 말이지만, 그 말 속에는 도가 실행되지 않는 막된 세상이라면 아무도 없는 바다 가운데 외딴 섬으로 숨어버리고 싶다는 공자의 심정이 내포되어 있다. 소극적인 태도이기는 하지만 어찌 하겠는가? 무가치하게 생명을 버릴 것인가? 맹목적으로 세월을 보내며 진리를 속일 것인가? 막된 세상을 지금 당장 회복할 수 없는 절망적인 현실 앞에서 새로운 자세로 냉정을 되찾을 필요가 있지 않을까?

『사기史記』「십이제후연표十二諸侯年表」에서 "공자가 왕도를 펼치려고 70여 나라의 제후를 유세遊說하였다."[8]라는 말이 있다. 『회남자淮南子』「태족훈泰族訓」에서도 "공자는 왕도를 실행하고자 하여 동서남북으로 다니며 70여 명의 제후들을 유세하였으나 아무도 그를 알아주지 않았다."[9]라는 내용이 보인다. 공자는 정치 이상인 왕도정치를 실현하려

---

7) 『論語』「公冶長」, "道不行 乘桴浮于海 從我者其由與."
8) 『史記』「十二諸侯年表」, "明王道 于七十餘君."
9) 『淮南子』「泰族訓」, "孔子欲行王道 東西南北七十說而無所偶."

고 적극적으로 현실에 참여하고 비판하면서 최선을 다하며 살았다. 그러나 그 포부의 실현은 이루어지지 않았다. 이러한 상황 속에서 공자는 최후로 고향인 노나라로 다시 돌아와 교육과 저술 활동에 열중하였다. 정치적 이상의 실현이나 비판은 현실적인 당면의 과제이고 사명일 수 있다. 그러나 교육과 저술활동은 현실적인 정치활동을 접고 둔세하여 할 수 있는 미래를 위한 과제이고 사명이다. 교육은 바로 공자 자신의 직접적인 힘과 노력의 결실을 정치현장 속에서 이루자는 것이 아니고, 훗날 자기의 포부와 이상이 실현되도록 하는 미래의 힘과 자원을 마련하는 일이다. 공자는 유교무류有敎無類, 즉 아무런 조건 없이 많은 학생들을 받아들여 회이불권誨而不倦, 즉 지치지도 싫증내지도 않으면서 가르치는데 열심을 다하여 많은 제자들을 길러 냈으며, 많은 서적들을 편찬하고 저술하여 만세의 사표가 되었다. 진정 공자의 일생과 사상은 인류에게 영원한 진리와 참 인생의 이정표로 남아 밝게 그 빛을 발하고 있다.

이러한 공자의 출처관은 혼돈과 망국의 비운에 휩싸인 조선 말기 이후의 정치현상과 그에 대응했던 지식인들의 자세와 출처관을 저울질해 볼 수 있는 준거가 될 수 있다. 순조시기로부터 헌종에 이르기까지 세도정치의 부패와 무질서 속에서 일어난 여러 번의 민중반란, 그리고 고종 대에 이르러 천주교의 전래에 따른 병인·신미양요에 이어 병자수호조약 등 치욕적인 사건들이 연이어 발생되었고, 마침내 1905년 일제에 나라를 빼앗긴 을사늑약이 이루어진 민족 최대의 비운을 맞게 된다. 을사늑약 이후 유림들이 취했던 태도와 행동의 특징을 의암 유인석이 제시한 처변삼사處變三事 유형에 따라 3가지로 나누어 볼 수 있다. 첫째,

목숨을 끊어 나라와 지조를 지킨 치명수지致命遂志의 태도이다. 둘째, 의병을 일으켜 적도賊盜들을 쓸어내겠다는 거의소청擧義掃淸의 태도이다. 셋째, 길을 떠나서 옛 전통을 지키겠다는 거지수구去之守舊의 태도이다. 거지수구의 태도에는 중국·만주·블라디보스토크 등 국외로 망명하여 독립운동에 종사하는 경우와 국내에서 경전을 싸들고 산으로 들어가 은둔하는 포경입산抱經入山하거나 섬으로 들어가 안정安靖하는 부벌입해浮筏入海의 경우가 있다.[10] 치명수지의 태도와 거의소청의 태도는 현실에 대응하는 적극적인 자세에 해당된다. 목숨을 끊어 나라와 지조를 지킨 태도나 의병을 일으켜 적들을 쓸어내겠다는 태도는 현실 정치상황에 직접 참여하거나 적극적인 반항, 즉 극단적인 비판행위로 이해될 수 있기 때문이다. 거지수구의 태도는 앞에서 살펴 본 소극적인 태도로써 현실 정치상황을 피하여 미래를 기약하는 초월적인 자세라고 할 수 있다. 이상에서 살펴 본 현실대응자세의 범형에 따라 장을 바꾸어 간재의 현실 대응자세와 출처관을 살펴보기로 한다.

2. 간재의 출처관

헌종 7년에서 일제시대인 대정大正 11년까지 정치·사회·문화적으로 최대의 격변기를 살았던 간재는 도학道學의 마지막 학자로 도통道統의 정신을 끝까지 지키면서 어려운 현실을 감내해야 했다. 선생은 전주에서 태어나(1841) 14세 때 서울로 이사하여 과거준비를 하면서 신응조·

---

10) 최영성, 『한국유학통사』(삼성출판사, 2006), 410쪽 참조.

서응순·조병덕 등과 교류가 있었으며, 18세 무렵 능숙한 문장솜씨가 인정되어 이름이 세상에 알려지게 되었다. 그가 도에 뜻을 둔 것은 20세부터였는데 퇴계집을 읽고 과거학 이외에 위기지학爲己之學이 있음을 알고 도학에 전념할 것을 결심했다고 한다. 그 이듬해 당시 도학에 명성이 높은 전재全齋 김헌회金憲晦를 찾아가 제자가 되었다. 간재학이 도학으로 방향전환한 것은 전재의 문하에서 더욱 확고해졌다.

간재는 또 이학理學 탐구에 전념하여 『주자대전』을 읽고 초록抄錄 차의箚疑 등에 심혈을 기울였으므로 사람들은 그를 전주서田朱書라고 불렀다 한다.[11] 26세 때 스승을 따라 공주로 이거하고 스승과 학문연구에 몰두하여 30세 이전에 리기설理氣說·음양설陰陽說·오현수언五賢粹言 등을 저술하여 학문적으로 일가를 이루었다.

이러한 학문적 경지와 인품이 점차 명성을 얻게 되자 고종1년 천거를 받아 보양관輔養官에 임명된 이래 선공감감역繕工監監役·전설사별제典設司別提·강원도도사江原道都事·사헌부장령司憲府掌令·순흥부사順興府使·중추원부찬의中樞院副贊議 등의 관직에 임명되었으나 모두 부임하지 않았다. 선생은 오직 어떻게 하면 도를 중흥시켜 국가의 앞날을 열어나갈 것인가 하는 것에만 걱정하며 학문을 열고 후학을 가르치는데 전념하였던 것이다.

"도는 광대무변한 것인 만큼 국가는 도 속에 있지 않겠는가? 그러므로 도를 걱정하는 자는 반드시 국가를 걱정한다."[12]라고 하여 간재는 국가사회의 존립근거를 도에다 두고 도의 중흥이야말로 가장 근본적인

---

11) 『艮齋先生年譜』권1, "先生於朱書 同平生精力 人謂橫誦倒誦 而要處無不記 故號爲田朱書."
12) 『艮齋全書』秋潭別集, 書, 答金炳玹.

당면과제로 생각하였다. 또 간재는 "이적이 중국을 어지럽히고 난적이 나라를 팔아버린 것 모두는 우리 유가의 도학이 밝혀지지 않고 옳음을 행하지 않음이 극치에 이르렀기 때문이다."[13)]라고 하면서 "중원에 다시 중원의 도를 행하면 이적이 그들의 지역으로 돌아간다."[14)]라고 하여 유도회복에 따라 반드시 국권회복도 이루어지리라는 확신을 보이고 있다. 그리고 도가 땅에 떨어져 버린 세상에서 국권을 회복하고 도탄에 빠진 백성을 구제할 방법과 능력이 없는 상황에서는 차라리 세간을 등지고 숨어서 도학을 일으켜 후학을 길러내는 일이 중요하다고 생각하였다. 그리하여 간재는 융희2년(1908)에 지도·북왕등도로 떠나 이듬해 고군산도로 옮겼다가 경술국치의 소식을 듣고 다시 왕등도로 깊숙이 들어갔다. 최후에는 계화도에서 학문연구와 강학에만 열중하다가 1922년 82세를 일기로 생을 마감하였다. 거기에다 침략자의 땅을 밟지 않기 위해 육지로 나가지 않겠다는 배일排日의 한을 남겼던 것이다.[15)]

도학적 신념으로 일관된 간재의 일생은 당시의 혼란한 사회상황 속에서 수많은 갈등을 낳고 오해를 불러 일으켜 오늘날까지 그에 대한 평은 긍정과 부정의 극단적인 이견으로 갈려 있다. 그러나 간재의 진정한 도학적 삶을 이해하기 위해서는 스승으로부터 전수받아 이루어진 학문적 신념과 현실대응의 자세에 주목해야 한다. 간재의 도학적 삶은 무엇보다도 영향이 컸던 스승 전재全齋로부터 받은 학문과 생활태도이다. 전재는 율곡·우암·농암의 학맥을 계승한 매산梅山 홍직필洪直弼의 제자로서 당시 아산에서 강학하고 있었다. 그러므로 간재는 기호학파의 정

---

13) 『艮齋全書』 권1, 答王司諫.
14) 『艮齋全書』 권2, 與鄭君祚.
15) 『艮齋先生年譜』 참조.

통을 잇는 학자이다. 전재는 스승 매산으로부터 배운 강직과 청렴을 간
재에게 전하고 실천할 것을 권장하였다.

전재는 출처대의出處大義로 항상 자중지도自重之道와 어묵자중語默自
重을 강조하였다. 즉, 전재는 당시와 같은 난세에는 스스로의 몸가짐을
신중하게 지키면서 동요하지 않아야 한다는 자중지도를 주장하고 유자
儒者로서는 자신의 정견을 가지고 왕에게 상소할 수 없다는 신념을 갖
고 끝내 정계에 나가지 않았다. 이러한 스승의 사상을 이어받은 간재는
선비가 정계에 간섭하여 함부로 상소한다는 것은 자중지도가 아니라는
사상을 확고하게 갖게 되었던 것이다.[16] 그리고 전재는 유자가 위기에
처할 때 어묵자중해야 한다는 것을 주장하고 만인소萬人疏와 같은 상소
에 찬동하지 않았다. 이에 따라 간재도 병자수호조약에 대한 걱정은 하
면서도 어떠한 충언도 올리지 못한 것을 안타깝게 여겼다고 한다.[17] 이
러한 전재나 간재사상은 공자의 "직위가 있지 않으면 정치를 꾀하지 않
는다.(不在其位 不謀其政)", "천하에 도가 있으면 출사하고 도가 없으면
은거한다.(天下有道則仕 天下無道則去)"는 사상과 주희의 "몸이 그 자리에
나가지 않으면 그 말을 입 밖에 내지 않는다.(身不出 言不出)" 등의 사상
에 근거한 것이다.[18] 그러나 당시 상황이 악화됨에 따라 현실에 대한
대응은 불가피하였다. 현실에 대한 적극적인 대응자세로서는 의복제도
의 변경이나 단발령이 내려지자 이를 통탄하고 제자들에게 구제舊制를
엄수하도록 교시함으로써 전통수호의 강렬한 의지를 보였던 일이나 을

---

16)『艮齋全書』秋潭別集, 答李在成, "士子上疏非自重之道."

17)『艮齋先生年譜』권3.

18) 崔英攢,「韓末의 道學과 國家觀」,『東西哲學硏究』제15호(동서철학회, 1998),
    122쪽.

사늑약이 이루어진 이후 5적신五賊臣을 참형하고 늑약을 파기해야 한다는 강경한 상소를 올리는 일 등 현실에 대한 격분과 엄격한 비판적인 자세를 들 수 있다. 소극적인 자세로는 최익현이 의병을 일으킬 것을 종용했을 때, 도학 선비로서 후세에 도통을 전할 의무가 있다하여 거절했던 일이나, 문인 오강표·박병하 등이 경술국치 때 자결하였음에도 불구하고 입해수구入海守舊를 고수했던 일, 또 곽종석 등이 파리장서에 서명할 것을 요구할 때도 이적과 동사同事하는 혐의가 있고, 왕정복고와 유교의 국교 이념화의 고수 등을 이유로 끝내 거절했던 일 등을 들 수 있다.[19]

간재가 한 비판의 표적은 일제에게로부터 시작한다. "자고로 국가 다스리는 자로서 이웃 나라가 비록 작아도 죄가 없으면 정벌하지 않는 것이다. 하물며 남의 땅을 빼앗고자 하여 많은 병정을 징발하고 많은 재물을 들이며, 대포를 사용하여 오랑캐 난리를 일으켜 수천 수백 사람을 죽이면서도 가엾게 여기지 않으니 승냥이만도 못하다."[20] 침략만행을 저지른 일제를 짐승만도 못하다고 비판하면서 조정 관료들의 무책임하고 나약함을 지적하여 질타하였다. "나라에 어려움이 많아 임금께서 치욕을 당하는데도 조정의 여러 공신들은 한 사람이라도 대궐 섬돌에 머리를 부수며 죽음으로써 스스로를 밝히려는 자가 있다고 듣지 못하였으니 천하에 부끄러운 일이 이보다 더한 것이 있겠는가?"[21] 간재는 을사보호조약을 기하여 인변란소因變亂疏라는 제목의 상소문을 올리

---

19) 崔英攢, 「韓末의 道學과 國家觀」, 『東西哲學研究』 제15호(동서철학회, 1998), 124쪽.
20) 『艮齋全書』 秋潭別集, 권4, 雜著, 天下策.
21) 『艮齋全書』 권1, 答沈參判.

고 조약체결의 강제적인 분위기와 왕실의 무책임, 관료들의 행태를 통렬하게 비판하면서 이른바 5적五賊의 처단을 강렬하게 주장하였다.[22]

간재는 임금과 어버이에 대한 섬김에 대하여 "신하와 자식은 임금과 어버이의 명령에 순종할 것이 있고 곡종할 것이 있다. 만약 대의에 어긋남이 있으면 죽어도 감히 따르지 않아야 한다. 이러한 의義를 알아야만 곧 임금과 어버이를 섬길 수 있는 것이다."[23] 대의에 어긋난 것이라면 임금의 명령이라도 따르지 말아야 한다는 단호한 비판을 하면서 단발령을 거부한다. "나라 다스림은 반드시 예로써 하는 것인즉 나라 보존 또한 예로 해야 한다. 지금 내가 머리카락을 지키려는 것은 곧 예를 지키고자 함이다. 예를 지키는 것은 바로 나라를 지키는 것이다. 머리카락을 지키는 선비가 비록 나라를 지킬 수는 없어도 그 머리카락을 지키는 의리는 진실로 나라 지키는 도리이다."[24] 마침내 간재는 의복을 달리하거나 머리를 깎는 제자들에 대해서는 문인록에서 삭제하고 족인이면 족보에서 제외시키며 성현에 참례하는 것을 일체 금지시키는 엄정함을 보이고 있다.[25] 간재의 이러한 단호함은 제자인 덕천悳泉 성기운成璂運과 재전제자 의제毅齋 성구용成九鏞에까지 전하여 철저하게 실천되었다고 한다.[26]

---

22) 趙南旭,「艮齋의 歷史認識과 時代精神」, 2006年度艮齋學國際學術會議, 艮齋學會, 11쪽.

23) 『艮齋全書』秋潭別集, 권4, 雜著, 兩河義民.

24) 『艮齋全書』, 권3, 雜著, 論裵說書示諸君.

25) 趙南旭,「艮齋의 歷史認識과 時代精神」, 2006年度艮齋學國際學術會議, 艮齋學會, 19쪽.

26) 崔英攢,「毅齋 成九鏞의 生涯와 思想」, 『儒學研究』 제17집(忠南大學校儒學研究所, 2008) 참조. 悳泉은 간재의 학문과 도덕정신을 철저히 이어받아 創氏改名의 강요에 반항하면서 제자인 毅齋에게 "자식으로서 아비의 성을 버리는 것은

간재는 파리장서에 서명할 것을 요구받고 "서신을 보낸 이후에 분명히 종묘사직을 회복하고, 통령統領이라는 명색을 불허하며 공자의 가르침을 세워 예수의 사술을 제거하며 군부의 어려움을 씻고 원수오랑캐를 몰아내고 머리깎는 제도를 금할 수 있겠습니까? 이와 같은 일은 우리나라 억만 사람들로 하여금 금수를 면하게 할 수 있는 것입니다. 당신들은 이러한 점에서 조금도 의심치 않겠습니까?"[27]라고 하면서 이적들과의 내통을 의심하고 거절하였다. 이에 대한 평가는 분분하다.

이상에서 살펴 본 간재의 현실대응은 적극적이든 소극적이든 간에 전통적인 의리정신에 투철하였기 때문에 어려운 현실상황 속에서도 실천된 것이다. 간재에 있어서의 의리는 당시의 임금에 대한 존왕의 정신에 근본한 것이다. 이는 곧 단순한 존왕이 아니라, 임금은 곧 국가인 것이며 임금을 받드는 것이 정당한 도라는 믿음에서 출발한 것이다. 그리고 이러한 정신에는 춘추의리사상이 기초가 된 것이며 춘추정신에 화이론華夷論이 내재된 것이다. 간재는 화이감華夷鑑에서 중화와 이적의 구별은 예의 유무에서 생긴다고 하였으니 그의 의리론은 예라는 인간가치를 수반하는 것으로서 도의 실현에 철저히 기초하고 있는 것이다. 이러한 생각은 또 간재가 도를 소중히 여기며 받들고자 한 성사심제性師心弟의 성리학적 이론을 구체적으로 구현한 것이라고 할 수 있다. 따라서 그것은 우리의 문화민족을 지키는 주체로서 척양척왜斥洋斥倭의

아비를 버리는 것이 되므로 임금이 내려준 성이라도 받지 않는 것이 의리인 것이다."라 하였고, 毅齊는 왜놈들이 강제로 머리를 깎고 성씨를 고치려고 할 때 선생이 완강히 거절하자 공주경찰서로 불러 좌우에서 회유하고 협박해도 죽음으로 맹세하고 끝내 소신을 굽히지 않았다고 한다.

27) 『艮齋全書』秋潭別集, 권1, 書, 答孟士幹.

사상적 근거가 된 것이다.[28]

한편 간재의 기본적인 출처관으로는, 율곡의 진유론眞儒論을 계승하여 현실을 살아가는 유자의 모습에 대하여 벼슬해서는 행도行道를, 재야에서는 수도守道·전도傳道를 그 기준으로 말하였다.[29] 그리고 또 간재는 국가존망의 난세에 처해서는 "의를 지키거나 아니면 의를 부르짖어야 한다."[30]라고 하여 수의守義와 창의倡義를 말하고 있다. 간재는 수의의 길에 무게를 두면서도 최익현을 향한 편지와 제문에서 보이듯이 창의를 순도殉道라고 하면서 결코 간과하지 않았다. 그는 오히려 그러한 창의의 모습을 보면서 미안하다는 심경을 나타내기도 하였다.[31]

그러나 간재는 "기자箕子·미자微子가 친애하였지만 은殷의 멸망을 구할 수 없었고 공자·안연이 어질었지만 주周의 쇠퇴를 그치게 하지 못하였다. 하물며 나의 부족함으로 어찌 이런 세상에 힘쓸 수 있겠는가?"[32]라고 말하는 것을 보면 학자로서의 한계를 자인한 것 같다. 마침내 간재는 난세에 처하여 수의의 길을 걷는 선비의 태도를 첫째 목숨을 바쳐 뜻을 완수하는 수절자진형, 둘째 나무를 안고 말라죽는 산림도피형, 셋째 은거하며 문도를 가르침으로써 때를 기다리는 은거강학형으로 분류하고 지금의 상황에서는 자취를 감추고 세상을 피하여 점차 하늘이 다시 회복되는 날을 기다리다가 나와서 일을 해야 한다는 수시종도지의隨

---

28) 崔英攒, 「毅齋 成九鏞의 生涯와 思想」, 『儒學研究』 제17집(忠南大學校儒學研究所, 2008) 123쪽 참조.

29) 『艮齋私稿』 권33, 雜著, 분언.

30) 『艮齋全書』 秋潭別集, 권2, 書, 與宋東玉.

31) 조남욱, 「艮齋의 歷史認識과 時代精神」, 2006年度艮齋學國際學術會議, 艮齋學會, 20쪽.

32) 『艮齋全書』 秋潭別集, 권3, 雜著, 論裹說書示諸君.

時從道之義를 주장하였다.[33] "옛날 자정自靖한 자들은 혹 바다를 넘어 다른 곳으로 가고, 혹 병들거나 미쳐서 폐인을 자처하기도 하고, 혹 변란을 듣고 자결하기도 하며, 혹 자취를 숨기며 일생을 마치기도 했다. …… 앞의 세 가지는 내가 감히 쉽게 말할 바 아니요, 원하는 바는 맨 뒤의 한 가지 일이다."[34]라 하고 간재는 수의守義의 뜻을 안고 자정自靖의 길을 결심한다.[35]

유학 도통론에 입각하여 춘추대의를 지키면서 이단배척의 당시 사회적 명분을 고수한 점에서는 간재도 다른 선비들과 다를 바가 없었다. 그러나 그 실천방법 면에서 보면, 간재는 성리학을 지켜온 나라가 오랑캐(일본)에 멸망한 것을 수치로 알고 참지 못하여 자살한다거나 현실에 직접 뛰어들어 도리와 나라를 지키기 위해서 목숨바쳐 싸운 적극적인 방법을 취한 것이 아니라 도통의 도학을 지키기 위하여 차라리 깊은 산골이나 외딴 섬으로 떠나 후세에 전할 글을 쓰고 제자를 기르며 다시 도리가 펼쳐질 날을 기원하는 소극적은 방법을 택한 것이다. 이러한 점에서 영남학파의 한 사람인 성재省齋 권상익權相翊이 간재를 평한 다음 글은 의미가 있어 보인다. "오늘날의 시대에는 천하가 현인을 거부하고 은둔하도록 하는 시대가 아닌가. 학생들을 가르쳐서 미래에 유학의 씨앗을 뿌리는 것이 유자의 본분사업이거늘 어찌 반드시 해야 할 바를 버리고 배운 바도 없는 군사에 종사하여 그 몸을 해쳐야 할 것인가?"[36]

---

33)『艮齋全書』秋潭別集, 권4, 雜著, 時議2.
34)『艮齋全書』記晨窓私語.
35) 조남욱,「艮齋의 歷史認識과 時代精神」, 2006年度艮齋學國際學術會議, 艮齋學會, 20쪽.
36)『省齋集』續集, 附錄, 권11 遺書.

당시 혼란한 세상에서 처세의 일반적인 형태가 척사위정斥邪衛正이라면 간재는 척사보다 오히려 위정 쪽에 철저하게 치중하여 현실에 대응하는 도학자였다고 할 수 있다.

3. 간재의 리기심성관

간재는 기호학파의 성리설을 고수하면서 당시 학문경향에 따라 윤리실천의 주체를 확립하는데 주안점을 두고 있다. 간재의 학문은 국내·외적으로 심각한 현실 앞에서 인간 본성의 절대성을 강조하고, 이를 실현하여 도의국가와 문화민족을 중흥시키기 위한 깊은 고뇌와 사색이었다. "오늘날과 같은 커다란 사회혼란은 결코 옛날에는 없었다. 그 궁극적인 원인을 따져 보면 오직 인심人心이 천리天理를 따르지 않는데서 발생한 것이다. 아! 마음이 천리를 따르는 공부는 참으로 위대한 것이다."[37] 간재의 이와 같은 지적은 사회혼란이 천리를 본받고 따르지 못한 결과라고 생각한 것이다. 그러므로 도심道心을 얻어 실천하면 모든 병폐를 구제할 수 있다는 그의 생각은 국가적으로는 명분론이며 정신적으로는 의리론과 상통한다.

간재는 자신의 학문목표를 분명하게 밝히고 있다. "유자儒者의 학문은 두 가지 일 즉 마음의 동정動靜과 몸의 출처出處가 모두 리理에 합치하도록 하는데 있다. 공자의 마음이 법도에 어긋나지 않고 안회의 마음이 인仁을 어기지 않음과 같은 것은 우리 유자가 성명性命에 근원하는

---

37) 『艮齋私稿』 海上散筆.

표준이다."38) 간재의 학문목표는 도덕심의 주체와 그 실천이 모두 이치
에 합치하도록 하는데 두었다. 그러므로 간재학의 내용을 심본성心本
性·성존심비性尊心卑·성사심제性師心弟 등의 학설이라고 할 수 있다면,
그 요점은 바로 존성尊性과 치심治心이라고 할 수 있다. 도덕주체인 본
성을 높이고 그에 준하여 마음을 다스려 실천에 옮겨야 한다는 것이 간
재학에서 가장 강조하고 있는 내용이기 때문이다.

   이러한 간재학도 역시 성리학적 리기론理氣論에 기초하고 있다. 간재
는 "리기理氣를 논구하여 밝히는 것은 심성心性의 묘妙를 알아 언행과
사업에 시행하고 성선性善의 도를 전하여 후학의 표준을 세우고 백왕의
법을 이루어 만세의 태평을 여는데 있다."39)라고 하였다. 곧 간재는 리
기를 궁구하고 밝히는 일이 현실에서 도덕실천의 근원을 구명하는 일
이므로 가장 궁극적이고 큰 일이 아닐 수 없다는 것을 밝힘으로써 순수
학자적인 자세를 보여주고 있다. 간재는 율곡의 리기관을 계승하여 리
는 형이상자形而上者요 기는 형이하자形而下者이며, 리는 무형무위無形無
爲한 것이며 기는 유형유위有形有爲한 것이라고 하였다. 그리고 작용자
는 기이며 그 작용의 소이가 되는 것은 리이므로 특히 리를 무위하면서
추뉴樞紐 근저根柢가 된다는 의미에서 부재지재不宰之宰 불사지사不使之
使라고 표현하였다.40)

   간재는 율곡의 기발리승氣發理乘설을 계승하여 "기가 리를 싣고 드러

---

38) 『艮齋私稿』 권32, 儒學, "儒者之學 有二事 心之動靜 身之出處 都要合理 如
    孔子之心不踰矩 顔氏之心不違仁 是吾儒原性命之準也."
39) 『艮齋私稿』 권28, 理氣有爲無爲辨, "凡吾儒所以講明太極陰陽之說者 欲以識
    夫心性之妙 施諸言行事業 而傳先王之道 以立後學之標準 成百王之法 以開
    萬世之太平."
40) 『艮齋私稿』 권37, "理無爲."

남에 리는 지능이 없으므로 기발이라고 한 것이고, 리가 기를 타고 유
행함에 기가 구체적인 바탕이 됨으로 리승이라고 한 것이다."[41]라고 하
여 리기의 특성과 그 관계를 말하고 있다. 또 간재는 유행상流行上에서
와 본원상本源上에서 리기의 특성을 구체적으로 밝히고 있다. "유행상에
서 말하면 곧 능히 동動하고 정靜한 것은 기이고 동정을 따른 것은 리
이다. 이것은 이른바 기는 유위有爲하고 리는 무위無爲한 것이다."[42] 유
행하는 현상에 있어서 기는 직접 동정하는 능동자이고, 리는 기의 동정
에 따라 동정하는 수동자인 것으로, 기는 유위하고 리는 무위한 것으로
설명하고 있다. 그러나 본원상에서는 "기에 동정이 있는 것은 리의 주
재主宰가 있기 때문이다."[43]라고 하여 리의 주재적 역할을 말하고 있다.
이에 대하여 간재는 보다 구체적으로 사師와 역役, 즉 부리는 것과 부려
지는 관계로 설명하였다. "리가 비록 주재자라고 말하여지지만 기를 빌
리지 않고는 스스로 운용할 수 없으니 유행에서 동정하는 것은 기이고
동정을 따르는 것은 리이다. 이것이 이른바 기는 유위하고 리는 무위하
다는 것이다. 기가 비록 유위하다고 하지만 반드시 먼저 이 리가 있은
다음에 비로소 의거하니 근원에서 보면 동정하게 하는 것은 리이고 동
정하는 것은 기이다. 이것을 이른바 리는 사師라고 하고 기는 역役이라
하는 것이다."[44] 다시 정리해 보자. 유행 상에서 보면, 기는 능동적인

---

41) 『艮齋先生文集』 권14, 雜著, "氣固載理而發見 而理則無所知能 故曰氣發 而
　　理乘者 理固籍氣而流行 而無實爲之材具 故曰理乘."

42) 『艮齋先生文集』 권2, 答柳穉程, "就流行上說 則能動能靜者氣也 隨動隨靜者
　　理也 是則所謂氣有爲而理無爲也."

43) 『艮齋先生文集』 권2, 答柳穉程, "自本源而論之 能使是氣有動有靜者 必有理
　　爲之主宰."

44) 『艮齋先生文集』 권2, 答柳穉程, "理雖曰爲主 而若不藉此氣 則不能以自運

것이고 리는 수동적인 것이지만 본원 상에서 보면, 리는 오히려 주재적
主宰的인 것이고 기는 사역적使役的인 것이다. 이러한 간재의 사유형태
는 불활동不活動의 리를 능활동能活動의 기 속에 끌어내려 실제세계 속
에서 종합하여 입체적으로 사유를 전개한 것이라 할 수 있다. 다시 말
하면 리기불상잡理氣不相雜의 논리적 관계를 실제화하여 리기불상리理氣
不相離의 현상론 속에서 입체적으로 종합하고 있는 사유의 형태라고 볼
수 있다. 간재가 사용하고 있는 주재主宰의 의미를 보면 더 정확하게 이
해할 수 있다. 주재라는 의미를 다음과 같이 설명하고 있다. "주재에는
두 가지 뜻이 있다. 리理에 있어서는 자연(저절로 그러함)이고 심心에 있
어서는 유위有爲이다. 이것을 구분하지 않고 한 가지의 뜻으로만 간주
하면 도체道体는 조짐이 없는데 지각과 운동을 겸하는 것이 되고, 인심
은 유위한 것인데 도리어 자연무위한 리가 되는 문제에 봉착하게 된
다."45) 리 그 자체에서 보면 주재의 의미는 '자연한' 것이다. 그러나 심
현상에서 보면, 유위(작위가 있는 것)한 것이다. 간재는 또 주재의 의미를
자재自在와 자연自然으로 설명하고 있다. "리를 주재라고 한 것은 실로
자재를 말한 것이다."46) "주재는 자연으로 말한 것이 있고, 운용으로
말한 것이 있다. 운용한 것은 기이고 자연은 리이다."47) 리의 주재가 자

就流行上說 則能動能靜者氣也 隨動隨靜者理也 是則所謂氣有爲而理無爲也
氣雖曰有爲而必先有此理而後 始有所依據 故從源頭上說 則使動使靜者理也
其動其靜者氣也 是則所謂理爲師而氣爲役也."

45) 『艮齋先生文集』 권4, 雜著, 理氣之要, "夫主宰有二義 在理爲自然 在心爲有
爲 若不區分槩以一義斷之 則道体無朕而兼有知思運用之才 人心有爲而還
是自然無爲之理矣."

46) 『艮齋先生文集』 권13, 雜著, 猥筆辨, "大抵 理有曰主宰 實則自在."

47) 『艮齋先生文集』 권2, 答柳穉程, "主宰有以自然言者 有以運用言者 運用者氣
也 自然者理也."

재·자연한다는 것은 리가 기로 하여금 그렇게 하도록 실제 동인動因으로서의 영향력을 미친 것이 아니라 규범이나 준칙으로서 가만히 있으면 기가 그것을 보고 알아서 그 규범이나 준칙에 따라서 동정한다는 것을 의미한다. 다시 말하면, 리의 주재성은 기의 수칙守則으로서의 역할을 의미한 것 같다. 그러므로 '리가 시킨다.(理使)'라고 하는 것은 근저가 된다는 의미라고 할 수 있다. 리는 지선至善의 원리이기는 하나 현상적인 실제 작용성이 탈각됨으로서 기의 존재근거요 가치표준으로서의 의미만 갖는 것이다.[48] 그러므로 간재학에서 리는 순선純善한 것으로서 기나 심과 같이 야冶나 조操를 기다려서 완성된 것이 아니다. 리는 결코 동할 수 없는 것이며 유선무악有善無惡한 극존무대極尊無對의 존재이다. 그러므로 선의 궁극적인 원인은 리에 있게 되는 것이다.

간재학에서 리무위기유위理無爲氣有爲는 성즉리性卽理 심즉기心卽氣와 결합하여 성무위심유위性無爲心有爲로 이어진다. 간재는 심을 기라고 규정한 율곡설을 정론으로 하여 성性은 리가 형기 가운데 있는 것을 이름한 것이라고 한다. 그리고 인간의 성은 심에 있는 도덕주체이자 원리로 파악한 것이다.[49] 간재는 유학자의 학문을 성학性學이라고 규정한다. "유학자의 학은 성학이다. 성선을 믿어 의심치 않으면 이를 밝은 깨달음(明覺)이라고 하고, 성선을 체험하여 공이 있으면 이를 실학實學이라고 하고, 성선을 지켜 잃지 않으면 큰 깨달음(大覺)이라고 하고, 성선을 다하여 남음이 없으면 이를 최상의 성인이라고 한다."[50] 성학은 성선을

---

48) 崔貞默·閔晃基,「艮齋 田愚 性理說의 기본 입장」,『韓國思想과 文化』(한국사상문화학회, 2004), 359쪽 참조.

49)『栗谷全書』권12, 答安應體, "性理也 心氣也". 崔英攢,「韓末의 道學과 國家觀」,『東西哲學研究』15호(동서철학연구회, 1998), 127쪽.

깨닫고 실천하는 것을 내용으로 하고 있다.

간재는 성을 천지지성天地之性, 즉 본연지성本然之性이라고 분명하게 정의내리고 있다. "성이라 함은 본래 천지지성이지 기질을 함께 말하지 않았다."[51] 그리고 또 성을 인극人極·천명이라고 하면서 인간존재와 가치의 본질로 말하고 있다. "사람이 사람인 까닭은 천명을 두려워하고 인극을 세우는데 있다. 오늘날 그 본성을 작게 여기고 비하하면서 사람이 되고자 하니 그 유폐가 장차 어디에 이를지 모르겠다."[52]라고 하였다. 간재학에서 성을 존귀하게 여겨야 한다는 존성사상은 일차적인 핵심내용을 이루고 있다. "오로지 성은 완전하고 선한 것이며 비록 기질이 작용할 때라도 그 성은 애초에 털끝만큼의 바뀜이 없다고 말하곤 하였는데, 그것은 오로지 성은 지극히 존귀하여 상대가 없다는 것을 주장하려는 것이다."[53]라고 하였다.

간재에게 본연지성은 성즉리性卽理의 명제와 같이 사람이 하늘로부터 받은 리이다. 현실적으로 나타나는 '치우침'의 악은 전혀 성의 탓이 아니다. 그것은 오로지 기의 탓이다. 그는 이이의 견해와 권위를 빌어 다음과 같이 분명하게 규정한다. "기가 치우치면 리도 치우치니 치우친 것은 리가 아니라 기이다."[54] 간재는 이러한 리기관계에 따라 본연지성과 기질의 관계를 해와 구름의 관계로 비유하여 설명하고 있다. 성이 사람에게 있음은 마치 해가 하늘에 있는 것과 같다. 해는 원래 원만하

---

50) 『艮齋私稿』 권34, 雜著, 海上散筆.
51) 『艮齋私稿』 권34, 雜著, 海上散筆.
52) 『艮齋私稿』 권34, 雜著, 海上散筆.
53) 『艮齋私稿』 권34, 雜著, 海上散筆.
54) 『艮齋私稿』 권34, 雜著, 海上散筆.

고 밝다. 이는 마치 본성과 같다. 그런데 해는 종종 구름에 가려 어둡고
달에 가려 일식현상이 일어나는 경우가 있다. 이것은 기질지성氣質之性
에 비유할 수 있다. 만일 해의 본래 모습을 보려면 그 가리운 것을 제거
하면 그만이지 그 해를 다스린다는 말은 있을 수 없다. 구름에 가리는
것과 무관하게 해는 오직 하나이지 두 개의 해는 없는 것처럼 기질의
영향에 무관하게 성도 역시 하나이다. 성을 일러서 기에 의하여 치우친
것이라고 할 수는 없다. 따라서 각기 기로 인하여 품수한 것이 다르다
는 주장은 정밀하게 살핀 것이 못된다.55) 이처럼 선한 본성은 기질 속
에 있지만 그 리는 결코 기를 따라 악이 되지 않는다. 따라서 학자들이
할 일이란 바로 이 성을 체득하는 것이다.56) 이러한 간재의 사유는 현
상 속에서 리기이원의 실제성을 철저하게 고수한 것이라 할 수 있다.
즉 리기론에서 불상잡의 관계를 불상리의 관계와 결합하여 입체적으로
설명하고 그에 따라 심성론에서도 본연지성과 기질과의 관계를 철저하
게 이원화하면서, 그것을 심의 현상속에서 결합하여 사유된 것이라고
할 수 있다. 그러므로 심 안에서 본연지성과 기질의 관계는 화학적 결
합이 아니라 물리적 관계로 이해된다. 따라서 엄밀하게 말하면 간재학
에서 기질지성은 성으로 간주될 수 없는 것이다.

간재학에서 '성이 존귀하다'는 것은 또한 심의 지위에 대한 상대적
인 언급인 것이다. 그는 '성이 존귀하고 심은 비천하다.(性尊心卑)', '성
은 스승이고 심은 학생이다.(性師心弟)', '심은 성에 근본한다.(心体性)',
'심은 성을 배운다.(心學性)', '성을 높여 심을 다스린다.(尊性以治心)' 등

---

55) 『艮齋私稿』 권34, 雜著, 海上散筆.
56) 곽신환, 『조선조 유학자의 지향과 갈등』(철학과현실사, 2005), 398쪽.

의 명제를 제시하여 성을 높이고 심을 낮추고 있다.[57] 그러나 이와 같은 성과 심의 관계에 있어서 '성을 높여 심을 다스린다.'는 존성尊性과 치심治心 사상이 그 핵심이라고 할 수 있다. 간재가 독창적이라고 자부했던 성사심제는 물론이고 '심은 성을 배운다.'는 명제는 곧 '성을 높여 심을 다스린다.'는 명제로 귀결되며, '성이 존귀하고 심이 비천하다.', '심은 성에 근본한다.'는 등의 명제는 '성을 높여 심을 다스린다.'는 명제의 근거가 되는 명제이기 때문이다.

간재학에서 심은 이이·송시열의 학통에 따라 기이다. 심을 기라고 할 때 기질 역시 기에 속하므로 심으로서의 기와 기질로서의 기 이 둘의 관계를 분명히 할 필요를 느낀다. 간재는 다음과 같이 구별하고 있다. "심은 신명하고 헤아릴 수 있으며 도를 위대하게 하고 본성을 다 구현할 수 있고(弘道盡性) 허령虛靈하고 통철洞徹하며 경박하고 나태한 것을 바로잡고 경계할 수 있고 한 몸의 주재가 된다. 그러나 기질은 결코 신명 허령하다거나 능히 생각하고 힘쓴다거나 법도를 넘지 않는다거나 도에서 멀리 벗어나지 않는다고 말할 수 없다."[58] 여기에 심의 기는 능동적 가변성과 동시에 본성을 구현할 수 있는 몸의 주재적 기능을 갖는 것으로 설명된다. 간재는 심에 대하여 몸을 주재하는 것으로 이해한다. 그러나 절대자와 같이 제1원인자이거나 자주적인 것은 아니다. 따라서 심은 자신을 이끄는 또 다른 주재자가 요청되는 것이니 이것이 성이다. 요컨대 심이란 일신의 주재자이고 성은 심의 주재자가 된다는 입장이 심과 성의 관계에 대한 간재의 기본 입장이다.[59] 이러한 기본

---

57) 곽신환, 『조선조 유학자의 지향과 갈등』(철학과현실사, 2005), 398쪽.

58) 『艮齋私稿』 권24, 答朴鎔株書.

59) 崔貞默·閔晃基, 「艮齋 田愚 性理說의 기본 입장」, 『韓國思想과 文化』(한국사

입장에 따라 "심은 리기의 정영精英함이 모인 것이므로 둘이면서 상대가 있다."60), "무위無爲하면서 주主가 되는 것은 성性이고 유위有爲하면서 역役이 되는 것은 기라고 한다. 성에 근본해서 기를 주재하는 것을 심이라 하니 심은 기보다 영험하지만 성보다 거칠다."61)라고 말하였다. 심은 리기의 정영함이 모인 것, 본선本善한 기, 기보다 영험하지만 성보다는 거친 것이다. 그러므로 심이 기를 주재한다는 것은 성을 따라야 한다는 것을 전제로 한 것이다. "이른바 심이란 영각지물靈覺之物에 불과한 것이니, 그것을 믿어 대본大本으로 삼을 수 없다. 그러므로 반드시 성명性命에 근원하여 도심道心이 되어야 비로소 일신의 주재가 될 수 있다."62)라고 한 말이 바로 그것을 의미한다. 성에 근본해서 기를 주재하는 것이 곧 치심治心인 것이니, 이것이야말로 간재학에서 존성에 따른 제2의 핵심내용이 된다. 그리고 이러한 존성과 치심의 사상이 바로 성사심제性師心弟 철학이 나오게 된 이론적 근거인 것이다.

요컨대 성사심제철학은 성이 당연지리·순선무악한 이치로서 선천적으로 인간의 마음에 부여된 것이므로 시공을 초월한 가장 존엄한 가치이며, 이에 비해 심은 능연지재能然之才, 즉 능히 그렇게 해야 할 기능으로서 선악가능성을 지닌 영각지물이므로 심은 마땅히 성을 스승으로 삼아 배우고 존중하며 받들고 따라야 한다는 것을 강조한 철학이다. 이러한 성사심제설의 철학적 의의는 개인의 구체적인 행위에 있어서 가장 합리적인 준칙이 된다는 점과 나아가 사회의 올바른 공동체의식을

상문화학회, 2004), 359쪽 참조.

60) 『艮齋先生文集』 권2, 答柳穉程.

61) 『艮齋先生文集』 권2, 答柳穉程.

62) 『艮齋私稿』 권5, 答崔佐卿.

조성하는데 절대적인 기여가 된다는 점에 두고 있다.

한국의 도학자들은 투철한 도학정신으로 복잡하게 전개된 어려운 현실을 대응했으며, 특히 한말 도학자들은 망국의 위기를 맞는 국가 현실 앞에서 자신의 목숨과 영달을 과감하게 희생시킨 혼불이었다. 간재 역시 그 중 한 도학자로, 현실과 이상의 갈피에서 고뇌하고 이상을 펼치기 위해서 현실을 버렸으며 나아가 미래에서라도 이상을 구현하기 위하여 부해지의浮海之義를 실현했던 최후의 도학자였다.[63]

---

63) 崔英攢, 「韓末의 道學과 國家觀」, 『東西哲學硏究』 제15호(동서철학연구회, 1998), 127~129쪽 참조.

참고문헌

1. 『艮齋全書』
2. 四書
3. 『史記』
4. 『朱子大全』
5. 곽신환, 『조선조 유학자의 지향과 갈등』, 철학과현실사, 2005.
6. 최영성, 『한국유학통사』, 삼성출판사, 2006.
7. 崔英攢, 「韓末의 道學과 國家觀」, 『東西哲學硏究』 제15호, 1998.
8. 趙南旭, 「간재의 역사인식과 시대정신」, 2006년도 간재학회 국제학술회의 논문.
9. 최정묵·민황기, 「간재 전우의 성리설의 기본 입장」, 『韓國思想과 文化』, 수덕 문화사, 2004.

찾아보기

지은이 소개

최영찬

1948년 전라북도 순창에서 태어나, 전주신흥고등학교, 전북대학교 철학과를 졸업하고, 전북대학교 대학원에서 석사학위를, 충남대학교 대학원에서 「朱子哲學에 있어서 孔·孟 天人觀의 承受와 展開」의 논문으로 박사학위를 취득했다.

30여 년 동안 전북대학교 철학과 교수로 재직하면서 주로 중국철학을 연구·강의하고 있으며, 2006년에 현송문화재단에서 주자학상을 받았다.

그동안 전북대학교 인문대학 학장, 전북대학교 부설 인문학연구소장, 이재(頤齋)연구소장을 맡아 일했으며, 대한철학회 회장과 범한철학회 회장, 한국철학회·한국동양철학회·동서철학회·율곡학회 부회장을 역임했다.

유가철학 속의 자연

초판 인쇄 | 2012 8월 15일
초판 발행 | 2012 8월 20일

지 은 이 | 최영찬
발 행 인 | 한정희
발 행 처 | 경인문화사

주   소 | 서울특별시 마포구 마포동 324-3
전   화 | 02-718-4831   팩스 02-703-9711
홈페이지 | www.kyunginp.co.kr / 한국학서적.kr
이 메 일 | kyunginp@chol.com
출판등록 | 1973년 11월 8일 제 10-18호

ISBN 978-89-499-0867-0 93150
값 23,000원